Französisch einfach & schnell lernen
Ein Intensiv-Sprachkurs

Französisch

einfach & schnell lernen

Französisch einfach & schnell lernen
Ein Intensiv-Sprachkurs
© 1991 by Tigris Verlag, Köln
Erarbeitet von Antony J. Peck (Unité 1 – 33) und Rolf Althof
unter Mitwirkung von Chantal Fourre
und Petra Golisch (Unité 34 – 50)
Redaktion: Antonie Schweitzer
Schutzumschlag: Rincón Partners, Köln
Schutzumschlagmotive: Rincón Partners, Köln
und ZEFA, Düsseldorf
Satzarbeiten: Fotosatz Thönnessen, Köln
Gesamtherstellung: Mainpresse Richterdruck,
Würzburg
Printed in Germany
Alle Rechte vorbehalten
Vervielfältigung und öffentliche Aufführung
der Tonträger nicht gestattet
ISBN 3-632-98951-6

Vorwort

„Französisch einfach & schnell lernen" richtet sich an alle, die erste Französischkenntnisse erwerben wollen oder ihre längst vergessenen Sprachkenntnisse wieder auffrischen möchten. Der Kurs kann gleichermaßen der Vorbereitung einer Urlaubs- oder Geschäftsreise nach Frankreich dienen, denn die zu bewältigenden sprachlichen Grundsituationen entsprechen einander.

Eine Kommission des Europarates hat in ihren Empfehlungen für den Fremdsprachenunterricht alle Situationen aufgelistet, die man in der Fremdsprache bewältigen können muß, um im fremden Land zu „überleben". Hierzu wurden alle Sprachmittel (Vokabeln, Redewendungen und Strukturen) zusammengetragen, die man benötigt, um sich in diesen Situationen behaupten zu können. Auf der Grundlage dieser Listen wurden vom Deutschen Volkshochschulverband die Richtlinien für die Zertifikatsprüfung „Grundbaustein zum VHS-Zertifikat" entwickelt. Sowohl die Empfehlungen des Europarates als auch die Richtlinien des Deutschen Volkshochschulverbandes wurden bei der Entwicklung von „Französisch einfach & schnell lernen" zugrunde gelegt.

Auch die Richtlinien für den Französischunterricht an den allgemeinbildenden Schulen folgen in den ersten Lernjahren weitgehend den Empfehlungen des Europarates. Daher eignet sich dieser Kurs gut zur unterrichtsbegleitenden Förderung der Fähigkeit des Hörverstehens und Sprechens in der französischen Sprache für Schüler der allgemeinbildenden Schulen und für Teilnehmer von Volkshochschulkursen.

In „Französisch einfach & schnell lernen" steht das gesprochene Wort im Vordergrund. Sie sollen sehr schnell in die Lage versetzt werden, die wichtigsten Grundsituationen im Dienstleistungsbereich (Einkaufen, Reisen, Restaurant, Hotelreservierung usw.) sprachlich zu bewältigen. Zum anderen aber sollen Sie auch in der Lage sein, mit Bekannten oder Geschäftskollegen gesellschaftlichen Kontakt zu pflegen, also über Familie, Wohnverhältnisse, Interessen usw. zu reden.

Lebendige, authentische Dialoge führen mitten hinein in die französische Sprachwelt, ohne Sie zu überfordern. Alles, was Sie lesen, hören und sprechen, verstehen Sie sofort, denn es ist stets auch ins Deutsche übersetzt.

Der Aufbau des Kurses

In den 50 Kapiteln (Unités) finden Sie die folgenden Abschnitte:

1. **Dialogues · Dialoge**
2. **Comment ça se dit · Wie man's sagt** (Unité 1–33)
3. **Exercices · Übungen**
4. **Écoutez bien · Hören Sie zu** (Unité 15–33)

1. Dialogues · Dialoge

Die Dialoge enthalten Beispiele der authentischen Umgangssprache in Form eines kleinen Gesprächs. Jeder Dialog ist ein Muster, wie man Französisch verwendet, um eine bestimmte Situation sprachlich zu bewältigen. So lernen Sie zum Beispiel in einer Unité, wie man nach dem Weg fragt, und in einer anderen Unité, wie man über Hobbies und Interessen spricht.
In der zweiten Spalte finden Sie Zeile für Zeile die deutsche Übersetzung des Dialogs. Mit Hilfe dieser Übersetzung können Sie zu jeder Zeit sicher sein, daß Sie das Gehörte völlig richtig verstehen. Die Übersetzung ist nicht immer eine wörtliche, sondern sie gibt die sinngemäße deutsche Entsprechung. Wo Ihnen eine wörtliche Übersetzung helfen kann, die französische Struktur besser zu verstehen und ihren Aufbau zu durchschauen, wird eine solche in Klammern beigefügt.
Besondere Schwierigkeiten für den deutsch sprechenden Lerner werden in den Merkkästen unter den Dialogen erläutert. Dort finden Sie auch Hinweise auf die Grammatik.

2. Comment ça se dit · Wie man's sagt

In diesen Abschnitten der Unités 1–33 sind die Wendungen zusammengestellt worden, die Sie lernen sollten, um eine ähnliche Situation, wie sie in den Dialogen dargestellt wurde, auf französisch bewältigen zu können. In der Regel sind diese Wendungen in Form von Satzbautafeln dargestellt. Mit Hilfe dieser Tafeln können Sie leicht erkennen, wie sich ein Satzbaumuster inhaltlich variieren läßt. Auf sprachliche Besonderheiten oder grammatische Regelmäßigkeiten wird wieder in den Merkkästen hingewiesen.
Ab Unité 34 entfällt dieser 2. Teil, da Sie sich als nunmehr fortgeschrittener Lerner vor allem auf die längeren und schwierigeren Dialoge, die Übungen und die ausführlicheren Grammatikerläuterungen konzentrieren sollten.

3. Exercices · Übungen

In diesem Abschnitt einer jeden Unité finden Sie eine Auswahl von Übungen. Mit Hilfe dieser Übungen sollen Sie die in den einzelnen Unités gelernten Redemittel und Strukturen der gesprochenen Sprache fließender und sicherer anwenden. Die Lösungen zu den Übungen finden Sie auf der Cassette oder – wenn uns dies sinnvoller erschien – im Lösungsteil des Begleitbuchs. Außerdem enthält die Cassette „Lückengespräche", in denen Sie eine Rolle des Dialogs übernehmen sollen. Sie werden aufgefordert, sich mit dem Gesprächspartner auf der Cassette direkt zu unterhalten, können eine fast authentische Gesprächssituation simulieren.

4. Écoutez bien · Hören Sie zu

Die Cassette 4 enthält eine Reihe von kleinen Hörspielen, Reportagen und Radiofeatures. Diese Hörtexte sind so gestaltet, daß sie immer auch Vokabeln, Wendungen und Strukturen enthalten, die Sie bisher noch nicht gelernt haben. Sie sollen sich dadurch langsam daran gewöhnen, daß in einem echten Gespräch mit Franzosen oder aber bei Radio- und Fernsehsendungen Sprache auf Sie einströmt, die nicht so sorgfältig ausgewählt ist wie in den Übungsdialogen eines Kurses. Mit Hilfe dieser Hörszenen trainieren Sie die für das „Überleben" ausgesprochen wichtige Fähigkeit, auch dann die für Sie wesentlichen Informationen herauszuhören, wenn Sie (noch) nicht jedes Wort verstehen.

Wie wenden Sie „Französisch einfach & schnell lernen" am besten an?

1. Schritt

Für den Erwerb einer Fremdsprache ist es zunächst wichtig, Klang und Melodie der Sprache aufzunehmen und zugleich die Bedeutung des Gehörten zu erfassen. Deshalb sollten Sie zunächst im Begleitbuch die deutsche Spalte sorgfältig durchlesen, bevor Sie sich den Dialog zum ersten Mal auf der Cassette anhören. Sie wissen so schon, wovon der Dialog handelt und können sich auf den französischen Text konzentrieren. Lassen Sie den Dialog zunächst als Ganzes auf sich wirken.

Bei einem zweiten Anhören des Dialogs sollten Sie dann im Buch den französischen Text mitlesen. Wenn Sie dabei noch einmal in der deutschen Spalte nachlesen wollen, was die französische Wendung genau bedeutet, halten Sie die Cassette mit der Pausentaste an.

2. Schritt

Nun sollten Sie den Dialog Zeile für Zeile nachsprechen. Hierzu halten Sie das Band nach jeder Zeile wieder mit der Pausentaste an. Sie können das Band auch kurz zurückspulen, um sich die eine oder andere Wendung noch einmal anzuhören. Achten Sie hierbei darauf, Aussprache und Intonation so gut wie irgend möglich nachzuahmen.

Wenn Sie sicher sind, den Dialog nachsprechen zu können, lesen Sie ihn noch einmal laut vor. Wenn Sie den Dialog dabei auf eine Cassette sprechen, können Sie sehr gut Ihre eigene Aussprache mit dem Muster auf der Kurscassette vergleichen.

3. Schritt

Nun sollten Sie sich die wichtigsten Wendungen, die in den Dialogen benutzt werden, einprägen. Sie sind in den Kapiteln 1–33 unter der Überschrift „Comment ça se dit · Wie man's sagt" zusammengefaßt. Lesen Sie sich diese Sätze sorgfältig durch, und überlegen Sie genau, was sie bedeuten – vielleicht hören Sie sich auch die eine oder andere Stelle in den Dialogen noch einmal an, um sich genau zu erinnern, wie die einzelnen Sätze und Wendungen ausgesprochen werden. Schauen Sie sich auch die Erklärungen unter den einzelnen Dialogen oder Redewendungen an: Hier finden Sie Hinweise für die richtige Anwendung bestimmter Ausdrücke und einfache grammatische Regeln, die Ihnen helfen zu erkennen, welche Gesetzmäßigkeiten der französischen Sprache zugrunde liegen.

4. Schritt

Wenden Sie jetzt in den einfachen Übungen des Abschnittes „Exercices · Übungen" das Gelernte selbst an. In vielen Übungen ahmen Sie eine kleine Gesprächssituation nach. Lesen Sie sich hierzu die Übungsanweisungen gründlich durch, damit Sie genau wissen, zu welchem Zweck Sie die zu übenden Sätze benutzen können.

Die Lösungen zu den Übungen finden Sie auf der Cassette oder im Lösungsteil des Begleitbuchs. Arbeiten Sie die Übungen Satz für Satz in drei Schritten durch:
– Sprechen Sie die Antwort aus.
– Hören Sie sich dann die entsprechende Antwort auf der Cassette an, oder schauen Sie im Lösungsteil nach, und vergleichen Sie Ihre Lösung.
– Manchmal ist auf der Cassette eine kleine Pause enthalten, in der Sie die richtige Lösung dann noch einmal nachsprechen. Sollten Sie hierbei noch einmal überlegen wollen oder ist Ihnen die Pause nicht lang genug, so benutzen Sie wieder die Pausentaste, um das Band anzuhalten.

Auch hier achten Sie bitte genau auf Aussprache und Intonation der Sprecher, und versuchen Sie, diese so gut wie möglich nachzuahmen. In einem zweiten Durchgang sollten Sie die Übung dann freier und zügiger durcharbeiten. Auch hier empfiehlt es sich wieder, Ihre Antworten auf eine Cassette zu sprechen, um sie dann noch einmal mit dem Muster auf der Kurscassette zu vergleichen.

5. Schritt

Hören Sie sich nun noch einmal die Dialoge des entsprechenden Kapitels an. Sie werden merken, daß Ihnen die meisten Sätze und Wendungen nun so vertraut sind, daß Sie ihre Bedeutung ohne Mühe verstehen.

Wenn Sie mit Franzosen sprechen, können Sie nicht erwarten, daß Sie nur genau die Redewendungen und Vokabeln hören, die Sie gelernt haben. Es ist deshalb wichtig, sich daran zu gewöhnen, auch dann die wesentlichen Informationen aufzunehmen und zu erfassen, wenn man nicht jedes Wort versteht.

Deshalb finden Sie in der Mitte des Kurses zu diesem 5. Lernschritt zusätzliche Hörszenen, die so gestaltet ist, daß Sie am Anfang zunächst nur wenig und dann immer mehr Vokabeln und Wendungen hören, die Sie noch nicht kennen. Versuchen Sie dennoch, anhand der vorgegebenen Fragen, einige wichtige Informationen herauszuhören. Seien Sie nicht entmutigt, wenn Sie die Fragen nicht sofort beantworten können. Hören Sie sich die Szene dann noch einmal an, spulen Sie vielleicht auch einzelne Sätze zurück, bis Sie mit Hilfe der bereits gelernten Vokabeln und Wendungen das verstehen, wonach Sie gefragt werden.

Inhaltsverzeichnis

Anhänge

Rencontres · Begegnungen

In dieser Lektion lernen Sie
- nach Namen, Adressen und Telefonnummern zu fragen
- zu bitten, einen Namen oder ein Wort zu buchstabieren
- entsprechende Aussagen zu machen

Dialogues · Dialoge

Dialogue 1   Thérèse Saunier (TS), réception (R)

R:	Bonjour, Madame.	*Guten Tag.*
TS:	Bonjour. Je m'appelle Saunier.	*Guten Tag. Mein Name ist Saunier.*
R:	Madame Saunier ... Vous avez réservé?	*Saunier ... Haben Sie reserviert?*
TS:	Oui.	*Ja.*
R:	Comment ça s'écrit, Madame?	*Wie schreibt man das?*
TS:	S-A-U-N-I-É-R	*S-A-U-N-I-E-R*
R:	Ah, oui, Madame Saunier.	*Ach ja, Frau Saunier.*

> **!** Beachten Sie, daß die Franzosen eine Frageform sehr oft nur durch Intonation angeben. Die Wortstellung ist die gleiche wie im Aussagesatz, und die Stimme hebt sich ein wenig am Ende des Satzes. Fragewörter wie qui, quel, où, comment usw. stehen immer am Anfang. Siehe Dialog 2.

Dialogue 2   Jacqueline Couboules (JC), un collègue (C)

C:	Où habitez-vous?	*Wo wohnen Sie?*
JC:	J'habite à la Défense.	*Ich wohne in La Défense.*
C:	Quelle est votre adresse?	*Wie ist Ihre Adresse?*
JC:	21 rue du Tintorêt.	*21 rue du Tintorêt.*
C:	Vous avez le téléphone?	*Haben Sie Telefon?*
JC:	Oui.	*Ja.*
C:	Quel est votre numéro?	*Welche Nummer?*
JC:	C'est le 21.13.42.18.	*21.13.42.18.*

> **!** **21 rue du Tintorêt.**
> Beachten Sie, daß die Franzosen zuerst die Hausnummer sagen und dann den Namen der Straße.

Rencontres · Begegnungen

Dialogue 3   Frédéric Saunier (FS), ancien collègue (C)

C:	Vous habitez toujours à Mirepoix?	*Wohnen Sie noch in Mirepoix?*
FS:	Oui, toujours.	*Ja, noch immer.*
C:	Quelle est votre adresse?	*Wie ist Ihre Adresse?*
FS:	29 rue Pasteur.	*29 rue Pasteur.*
C:	Quel est votre numéro de téléphone?	*Wie ist Ihre Telefonnummer?*
FS:	C'est le 12.53.21.33 à Mirepoix.	*12.53.21.33 in Mirepoix.*

Dialogue 4   Jean-Pierre Teindas (JPT), André Clergues (AC), Jacqueline Couboules (JC)

JPT:	Vous connaissez Madame Couboules?	*Kennen Sie Frau Couboules?*
AC:	Non. Je ne crois pas.	*Nein. Ich glaube nicht.*
JPT:	Madame Couboules, je vous présente André Clergues.	*Frau Couboules, darf ich Ihnen André Clergues vorstellen?*
AC:	Bonjour, Madame.	*Guten Tag.*
JC:	Bonjour, Monsieur Clergues. Très heureuse de faire votre connaissance. Comment allez-vous?	*Guten Tag, Herr Clergues. Es freut mich, Sie kennenzulernen. Wie geht es Ihnen?*
AC:	Bien, merci, et vous?	*Danke, gut. Und Ihnen?*
JC:	Bien, merci.	*Danke. Auch gut.*

> **!** **Très heureuse de faire votre connaissance.**
> Jacqueline sagt: „très **heureuse** de faire votre connaissance" – mit der weiblichen Endung **-se** – weil sie eine Frau ist. Ein Mann würde sagen: „**heureux** de faire votre connaissance".

Rencontres · Begegnungen

Comment ça se dit · Wie man's sagt

1. Comment demander le nom de quelqu'un.

Wie Sie jemanden nach seinem/ihrem Namen fragen.

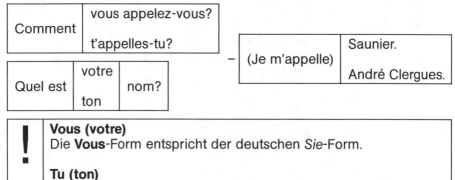

Comment	vous appelez-vous?
	t'appelles-tu?

Quel est	votre	nom?
	ton	

– (Je m'appelle)

Saunier.
André Clergues.

> **!**
>
> **Vous (votre)**
> Die **Vous**-Form entspricht der deutschen *Sie*-Form.
>
> **Tu (ton)**
> Die **Tu**-Form entspricht der deutschen *Du*-Form.

2. Comment demander à quelqu'un d'épeler un mot.

Wie Sie jemanden bitten, ein Wort zu buchstabieren.

Comment ça s'écrit? – S-A-U-N-I-E-R

3. Comment demander l'adresse de quelqu'un.

Wie Sie jemanden fragen, wo er/sie wohnt.

Quelle est votre adresse? –
Où habitez-vous? –

J'habite à	Paris.
	Mirepoix.
J'habite	21 rue du Tintorêt.
	75 avenue Gambetta.

4. Comment adresser la parole à quelqu'un.

Wie Sie jemanden ansprechen.

Excusez-moi,	Monsieur.
Pardon,	Madame.
S'il vous plaît,	Mademoiselle.

 Wenn Franzosen sich nicht persönlich kennen, sprechen sie einander immer mit **Monsieur** oder **Madame** an. Anders als im Deutschen werden junge und unverheiratete Frauen mit **Mademoiselle** angesprochen.

Exercices · Übungen

Exercice 1

Écoutez comment se prononcent les lettres de l'alphabet et répétez-les. Puis épelez les noms suivants.

Hören Sie sich auf der Cassette die Aussprache der einzelnen Buchstaben an, und wiederholen Sie sie. Dann buchstabieren Sie die folgenden Namen.

Mermet, Guilbert, Reverchon, Cathelat, Jolibois, Drouault, Jaillard, Moreau, Denain, Pagès, Laforêt, Chédeau, Limaçon

 Akzente:
Es gibt im Französischen folgende Akzente:
´accent aigu; `accent grave; ^accent circonflexe; ¸cédille.

Vérifiez vos réponses en écoutant la cassette.
Puis, épelez votre propre nom de famille.

Überprüfen Sie Ihre Antworten mit Hilfe der Cassette.
Buchstabieren Sie jetzt Ihren Familiennamen.

Rencontres · Begegnungen

Exercice 2

Écoutez comment se prononcent les chiffres et répétez-les.	*Hören Sie sich auf der Cassette die Aussprache der Zahlen an, und wiederholen Sie sie.*

1, 2, 3, 4, 5, 6, 7, 8, 9, 10,
11, 12, 13, 14, 15, 16, 17, 18, 19, 20,
21, 22, 23, 24, 25, 26, 27, 28, 29, 30,
31, 42, 53, 64, 75, 86, 97, 98, 99, 100,
101, 102, 103, 104, 105, 106, 107, 108, 109, 110,
111, 112, 113, 114, 115, 116, 117, 118, 119, 120,
121, 132, 143, 154, 165, 176, 187, 198, 200, 300, 400, 500, 1000.

Imaginez que vous êtes, à tour de rôle, une des personnes ci-dessous. Dites votre nom; épelez-le; et donnez votre adresse et votre numéro de téléphone.	*Stellen Sie sich vor, Sie wären, eine nach der anderen, die unten genannten Personen. Sagen Sie Ihren Namen; buchstabieren Sie ihn; und geben Sie Ihre Adresse und Telefonnummer an.*

In Frankreich gibt es keine Vorwahlnummern für die verschiedenen Städte. Die einzige Ausnahme ist Paris mit der Vorwahl 1. Telefonnummern werden wie gewöhnlich in Deutschland in Zehnereinheiten angegeben.

Pierre Lambert 80 rue Sénac 13001 Marseille Tél: 92.43.21.88	Xavier Boubat 60 rue de Bercy 75012 Paris Tél: 46.62.21.11	Solange Bresson 130 avenue Charles de Gaulle 92522 Neuilly-sur-Seine Tél: 41.27.36.36
Sophie Vargues 26 route de Bordeaux 16000 Angoulême Tél: 49.91.63.05	Patrice Billon 89 rue Gabriel Péri 92120 Montrouge Tél: 36.59.01.65	Louise Giraudou 25 place de Villiers 93000 Montreuil Tél: 41.30.65.64

Vérifiez vos réponses en écoutant la cassette. Puis, donnez votre propre nom, adresse, et numéro de téléphone.	*Überprüfen Sie Ihre Antworten mit Hilfe der Cassette.* *Geben Sie jetzt Ihren eigenen Namen, Ihre Anschrift und Telefonnummer an.*

Rencontres · Begegnungen

> **!**
> **■**
> Die französische Postleitzahl besteht aus fünf Ziffern. Große Städte haben in der Regel 3 Nullen am Ende, z. B. **Marseille 13000.** In diesem Fall sagen die Franzosen **treize mille,** *dreizehn tausend.* Bei kleineren Städten und Ortschaften hat die Postleitzahl fünf verschiedene Ziffern, z. B. **Neuilly-sur-Seine 92522.** Hier nennt man zuerst die zwei ersten Ziffern, **92 quatre-vingt-douze,** *zweiund-neunzig,* und dann die nächsten drei zusammen **522 cinq cent vingt deux,** *fünfhundertzweiundzwanzig.* Die ersten zwei Ziffern geben die Nummer des **Département** an.

Exercice 3

Écoutez la conversation suivante. Il manque certaines phrases.
Répondez aux questions en utilisant l'information a), l'information b) et l'information c).

Hören Sie sich das folgende Lückengespräch auf der Cassette an, und beantworten Sie die Fragen, indem Sie die Informationen a), b) und c) benutzen.

Un collègue: Bonjour.
               Où habitez-vous?
Vous: …
Un collègue: Vous avez le téléphone?
Vous: …
Un collègue: Quel est votre numéro?
Vous: …

Information a)
    Vous habitez Paris; 13 rue Delarivière-le-Foullon, La Défense.
    Votre numéro de téléphone est le 37.65.42.22.

Information b)
    Vous habitez 21 avenue Montaigne, Paris.
    Votre numéro de téléphone est le 38.02.19.75.

Information c)
    Vous habitez 13 rue Victor Hugo, Courbevoie.
    Votre numéro de téléphone est le 34.24.43.39.

Vérifiez vos réponses en écoutant la cassette.

Überprüfen Sie Ihre Antworten mit Hilfe der Cassette.

Salutations · Begrüßungen

In dieser Lektion lernen Sie

- jemanden vorzustellen
- jemanden zu begrüßen
- nach dem Geburtsdatum zu fragen und dieses zu nennen.

Dialogues · Dialoge

Dialogue 1 Alain Couboules (AC), Jacqueline Couboules (JC), Monsieur Schneider (S)

AC:	Bonsoir, Monsieur Schneider. Soyez le bienvenu à Paris.	*Guten Abend, Herr Schneider. Seien Sie willkommen in Paris.*
S:	Merci beaucoup.	*Danke schön.*
AC:	Je vous présente ma femme, Jacqueline.	*Dies ist meine Frau, Jacqueline. (Ich stelle Ihnen ... vor.)*
JC:	Bonsoir, Monsieur Schneider. Comment allez-vous?	*Guten Abend, Herr Schneider. Wie geht es Ihnen?*
S:	Bien, merci.	*Danke, gut.*

Dialogue 2 Madame Saunier (TS), un voisin (V)

V:	Bonjour, Madame Saunier. Comment ça va?	*Guten Tag, Frau Saunier. Wie geht es Ihnen?*
TS:	Très bien, merci. Et vous?	*Sehr gut, danke. Und Ihnen?*
V:	Pas très bien. J'ai mal dormi.	*Nicht so gut. Ich habe schlecht geschlafen.*
TS:	Je suis désolée de l'apprendre.	*Das tut mir aber leid. (Es tut mir leid, das zu erfahren)*

> **!** **Je suis désolée ...**
> Ein Mann sagt: „Je suis **désolé**.“ Eine Frau sagt: „Je suis **désolée**.“
> Aber man hört keinen Unterschied.

Salutations · Begrüßungen

Dialogue 3	Jean-Pierre Teindas (JPT), Sylvie Guillon (SG), Monsieur Schneider (S)

JPT:	Sylvie, je te présente Monsieur Schneider. Monsieur Schneider, je vous présente Sylvie. S: Enchanté, Mademoiselle. SG: Très heureuse de faire votre connaissance.	*Sylvie, das ist Herr Schneider.* *(Ich stelle dir Herrn Schneider vor.)* *Herr Schneider, das ist Sylvie.* *(…, ich stelle Ihnen Sylvie vor.)* *Angenehm.* *Es freut mich, Sie kennen-* *zulernen.* *(Ich bin sehr glücklich, Ihre* *Bekanntschaft zu machen.)*

Comment ça se dit · Wie man's sagt

1. Comment présenter quelqu'un.

Wie Sie jemanden vorstellen.

Je	te vous	présente	Jean-Pierre. Monsieur Schneider. ma femme. mon mari.

> **!**
> **■**
>
> **mon** – der Gegenstand bzw. die Person ist männlich, z. B.: **mon** numéro de téléphone; **mon** mari.
>
> **ma** – der Gegenstand bzw. die Person ist weiblich, z. B.: **ma** cassette, **ma** femme. Beginnt das Nomen mit einem Vokal, z. B.: adresse, sagt man immer **mon**, z. B.: **mon** adresse.
>
> **mes** – die Gegenstände bzw. die Personen stehen im Plural, z. B.: **mes** parents, **mes** réponses.

2. Comment saluer quelqu'un.

Wie Sie jemanden grüßen.

Gruß	Antwort
Bonjour	– Bonjour (bedeutet auch: *Guten Morgen*)
Bonsoir	– Bonsoir
Bonne nuit	– Bonne nuit (*Gute Nacht*)
Salut	– Salut (unter Freunden und guten Bekannten)

Salutations · Begrüßungen

Comment allez-vous? – Très bien, merci.
Comment ça va? – Bien, et vous?
Ça va? – Pas mal, merci. (*Nicht schlecht, danke.* Das sagt man unter Freunden und Bekannten)

3. Comment dire au revoir à quelqu'un.

Wie Sie sich von jemandem verabschieden.

Au revoir!	*Auf Wiedersehen.*
À bientôt!	*Bis bald.*
À tout à l'heure!	*Bis dann / bis bald.*
À plus tard!	*Bis nachher.*

4. Comment connaître la date de naissance de quelqu'un.

Wie Sie jemanden nach seinem/ihrem Geburtsdatum fragen.

C'est quand, Quelle est	ton votre	anniversaire? date de naissance?

C'est Je suis né(e)	le treize le douze le vingt	janvier. décembre. mars.

 Anders als die Deutschen geben die Franzosen ihr Geburtsdatum in gewöhnlichen Zahlen und nicht in Ordnungszahlen an.
Die Ordnungszahl bildet man gewöhnlich, indem man ein **ième** an die Zahl anhängt. (Vgl. Exercice 2.)

Exercices · Übungen

Exercice 1

Écoutez comment se prononcent les mois de l'année et répétez-les.

Hören Sie sich die Aussprache der Monatsnamen an, und wiederholen Sie sie.

janvier	avril	juillet	octobre
février	mai	août	novembre
mars	juin	septembre	décembre

Salutations · Begrüßungen

Exercice 2

Écoutez comment se prononcent les chiffres et répétez-les. Vous entendrez d'abord les nombres cardinaux et ensuite les nombres ordinaux.

Hören Sie sich auf der Cassette die Zahlen an, und wiederholen Sie sie. Sie werden zuerst die gewöhnlichen Zahlen und dann die Ordnungszahlen hören.

un/une	premier/première	vingt	vingtième
deux	deuxième/second(e)	vingt et un	vingt et unième
trois	troisième	vingt-deux	vingt-deuxième
quatre	quatrième	vingt-trois	vingt-troisième
cinq	cinquième	vingt-quatre	vingt-quatrième
six	sixième	vingt-cinq	vingt-cinquième
sept	septième	vingt-six	vingt-sixième
huit	huitième	vingt-sept	vingt-septième
neuf	neuvième	vingt-huit	vingt-huitième
dix	dixième	vingt-neuf	vingt-neuvième
onze	onzième	trente	trentième
douze	douzième	trente et un	trente et unième
treize	treizième	quarante	quarantième
quatorze	quatorzième	cinquante	cinquantième
quinze	quinzième	soixante	soixantième
seize	seizième	soixante-dix	soixante-dixième
dix-sept	dix-septième	quatre-vingts	quatre-vingtième
dix-huit	dix-huitième	quatre-vingt-dix	quatre-vingt-dixième
dix-neuf	dix-neuvième	cent	centième

Exercice 3

Écoutez comment se prononcent les années et répétez-les!

Hören Sie sich auf der Cassette die Aussprache der Jahreszahlen an, und wiederholen Sie sie.

1930, 1940, 1950, 1960, 1970,
1980, 1990,
1931, 1942, 1953, 1964, 1975, 1986, 1997,
1939, 1945, 1989, 1990,

Salutations · Begrüßungen

Exercice 4

Écoutez la conversation suivante; il manque certaines phrases. Répondez aux questions en utilisant l'information a) et l'information b).	*Hören Sie sich das folgende Lückengespräch auf der Cassette an, und beantworten Sie die Fragen. Benutzen Sie hierzu die Informationen a) und b).*

Information a)
Emmanuelle Moreau
3.1.59

Information b)
François Dervy
29.5.63

Réception: Bonjour, Madame/Monsieur.
                 Quel est votre nom de famille, s'il vous plaît?
Vous: ...
Réception: Et votre prénom?
Vous: ...
Réception: Et votre date de naissance?
Vous: ...
Réception: Merci beaucoup. (Je vous remercie.)
                 Asseyez-vous Madame/Monsieur.

Vérifiez vos réponses en écoutant la cassette.	*Überprüfen Sie Ihre Antworten mit Hilfe der Cassette.*

In dieser Lektion lernen Sie

● nach der Staatsangehörigkeit zu fragen
● nach der Herkunft zu fragen
● und entsprechende Aussagen zu machen

Dialogues · Dialoge

Dialogue 1 Thérèse Saunier (TS), réception (R)

TS:	Bonjour.	Guten Tag.
R:	Bonjour, Madame.	Guten Tag.
TS:	Je m'appelle Saunier.	Mein Name ist Saunier.
R:	Oui, Madame.	Ja. Welche Staatsangehörigkeit
	Quelle est votre nationalité?	haben Sie, bitte?
TS:	Je suis française.	Ich bin Französin.
R:	Bien.	Danke.
	Vous avez une pièce d'identité?	Haben Sie einen Ausweis?
TS:	Voici ma carte d'identité.	Hier ist mein Personalausweis.

Dialogue 2 Jean-Pierre Teindas (JPT), Sylvie Guillon (SG)

JPT:	Bonjour.	Guten Tag.
SG:	Bonjour.	Guten Tag.
JPT:	Vous venez d'où, Madame?	Woher kommen Sie?
SG:	Je viens de Paris.	Ich komme aus Paris.
JPT:	D'où exactement?	Woher genau?
SG:	De Sèvres.	Aus Sèvres.
	Et vous?	Und Sie?
JPT:	Je viens de Montmartre.	Ich komme aus Montmartre.

Dialogue 3 Alain Couboules (AC), Thérèse Saunier (TS)

AC:	Excusez-moi.	Entschuldigen Sie.
TS:	Oui?	Ja?
AC:	Vous êtes de quelle région de	Aus welcher Region Frankreichs
	France?	kommen Sie?
TS:	Je viens du Midi.	Ich komme aus dem Süden.
AC:	D'où exactement?	Woher genau?
TS:	De Mirepoix.	Aus Mirepoix.
	J'habite à Mirepoix.	Ich wohne in Mirepoix.
AC:	Ah, oui.	Ach ja.
	Pas loin de Toulouse?	Nicht weit von Toulouse?
TS:	C'est ça.	Richtig.

Nationalité · Staatsangehörigkeit

Comment ça se dit · Wie man's sagt

1. Comment demander la nationalité de quelqu'un.

Wie Sie nach der Staatsangehörigkeit fragen.

Quelle est votre nationalité? –	Je suis	allemand/allemande.
		autrichien/autrichienne.
		suisse.
		belge.
Vous êtes de quelle nationalité? –		anglais/anglaise.
		français/française.
		italien/italienne.

 Die weibliche Form des Adjektivs unterscheidet sich von der männlichen durch ein zusätzliches **e** am Wortende. Endet das Nationalitäts-Adjektiv mit dem Buchstaben **n**, z. B. **norvégien, italien, autrichien,** so wird dieses **n** in der weiblichen Form verdoppelt, z. B. **italie*nn*e, autrichie*nn*e.**

2. Comment demander le pays ou la région d'origine de quelqu'un.

Wie Sie nach der Herkunft fragen.

Vous venez d'où? –		du	nord	
			sud/Midi	(de la France).
Vous êtes de quelle région de France? – d'Allemagne? –	Je viens	de	l'est	
			l'ouest	(de l'Allemagne).
D'où exactement? –		de	Paris. Hambourg. Berlin.	

Beachten Sie: Statt **de le** sagen die Franzosen **du.**
z. B.: le nord: je viens **du nord.**
      le sud: je viens **du sud.**
– Aber: Zwei Vokale dürfen nicht aufeinanderfolgen. Man sagt daher nicht du est sondern **de l'est, de l'ouest, de l'Allemagne.**
– Beachten Sie auch, daß die Franzosen den Süden Frankreichs **le Midi** nennen.

| UNITÉ 3 | **Nationalité · Staatsangehörigkeit** |

> **!**
> ■
>
> **Beachten Sie:**
> Die folgenden großen Städte haben eine französische Entsprechung ihres Namens:
>
> | | |
> |---|---|
> | *Hamburg* | **Hambourg** |
> | *Köln* | **Cologne** |
> | *Aachen* | **Aix-la-Chapelle** |
> | *Koblenz* | **Coblence** |
> | *Frankfurt* | **Francfort** |
> | *Nürnberg* | **Nuremberg** |
> | *München* | **Munich** |
> | *Freiburg* | **Fribourg** |
> | *Hannover* | **Hanovre** |
> | *Mainz* | **Mayence** |
> | *Saarbrücken* | **Sarrebruck** |
> | *Freiburg im Breisgau* | **Fribourg en Brisgau** |
> | *Braunschweig* | **Brunswick** |
> | *Wien* | **Vienne** |

Exercices · Übungen

Exercice 1

Écoutez comment se prononcent les noms des régions suivantes de l'Allemagne, des „Länder" et des villes principales. Répétez-les.

Hören Sie sich die Aussprache der folgenden deutschen Landesteile, Bundesländer und Ortsnamen an, und wiederholen Sie sie.

L'Allemagne	Brême
L'Allemagne de l'ouest	Hesse
L'Allemagne de l'est	La Rhénanie-Palatinat
La République Fédérale Allemande	La Rhénanie-Westphalie
La Bavière	Munich
Le Bade-Wurtemberg	Hambourg
La Basse-Saxe	Nuremberg
Coblence	Fribourg
Francfort	Hanovre
Cologne	Mayence
Aix-la-Chapelle	Sarrebruck

Nationalité · Staatsangehörigkeit

Exercice 2

Écoutez la conversation suivante.   *Hören Sie sich das folgende
Gespräch an.

Monsieur: Bonjour, Madame.
Dame: Bonjour, Monsieur.
Monsieur: Vous êtes de quelle région de France?
Dame: Je viens de Lyon.
Monsieur: D'où exactement?
Dame: De Perrache.

Maintenant écoutez la conversation   *Nun hören Sie sich das folgende*
suivante; il manque certaines   *Gespräch an, und füllen Sie die*
phrases. Dites que vous êtes des   *Lücken, indem Sie sagen, daß Sie*
endroits ci-dessous.   *aus den unten aufgeführten Orten*
kommen.

Dame: Bonjour, Monsieur.
Monsieur: Bonjour, Madame.
Dame: Vous êtes de quelle partie de l'Allemagne?
Monsieur: …
Dame: D'où exactement?
Monsieur: …

München-Pasing   Gronau-Epe
Münster-Roxel   Frankfurt-Niederrad
Hamburg-Wellingsbüttel   Bremen-Lilienthal
Österreich-Wien-Grinzing   Hannover-Herrenhausen
Berlin-Schlachtensee   Nürnberg-Poppenreuth

Écoutez Exemple 1 et 2.   *Hören Sie sich die ersten beiden*
Continuez selon ce modèle,   *Beispiele an. Fahren Sie fort nach*
et vérifiez vos réponses à   *diesem Modell, und überprüfen Sie*
la fin du livre.   *Ihre Äußerungen im Lösungsteil*
des Buches.

Nationalité · Staatsangehörigkeit

Exercice 3

Vous devez présenter un groupe de gens à un collègue, une collègue. Écoutez d'abord la conversation suivante.	*Sie sollen einem Kollegen, einer Kollegin eine Gruppe von Leuten vorstellen. Hören Sie sich zuerst das folgende Gespräch an.*

Vous: Je vous présente le docteur Schwarz.
Une collègue: Enchantée. Soyez le bienvenu à Mirepoix.

Maintenant, présentez à tour de rôle les personnes suivantes à une collègue, un collègue:	*Nun stellen Sie einer Kollegin, einem Kollegen nacheinander die folgenden Personen vor:*

      Fräulein Weiß   Fräulein Jäger
      Herrn Lietz   Dr. Krumm
      Frau Weinkauf   Herrn Rückert
      Herrn Schönleben   Professor Gewehr

Vérifiez vos réponses en écoutant la cassette.	*Überprüfen Sie Ihre Antworten mit Hilfe der Cassette.*

La famille · Familie   UNITÉ 4

In dieser Lektion lernen Sie
- nach dem Familienstand zu fragen
- nach der Familie zu fragen
- und entsprechende Aussagen zu machen

Dialogues · Dialoge

Dialogue 1   une jeune femme (JF), un jeune homme (JH)

JF:	Vous êtes français ou belge?	*Sind Sie Franzose oder Belgier?*
JH:	Moi, je suis français.	*Ich bin Franzose.*
	J'habite Lille.	*Ich wohne in Lille.*
	Et vous?	*Und Sie?*
JF:	Moi aussi.	*Ich auch.*
	Je suis française.	*Ich bin Französin.*
JH:	Vous êtes mariée?	*Sind Sie verheiratet?*
JF:	Non, je suis célibataire.	*Nein. Ich bin ledig.*
	Et vous?	*Und Sie?*
JH:	Moi aussi.	*Ich auch.*

Dialogue 2   Thérèse Saunier (TS), Alain Couboules (AC)

TS:	Monsieur Couboules. Vous êtes en vacances à Mirepoix?	*Sagen Sie, Herr Couboules. Sind Sie in Mirepoix auf Urlaub?*
AC:	Non, Madame.	*Nein.*
	Je suis ici pour affaires.	*Ich bin geschäftlich hier.*
TS:	Et votre femme?	*Und Ihre Frau?*
	Elle est avec vous?	*Ist sie mit Ihnen gekommen?*
AC:	Non, elle est restée à la maison.	*Nein, sie ist zu Hause geblieben.*
TS:	Vous avez des enfants?	*Haben Sie Kinder?*
AC:	Bien sûr. J'ai deux filles: Soizic et Geneviève.	*Natürlich. Ich habe zwei Töchter: Soizic und Geneviève.*
	Et vous, Madame?	*Und Sie?*
	Vous avez des enfants?	*Haben Sie auch Kinder?*
TS:	Oui. J'ai un fils.	*Ja. Ich habe einen Sohn.*

Femme = *Frau*
Mari = *Mann*

> **!** **Je suis ici pour affaires.**
> Beachten Sie die Stellung des **ici** (= *hier*), das im Gegensatz zum
> Deutschen gleich auf **je suis** (*ich bin*) folgt.

La famille · Familie

Comment ça se dit · Wie man's sagt

1. Comment demander si quelqu'un est marié.

Wie Sie fragen, ob jemand verheiratet ist.

Vous êtes marié(e)?	Je suis	séparé(e) de mon mari. de ma femme.	lebe getrennt
		divorcé(e).	bin geschieden
		marié(e).	bin verheiratet
		célibataire.	bin ledig
		veuf/veuve.	bin verwitwet

> **!**
> ▪ Frauen sind entweder: **célibataire, mariée, separée, divorcée** oder **veuve.**
> Männer sind entweder: **célibataire, marié, séparé, divorcé** oder **veuf.**
> Nur im letzten Fall hören Sie den Unterschied.

Vous avez des	enfants?	*Kinder*
	frères?	*Brüder*
	sœurs?	*Schwestern*

| Vous avez combien | d'enfants? de frères? de sœurs? | *Wie viele* | *Kinder Brüder Schwestern* | *haben Sie?* |

J'ai Nous avons	un	enfant. fils. garçon. frère.
	une	fille. sœur.
	deux trois	fils. frères. filles. sœurs.

Je n'ai pas	d'enfants.
	de frères.
Nous n'avons pas	de sœurs.

Negativform

Man bildet die Negativform des Verbs mit **ne** und **pas**, z.B.:

Je _n'_ai _pas_...	_Ich habe nicht/kein..._
Vous _n'_avez _pas_...	_Sie haben nicht/kein..._
Nous _n'_avons _pas_...	_Wir haben nicht/kein..._
Je _ne_ suis _pas_...	_Ich bin nicht..._

Wie wir in der letzten Lektion gelernt haben, dürfen zwei Vokale im Französischen nicht aufeinanderfolgen. _De_ vor _enfants_ ist also unmöglich.

Man sagt: **Vous avez combien _d'enfants_?** und: **Je _n'_ai pas _d'enfants_.**

Exercices · Übungen

Exercice 1

Écoutez la conversation suivante.   _Hören Sie sich das folgende Gespräch an._

Mme Saunier: Bonsoir, Monsieur Fiebiger.
Vous êtes ici pour affaires?
Herr Fiebiger: Oui. C'est ça.
Mme Saunier: Votre famille est avec vous?
Herr Fiebiger: Oui. Ma femme est avec moi.
Les enfants aussi.
Mme Saunier: Vous avez combien d'enfants, Monsieur Fiebiger?
Herr Fiebiger: J'en ai deux: un fils et une fille.

La famille · Familie

> **!**
> **■**
>
> **J'en ai ...**
> Die Frage: **Vous avez combien d'enfants?** setzt voraus, daß die
> angesprochene Person Kinder hat. In der Antwort nimmt man im
> Französischen Bezug auf diese Kinder, indem man **en** (welche/von
> denen) verwendet. Wortwörtlich lautet Herrn Fiebigers Antwort:
> *Ich habe davon einen Sohn und eine Tochter.*
> Ähnlich verhält es sich mit Gegenständen (z. B. einer Schallplatte)
> oder mit Stoffen (z. B. Zucker), wenn diese schon erwähnt
> worden sind, z. B.:
>
> | | |
> |---|---|
> | **Vous avez *du sucre*?** | *Haben Sie Zucker?* |
> | **Oui, j'*en* ai.** | *Ja. Ich habe welchen.* |
> | **Vous avez *des disques*?** | *Haben Sie Schallplatten?* |
> | **Non, je n'*en* ai pas.** | *Nein, ich habe keine (davon).* |
> | **Est-ce qu'il y a *une banque* près d'ici?** | *Ist hier in der Nähe eine Bank?* |
> | **Oui, il y *en* a une, rue Victor Hugo.** | *Ja, in der rue Victor Hugo ist eine (davon).* |

Répétez la même conversation.
Parlez pour les personnes a) – d).

*Nun führen Sie das gleiche
Gespräch. Benutzen Sie hierzu die
Informationen a) – d).*

a) Herr Rückert est à Mirepoix en vacances avec sa femme et ses deux
   filles.
b) Herr Neubert est ici pour affaires. Sa femme est avec lui.
   Ils n'ont pas d'enfants.
c) Herr Denker est à Mirepoix pour affaires. Sa femme est à la maison.
   Ils n'ont pas d'enfants.
d) Herr Wacker est ici pour affaires. Il est seul (allein).
   Sa femme est à la maison avec leur fils et leurs deux filles.

Vérifiez vos réponses en écoutant
la cassette.

*Überprüfen Sie Ihre Antworten mit
Hilfe der Cassette.*

Exercice 2

Écoutez la conversation suivante; il manque certaines phrases.

Hören Sie sich das folgende Lückengespräch an.

Mme Trénet: Bonsoir, Monsieur Caslon.
...
M. Caslon: Oui. C'est ça.
Mme Trénet: ...
M. Caslon: Non, ma femme est restée à la maison avec les enfants.
Mme Trénet: ...
M. Caslon: Nous en avons deux: un fils et une fille.

Posez les questions de Mme Trénet.

Es fehlen alle Fragen von Mme Trénet. Stellen Sie sie.

Vérifiez ce que vous avez dit en écoutant la cassette.

Überprüfen Sie Ihre Äußerungen mit Hilfe der Cassette.

Exercice 3

Écoutez le dialogue suivant.

Hören Sie sich das folgende Gespräch an.

Question: Vous êtes marié?
Réponse: Oui.
Question: Vous avez des enfants?
Réponse: Oui, nous en avons un.

Répétez la même conversation. Prenez les informations a) – d).

Nun führen Sie das gleiche Gespräch. Benutzen Sie hierzu die Informationen a) – d).

a) Vous avez un fils et une fille.
b) Vous avez deux filles.
c) Vous avez trois fils.
d) Vous avez trois filles et un fils.

Vérifiez vos réponses en écoutant la cassette.

Überprüfen Sie Ihre Antworten mit Hilfe der Cassette.

Les courses · Einkaufen (1)

In dieser Lektion lernen Sie

● in Geschäften nach Dingen zu fragen
● nach Preisen zu fragen

Dialogues · Dialoge

Dialogue 1   Jean-Pierre Teindas (JPT), une vendeuse (V)

JPT:	Paris Match, s'il vous plaît.	*Paris Match, bitte.*
V:	Voilà, Monsieur.	*Bitte schön.*
	Et avec ça?	*Sonst noch etwas?*
JPT:	La Dépêche, s'il vous plaît.	*La Dépêche, bitte.*
V:	Bien, Monsieur.	*Ja.*
JPT:	Ça fait combien?	*Was macht das?*
V:	Ça fait 16 francs.	*Das macht 16 Francs.*

Dialogue 2   Sylvie Guillon (SG), un vendeur (V)

V:	Bonjour, Mademoiselle.	*Guten Tag.*
	Je peux vous aider?	*Kann ich Ihnen helfen?*
SG:	Vous avez de l'aspirine?	*Haben Sie Aspirin?*
V:	Voilà, Mademoiselle.	*Bitte sehr.*
	Et avec ça?	*Sonst noch einen Wunsch?*
SG:	C'est tout, merci.	*Danke. Das ist alles.*
	C'est combien, s'il vous plaît?	*Was kostet das, bitte?*
V:	Ça fait 11,80 F.	*Das kostet 11,80 F.*

Dialogue 3   Jacqueline Couboules (JC), un vendeur (V)

V:	Bonjour, Madame.	*Guten Tag.*
	Qu'est-ce qu'il vous faut?	*Was kann ich für Sie tun?*
JC:	Bonjour. Je voudrais deux	*Guten Tag. Ich möchte zwei*
	tranches de jambon.	*Scheiben Schinken.*
V:	Et avec ça?	*Sonst noch etwas?*
JC:	Et une douzaine d'œufs.	*Und ein Dutzend Eier.*
V:	Bien, Madame.	*Sehr gern.*
	Et avec ça?	*Sonst noch etwas?*

Les courses · Einkaufen (1)

JC:	Je voudrais 100 grammes de beurre, et une bouteille d'huile.	*Ich möchte 100 Gramm Butter. Und eine Flasche Öl.*
V:	Merci, Madame. C'est tout?	*Danke sehr. Ist das alles?*
JC:	C'est tout. Ça fait combien?	*Das ist alles. Was macht das?*
V:	Ça vous fait 52 francs.	*Das macht 52 Francs.*
JC:	Voilà.	*Bitte.*
V:	Je vous remercie. Au revoir, Madame.	*Ich bedanke mich. Auf Wiedersehen.*
JC:	Au revoir Messieurs, dames.	*Auf Wiedersehen.*

> **!** **Au revoir Messieurs, dames…**
> Wenn man einen relativ kleinen Laden verläßt, grüßt man nicht nur die Verkäufer und Verkäuferinnen, sondern auch die anderen Kunden. Höchst wahrscheinlich grüßen sie zurück.

Comment ça se dit · Wie man's sagt

1. Comment demander ce que vous voulez dans un magasin.
Wie Sie sagen, was Sie in einem Laden haben möchten.

a) Le vendeur, la vendeuse vous demande ce que vous voulez.
Der Verkäufer, die Verkäuferin fragt Sie, was Sie wollen.

Je peux vous aider?	*Kann ich Ihnen helfen?*
Qu'est-ce qu'il vous faut?	*Was kann ich für Sie tun?*
Vous désirez?	*Sie wünschen?*

b) Vous dites ce que vous voulez.
Sie sagen, was Sie wünschen.

Paris Match, La Dépêche, Un pain, Une baguette,	s'il vous plaît.

c) Vous demandez si le magasin a quelque chose que vous voulez.
Sie fragen nach etwas, das Sie kaufen möchten.

Vous avez	Paris Match? de l'aspirine? des cartes postales?

Les courses · Einkaufen (1)

d) Vous voulez des choses qu'on peut compter séparément.
Sie möchten Dinge, die man zählen kann.

Je voudrais des	cartes postales. timbres (poste). fleurs.	des = *einige (unbestimmte Mengenangabe)*

e) Vous voulez quelque chose qui se vend en quantité.
Sie möchten etwas, das mengenweise verkauft wird.

Je voudrais	du	thé. lait. jambon. savon. café.	du, de la, de l' = *etwas*
	de la	bière. viande.	
	de l'	huile. eau minérale.	

f) Vous voulez quelque chose qu'on achète en paquet, en boîte ou au poids.
Sie möchten etwas, das abgepackt, in Büchsen oder nach Gewicht verkauft wird.

Je voudrais	une boîte	d'allumettes. de tomates. de sardines.
	un paquet	de spaghettis.
	une tablette	de chocolat.
	une bouteille	de vin rouge. de limonade. d'huile.
	un kilo une livre cent grammes	d'oranges. de saucisson. de beurre.

> **!**
> **■**
> **De**
> Im Französischen steht zwischen einer Maßangabe und Verpackungsinhalt immer **de** bzw. **d'**, also:
>
> **Une bouteille *de* vin blanc.**
> **Une boîte *de* sardines.**

Les courses · Einkaufen (1)

2. Comment demander le prix de quelque chose.

Wie Sie nach dem Preis von etwas fragen.

Questions   Réponses

Combien? –
C'est combien? –
Ça fait combien? –

C'est	30 francs.
Ça vous fait	17 francs 50 centimes.

3. Comment dire que vous ne voulez plus rien.

Wie Sie sagen, daß Sie nichts mehr wollen.

Questions   Réponses

Et avec ça? –   C'est tout, merci.
C'est tout? –   Merci.

Exercices · Übungen

Exercice 1

Écoutez comment se prononcent les mots suivants et répétez-les.

Hören Sie sich an, wie die folgenden Wörter ausgesprochen werden, und wiederholen Sie sie.

des cartes postales	*Ansichtskarten*
des timbres poste	*Briefmarken*
des enveloppes	*Briefumschläge*
des fleurs	*Blumen*
des allumettes	*Streichhölzer*
des cigarettes	*Zigaretten*
des oranges	*Orangen*
des pommes	*Äpfel*

Maintenant dites que vous voulez acheter ces choses.

Nun sagen Sie, daß Sie diese Dinge kaufen möchten.

Vérifiez vos réponses en écoutant la cassette.

Überprüfen Sie Ihre Antworten mit Hilfe der Cassette.

Les courses · Einkaufen (1)

Exercice 2

Écoutez comment se prononcent les mots suivants. Répétez-les.	*Hören Sie sich an, wie die folgenden Wörter ausgesprochen werden, und wiederholen Sie sie.*

Un verre de vin	*Ein Glas Wein*
Un verre d'eau minérale	*Ein Glas Mineralwasser*
Une tasse de thé	*Eine Tasse Tee*
Une tasse de café	*Eine Tasse Kaffee*
Un jus d'orange	*Ein Orangensaft*
Une boîte de sardines	*Eine Dose Sardinen*
Un litre de lait	*Ein Liter Milch*
Un morceau de chocolat	*Ein Stückchen Schokolade*

Maintenant dites que vous voulez acheter ces choses.	*Nun sagen Sie, daß Sie diese Dinge kaufen möchten.*
Vérifiez vos réponses en écoutant la cassette.	*Überprüfen Sie Ihre Antworten mit Hilfe der Cassette.*

Exercice 3

Voici certaines choses dont vous aurez peut-être besoin en tant que touriste.	*Hier sind einige Dinge, die Sie als Tourist gebrauchen können.*

une glace à la vanille	*Vanilleeis*
une glace à la fraise	*Erdbeereis*
un guide touristique	*Reiseführer*
une liste des hôtels	*Hotelführer*
un peigne	*Kamm*
un rouge à lèvres	*Lippenstift*
une brosse à dents	*Zahnbürste*

Maintenant dites que vous voulez les acheter.	*Sagen Sie jetzt, daß Sie sie kaufen möchten.*
Vérifiez vos réponses en écoutant la cassette.	*Überprüfen Sie Ihre Antworten mit Hilfe der Cassette.*

Les courses · Einkaufen (1)

Exercice 4

Sylvie est à Mirepoix et elle veut acheter quelques cartes postales. Est-ce que vous pouvez reconstituer sa conversation?	*Sylvie ist in Mirepoix und möchte einige Ansichtskarten kaufen. Können Sie das Gespräch, das sie im Laden führt, in die richtige Reihenfolge bringen?*

- C'est combien?
- Oui, Mademoiselle.
- Je voudrais des cartes postales.
- Non, merci.
- J'en prends cinq.
- Vous désirez, Mademoiselle?
- Ça fait quinze francs.
- J'ai de très belles cartes postales ici.
- Et avec ça?

Vérifiez vos réponses en écoutant la cassette.	*Überprüfen Sie Ihre Antworten mit Hilfe der Cassette.*

In dieser Lektion lernen Sie

● weitere nützliche Wendungen, die Sie beim Einkaufen benötigen.

Dialogues · Dialoge

Dialogue 1 Thérèse Saunier (TS), une vendeuse (V)

TS:	Une baguette, s'il vous plaît.	*Ein Baguette, bitte.*
V:	Bien cuite ou pas trop cuite?	*Dunkel oder nicht zu sehr gebacken?*
TS:	Bien cuite, s'il vous plaît.	*Gut gebacken, bitte.*
V:	Cinq francs.	*Fünf Francs.*
	Et avec ça?	*Sonst noch etwas?*
TS:	Vous avez une tarte aux pommes?	*Haben Sie einen Apfelkuchen?*
V:	Non, Madame. Pas aujourd'hui. Je regrette.	*Nein. Heute nicht. Es tut mir leid.*
TS:	Dommage.	*Schade.*

> **!** **Une baguette**
> Brot ist in jedem Land anders. In Frankreich kauft man am liebsten frisches Brot direkt aus dem Backofen. Französisches Brot ist lang und dünn. **Une baguette** ist 80 Zentimeter lang und wiegt 250 Gramm.

Dialogue 2 Alain Couboules (AC), le garçon (G)

G:	Vous désirez, Monsieur?	*Sie wünschen?*
AC:	Un Cinzano.	*Einen Cinzano.*
G:	Un Cinzano.	*Einen Cinzano.*
AC:	Et un verre de vin blanc.	*Und ein Glas Weißwein.*
G:	Merci, Monsieur.	*Danke.*
AC:	Ça fait combien?	*Was macht das?*
G:	Ça fait 12,50 F.	*Das macht 12,50 F.*

> **!** **Un Cinzano**
> **Cinzano** ist ein italienischer *Vermuth*. Andere Vermuthsorten, die man in Frankreich trinkt, sind: **Noilly Prat, Martini, Suze.**

Les courses · Einkaufen (2) UNITÉ 6

Dialogue 3 Jacqueline Couboules (JC), une vendeuse (V)

V:	Je peux vous aider, Madame?	*Kann ich Ihnen helfen?*
JC:	Non, merci.	*Nein danke.*
	Je regarde seulement.	*Ich schaue mich nur um.*

Dialogue 4 Sylvie Guillon (SG), employé (E)

SG:	Excusez-moi.	*Entschuldigung.*
	Vous pouvez me donner un renseignement?	*Können Sie mir eine Auskunft geben?*
E:	Certainement.	*Gern.*
SG:	C'est combien un timbre pour l'Allemagne?	*Was kostet eine Briefmarke nach Deutschland?*
E:	Lettre ou carte postale?	*Brief oder Postkarte?*
SG:	Pour une carte postale.	*Für eine Postkarte.*
E:	Pour une carte postale ça fait 2,10 F.	*Für eine Postkarte kostet sie 2,10 F.*
SG:	Alors, donnez-moi six timbres à 2,10 F. '	*Dann geben Sie mir bitte sechs Briefmarken zu 2,10 F.*

Dialogue 5 Jean-Pierre Teindas (JPT), vendeuse (V)

V:	Bonjour, Monsieur, je peux vous aider?	*Guten Tag. Kann ich Ihnen helfen?*
JPT:	Oui, s'il vous plaît.	*Ja, bitte.*
	Je cherche un cadeau pour une amie.	*Ich suche ein Geschenk für eine Freundin.*
V:	Oui, vous avez déjà une idée?	*Ja. Haben Sie schon eine Idee?*
JPT:	Non.	*Nein.*
V:	C'est pour une personne de quel âge?	*Für eine Person in welchem Alter soll es denn sein?*
JPT:	C'est pour une jeune fille de 18 ans.	*Es ist für ein junges Mädchen von 18 Jahren.*
V:	Un parfum peut-être?	*Ein Parfum vielleicht?*
JPT:	Non. Je ne crois pas.	*Nein. Ich glaube nicht.*
V:	Bon, dans ce cas-là, peut-être un bijou fantaisie?	*Nun, dann (in diesem Fall) vielleicht einen Modeschmuck?*
JPT:	Qu'est-ce que vous pouvez me proposer?	*Was können Sie mir denn zeigen (vorschlagen)?*

Les courses · Einkaufen (2)

V:	J'ai ce très joli bracelet.	Ich habe dieses sehr hübsche Armband.
JPT:	Oui. Il est à combien?	Ja. Was kostet es?
V:	Il est à 50 francs.	Es kostet 50 Francs.
JPT:	Très bien. Je le prends.	Gut. Ich nehme es.
V:	D'accord. Je vous fais un paquet-cadeau?	So. Soll ich es Ihnen als Geschenk einpacken?
JPT:	Oui, s'il vous plaît.	Ja, bitte.
V:	Bon. Veuillez passer à la caisse.	Kommen Sie bitte mit zur Kasse.

Comment ça se dit · Wie man's sagt

1. Comment dire que vous ne voulez rien acheter.

Wie Sie sagen, daß Sie nichts kaufen möchten.

Je regarde seulement, merci.

2. Comment demander le prix des timbres poste.

Wie Sie nach dem Porto fragen.

C'est combien	un timbre une lettre une carte postale	pour	l'Allemagne? l'Autriche? la Suisse? les pays de la Communauté?

Je voudrais Donnez-moi	un timbre six timbres dix timbres	à	deux francs deux francs dix deux francs quarante	s'il vous plaît.

Les courses · Einkaufen (2)   UNITÉ 6

Exercices · Übungen

Exercice 1

Écoutez le dialogue suivant et répétez-le, si vous voulez.	*Hören Sie sich das folgende Gespräch an, und sprechen Sie es nach, wenn Sie möchten.*

Client: Vous pouvez m'aider, s'il vous plaît?
Vendeuse: Certainement.
Client: Vous avez des cartes postales?
Vendeuse: Vous les trouverez là-bas.
Client: Vous avez des enveloppes aussi?
Vendeuse: Non. Je regrette. Nous n'en avons pas.

Maintenant prenez votre rôle dans la conversation suivante.	*Nun übernehmen Sie Ihre Rolle im folgenden Lückengespräch.*

Vous: …
Vendeuse: Certainement.
Vous: …
Vendeuse: Oui. Vous le(s) trouverez là-bas.
Vous: …
Vendeuse: Non. Je regrette. Nous n'en avons pas.

Vous voulez acheter les choses suivantes.	*Sie möchten die folgenden Dinge kaufen.*

     a) du dentifrice   b) des oranges   c) des roses
        des aspirines   des poires   des tulipes

Vérifiez vos réponses en écoutant la cassette.	*Überprüfen Sie Ihre Antworten mit Hilfe der Cassette.*

Exercice 2

Vous voulez commander les boissons suivantes dans un café.

Sie möchten in einem „Café" die folgenden Getränke bestellen.

> **!** Das **Café** gehört zum alltäglichen Leben in Frankreich. Ein Café ist relativ klein. Es hat Sitzplätze für 30-40 Leute. Einige Tische stehen normalerweise vor dem Café auf dem Trottoir. Am Eingang kann man oft Zigaretten, Postkarten, Briefmarken und Zeitungen kaufen. Am frühen Vormittag trinkt man dort Kaffee und ißt dazu Croissants. Mittags sind Brote und einige warme Speisen erhältlich; abends trifft man sich in den Cafés, um einen gemütlichen Abend zu verbringen.
> Das deutsche „Café" oder die deutsche Konditorei findet man auch, und zwar unter dem Namen **Salon de Thé**.

Un petit noir	*Eine kleine Tasse mit schwarzem Kaffee*
Un grand crème	*Eine große Tasse Kaffee mit Milch*
Un kir	*Weißwein mit schwarzem Johannisbeersaft*
Une menthe à l'eau	*Pfefferminzsaft mit Wasser*
Une bière pression	*Helles Bier vom Faß*
Un thé citron	*Eine Tasse Tee mit Zitrone*
Un chocolat	*Eine Tasse Schokolade*
Un verre de vin rouge	*Ein Glas Rotwein*
Un cognac	*Ein Kognak*
Un martini	*Ein Martini*
Un orangina	*Ein Sprudel mit Orangengeschmack*
Un grog	*Ein Rum mit heißem Wasser*

Vérifiez vos réponses en écoutant la cassette.

Überprüfen Sie Ihre Antworten mit Hilfe der Cassette.

Les endroits · Orte

In dieser Lektion lernen Sie

- über Orte zu sprechen
- zu fragen, wo sie liegen
- um eine Beschreibung zu bitten

Dialogues · Dialoge

Dialogue 1   Jean-Pierre Teindas (JPT), Thérèse Saunier (TS)

JPT: Vous êtes de quelle région, Madame?	*Woher kommen Sie?*
TS: Je viens de Mirepoix.	*Ich komme aus Mirepoix.*
JPT: Ça se trouve où?	*Wo liegt das?*
TS: C'est une petite ville en Ariège.	*Es ist eine kleine Stadt in Ariège.*
JPT: L'Ariège, c'est dans le sud-ouest, n'est-ce pas?	*Der Ariège liegt im Süden, nicht wahr?*
TS: C'est ça. Mirepoix est près des Pyrénées.	*Richtig. Mirepoix ist in der Nähe der Pyrenäen.*
JPT: C'est une jolie région, l'Ariège?	*Ist der Ariège eine hübsche Landschaft?*
TS: Certainement. C'est une région assez boisée. Et plus au sud, c'est une région montagneuse.	*Sicher. Es ist eine Gegend mit ziemlich viel Wald. Und im Süden hat die Region viele Berge.*
JPT: Et Mirepoix, c'est une jolie ville?	*Und Mirepoix ist eine hübsche Stadt?*
TS: C'est une ville très pittoresque, avec une cathédrale et des «couverts» magnifiques.	*Es ist eine sehr malerische Stadt mit einem Dom und mit fantastischen Arkaden aus Holz.*
JPT: Le climat à Mirepoix, c'est comment?	*Wie ist das Klima in Mirepoix?*
TS: En général, le climat est assez doux.	*Normalerweise ist es ziemlich mild.*

Dialogue 2   Jacqueline Couboules (JC), Yves Marty (YM)

JC: Vous venez de Chartres, je crois, Monsieur Marty?	*Sie kommen, glaube ich, aus Chartres, Herr Marty?*
YM: C'est vrai.	*Das stimmt.*

35

JC:	C'est une très belle ville, n'est-ce pas?	*Das ist eine sehr schöne Stadt, nicht wahr?*
YM:	Ah oui. C'est une ville magnifique.	*Oh ja. Es ist eine wunderschöne Stadt.*
JC:	Je me rappelle qu'il y a une cathédrale.	*Ich erinnere mich, daß es dort einen Dom gibt.*
YM:	Oui. C'est une cathédrale gothique.	*Ja, es ist ein gothischer Dom.*
JC:	Quel temps fait-il en cette saison?	*Wie ist das Wetter zu dieser Jahreszeit?*
YM:	Au printemps, il fait beau. C'est un endroit très agréable, vous savez.	*Im Frühling ist es schön. Es ist ein sehr hübscher (angenehmer) Ort, wissen Sie.*
JC:	J'en suis certaine.	*Da bin ich sicher.*
YM:	Il faut y aller.	*Sie sollten hinfahren.*
JC:	Oui, j'irai peut-être un jour.	*Ja, eines Tages tue ich das vielleicht.*

Comment ça se dit · Wie man's sagt

1. Comment demander où sont certains endroits.

Wie Sie fragen, wo bestimmte Orte sich befinden.

Ça se trouve où,	Kiel? Vienne? Chartres?	–	C'est	au nord au sud à l'est à l'ouest	de l'Allemagne. de l'Autriche. de la France.

C'est	dans	les Alpes. les Pyrénées. le Massif Central.
	sur	la Loire. la Seine. la Garonne.
	près	de Paris de la mer. de la frontière.
Ce n'est pas loin		

Les endroits · Orte

2. Comment demander la description d'une région.
Wie Sie nach der Beschreibung einer Gegend fragen.

C'est une jolie région C'est à visiter C'est agréable	les Pyrénées? le nord-est?
C'est une belle ville C'est une ville agréable	Lyon?

C'est	une région un pays	(assez) (très)	vallonné(e). boisé(e). montagneux(se). plat(e). industriel(le). agricole. touristique. fertile. triste.

C'est une ville	industrielle. calme. intéressante. tranquille. touristique. pittoresque. historique. sale. propre.

Il y a	une cathédrale un château un théâtre un musée une église un pont un parc	célèbre. intéressant(e). à visiter.

Les endroits · Orte

> **!** **Beachten Sie:**
> Im Französischen folgt das Adjektiv dem Nomen.
>
> z. B.: Il y a un **château intéressant**.
> Il y a un **théâtre célèbre**.
> Il y a un **musée intéressant**.
>
> In der Form stimmt das Adjektiv mit dem Nomen überein.
>
> z. B.: Il y a un **château intéressant**. (Männlich)   Endungen: **(-)**
> C'est une **ville intéressante**. (Weiblich)   **(-e)**
> Il y a des «**couverts**» **intéressants** (Männlich im Plural)   **(-s)**
> Il y a des **églises intéressantes** (Weiblich im Plural)   **(-es)**
>
> Allerdings haben fast alle grammatischen Regeln wichtige Ausnahmen: Manche Adjektive stehen nicht nach, sondern vor dem Nomen.
>
> z. B.: joli, e – hübsch   long, ue – nett
> vieux, vieille – alt   grand, e – groß
> jeune – jung   beau, belle – schön
> petit, e – klein   haut, e – hoch
> court, e – kurz   autre – andere (r)
> gentil, le – nett
>
> Man könnte noch viel mehr über das Adjektiv erzählen, aber das ist im Augenblick genug.

3. Comment demander quel temps il fait.

Wie Sie nach dem Wetter fragen.

Quel temps fait-il	en hiver? à Chartres? dans le nord? là?

Les endroits · Orte

Quel climat avez-vous? –	Il fait	chaud frais beau froid mauvais	(en hiver). (au printemps).
		du brouillard du vent de l'orage du soleil	(en été). (en automne).

Il	neige. pleut. gèle.

Exercices · Übungen

Exercice 1

Jacqueline Couboules s'intéresse à l'Allemagne. Répondez à ses questions et vérifiez vos réponses en écoutant la cassette.

Jacqueline Couboules interessiert sich für Deutschland. Beantworten Sie ihre Fragen, und überprüfen Sie Ihre Antworten mit Hilfe der Cassette.

Exemple: Ça se trouve où, Lübeck?
Lübeck, c'est au nord de l'Allemagne.

1. Alors, vous venez de Passau. Ça se trouve où?
2. Vous êtes de Hambourg, Herr Schmidt. C'est au nord, n'est-ce pas?
3. Ulm, ça se trouve où?
4. Je n'ai jamais entendu parler d'Oldenburg; ça se trouve où?
5. Munich, c'est une ville au nord de l'Allemagne, n'est-ce pas?
6. Rostock, ça se trouve où exactement?
7. Dresden, c'est à l'est je crois?
8. Augsburg, c'est au nord ou au sud?
9. J'ai entendu parler de Kiel; ça se trouve où?
10. Bremen, c'est où exactement?

Les endroits · Orte

Exercice 2

Dites où se trouvent les endroits suivants et vérifiez vos réponses en écoutant la cassette.

Sagen Sie, wo die folgenden Orte sich befinden, und überprüfen Sie Ihre Antworten mit Hilfe der Cassette.

Exemple: Fürth, ça se trouve où?
Fürth n'est pas loin de Nuremberg.

1. Ça se trouve où, Oldenburg? (Bremen)
2. Ça se trouve où, Braunschweig? (Hanovre)
3. Ça se trouve où, Paderborn? (Bielefeld)
4. Ça se trouve où, Limburg? (Francfort)
5. Ça se trouve où, Wiesbaden? (Mayence)
6. Ça se trouve où, Heidelberg? (Mannheim)
7. Ça se trouve où, Tecklenburg? (Munster)
8. Ça se trouve où, Augsburg? (Munich)
9. Ça se trouve où, Pforzheim? (Stuttgart)
10. C'est où, Bad Reichenhall? (Salzburg)

Exercice 3

Écoutez le dialogue suivant.

Hören Sie sich das folgende Gespräch an.

Belge: Mirepoix, ça se trouve où?
Herr Wagner: C'est au sud-est de la France.
C'est sur l'Hers.
Belge: C'est une belle ville?
Herr Wagner: Ah oui. Il y a des «couverts».
Mirepoix est à visiter.
Il faut y aller.
Belge: Oui, j'irai peut-être un jour.

Répétez la même conversation avec un Belge. Imaginez que vous connaissez les villes suivantes.

Führen Sie das gleiche Gespräch mit einem Belgier. Stellen Sie sich vor, Sie kennen die folgenden Orte.

Les endroits · Orte

1. Versailles (Paris) / nord / le château
2. Arras / nord / la Grand'Place
3. Nancy / nord-est / la Meurthe / la Place Stanislas
4. Albi / sud / le Tarn / la cathédrale
5. Grenoble / est / l'Isère / le fort de la Bastille
6. Reims / nord / l'Aisne / la cathédrale Notre-Dame
7. Conques (Rodez) / sud / l'Abbaye de Sainte-Foy
8. Fontainebleau (Paris) / nord / le palais
9. Arles / sud (Midi) / le Rhône / les Arènes romaines
10. Carcassonne / sud / l'Aude / la cité fortifiée

Vérifiez vos réponses en écoutant la cassette.

Überprüfen Sie Ihre Antworten, indem Sie sich die Cassette anhören.

In dieser Lektion lernen Sie

- nach bestimmten Einrichtungen in der Nähe zu fragen
- nach dem Weg zu fragen
- zu fragen, wie weit etwas entfernt ist

Dialogues · Dialoge

Dialogue 1   Thérèse Saunier (TS), un monsieur (M)

TS:	Excusez-moi.	*Entschuldigen Sie.*
	Est-ce qu'il y a des toilettes près d'ici?	*Ist hier in der Nähe eine Toilette?*
M:	Oui, vous allez tout droit.	*Ja, gehen Sie geradeaus.*
	C'est à 50 mètres.	*Sie ist ungefähr 50 Meter entfernt.*

Dialogue 2   Alain Couboules (AC), une jeune fille (JF)

AC:	Pardon, Mademoiselle.	*Entschuldigen Sie.*
	Est-ce qu'il y a un téléphone près d'ici?	*Gibt's hier in der Nähe ein Telefon?*
JF:	Oui, vous allez tout droit.	*Ja, gehen Sie geradeaus.*
	Il y a un téléphone sur votre gauche.	*Auf der linken Seite ist ein Telefon.*
AC:	C'est à quelle distance?	*Wie weit ist es von hier entfernt?*
JF:	C'est à 100 mètres environ.	*Ungefähr 100 Meter.*
AC:	Merci bien.	*Vielen Dank.*
JF:	De rien, Monsieur.	*Gern geschehen.*

Dialogue 3   Sylvie Guillon (SG), une dame (D)

SG:	Excusez-moi, Madame.	*Entschuldigen Sie, bitte.*
	Est-ce qu'il y a une pharmacie près d'ici?	*Ist hier in der Nähe eine Apotheke?*
D:	Oui, vous prenez la première rue à gauche. C'est en face du cinéma.	*Ja, nehmen Sie die erste Straße links. Sie ist gegenüber dem Kino.*
SG:	Merci beaucoup, Madame.	*Danke schön.*
D:	De rien.	*Bitte.*

Le bon chemin · Der richtige Weg   UNITÉ 8

Dialogue 4   Jean-Pierre Teindas (JPT), une dame (D)

JPT:	Pardon, Madame.	*Entschuldigung.*
	La gare de Lyon-Perrache, s'il vous plaît?	*Zum Bahnhof Lyon-Perrache, bitte?*
D:	La gare de Lyon-Perrache?	*Zum Bahnhof Lyon-Perrache?*
	Alors, vous traversez la Place Bellecour.	*Sie überqueren den Place Bellecour.*
JPT:	Oui.	*Ja.*
D:	Vous prenez la rue Jean-Paul Sartre.	*Sie nehmen die rue Jean-Paul Sartre.*
JPT:	Oui.	*Ja.*
D:	Et vous tombez sur la gare de Lyon-Perrache.	*Dann kommen Sie zum Bahnhof Lyon-Perrache.*
JPT:	Merci bien, Madame.	*Danke schön.*
D:	De rien, Monsieur.	*Bitte, bitte.*

Dialogue 5   Alain Couboules (AC), un jeune homme (JH)

AC:	Pardon, jeune homme.	*Entschuldigen Sie, junger Mann.*
	Pour aller à la route de Blois, s'il vous plaît?	*Wie komme ich auf die Straße nach Blois, bitte?*
JH:	Vous êtes sur la nationale 152.	*Sie sind auf der „Bundesstraße" 152.*
	Alors, vous continuez tout droit.	*Sie fahren geradeaus weiter.*
AC:	Bon.	*Gut.*
JH:	Oui, vous continuez sur cette route, et vous tombez sur la route de Blois.	*Sie fahren auf dieser Straße weiter, und dann kommen Sie auf die Straße nach Blois.*
AC:	Je comprends, merci.	*Ich verstehe. Danke.*
	Au revoir.	*Auf Wiedersehen.*
JH:	Au revoir, Monsieur.	*Auf Wiedersehen.*

Dialogue 6   Jacqueline Couboules (JC), un jeune homme (JH)

JC:	Excusez-moi.	*Entschuldigen Sie.*
JH:	Oui, Madame?	*Ja?*
JC:	La rue Carnot, s'il vous plaît?	*Zur rue Carnot, bitte?*
JH:	Je regrette.	*Es tut mir leid.*
	Je ne suis pas d'ici.	*Ich bin hier fremd.*
JC:	Ah, bon. Merci.	*Ach so. Danke.*
JH:	De rien, Madame.	*Nichts zu danken.*

Le bon chemin · Der richtige Weg

> **■** **Monsieur, Madame, Mademoiselle**
> Wenn Franzosen einander ansprechen, ohne den Namen des
> Gesprächspartners zu wissen, sagen sie: **Monsieur, Madame** oder
> – wenn es sich um ein junges Mädchen handelt – **Mademoiselle.**
> Als Antwort auf **merci** sagt man **de rien.** Das kann heißen: *gern*
> *geschehen, bitte* oder *nichts zu danken.*

Comment ça se dit · Wie man's sagt

1. Comment demander si quelque chose est près.

Wie Sie fragen, ob etwas in der Nähe ist.

Pardon, Excusez-moi,	Monsieur, Madame, Mademoiselle,	est-ce qu'il y a	un téléphone une banque un bureau de change une station-service une pharmacie une station de métro un garage une boulangerie des toilettes	près d'ici?

2. Comment demander le chemin.

Wie Sie nach dem Weg fragen.

Pardon, Excusez-moi,	Monsieur, Madame, Mademoiselle,	pour aller	à la gare, au bureau de poste, au syndicat d'initiative, à l'office de tourisme,	s'il vous plaît?

> **■** Wenn Sie nach einem bestimmten Ort fragen, beginnen Sie mit:
> **Pour aller à …?** *Wie komme ich zu/nach …?* Dann folgt das Nomen.
>
> Französische Nomen sind entweder männlich (**le**) oder weiblich (**la**);
> sie stehen im Singular oder im Plural. Die Präposition **à** wird in
> Verbindung
>
> – mit männlichen Nomen im Singular (à le) zu **au**: z. B.: **au garage.**
> – mit weiblichen Nomen im Singular zu **à la**: z. B.: **à la gare.**
> – mit allen Nomen im Plural (à les) zu **aux**: z. B.: **aux Champs-Elysées.**

Le bon chemin · Der richtige Weg

3. Comment demander le chemin lorsqu'on conduit.

Wie Sie als Fahrer nach dem Weg fragen.

La route de	Tours,	
	Toulouse,	
Pour aller à	Lyon,	
	Bordeaux,	s'il vous plaît?
L'autoroute de Nantes,		
La rue Tintorêt,		
Le Boulevard des Invalides,		
L'avenue Galliéni,		

4. Comment indiquer la direction.

Wie Sie den Weg weisen.

Vous prenez	la départementale D 10.
	la nationale 23.
	l'autoroute A 5.

Vous allez jusqu'à	Mirepoix.
	Fontainebleau.
Vous passez par	Nevers.

Vous	traversez	la Place Pigalle.
	dépassez	les feux.
	prenez	la rue Victor Hugo.
	suivez	la route de Vienne.

Vous	allez	tout droit.
	continuez	
	tournez	à gauche.
		à droite.
	prenez	la première rue à gauche.
		la deuxième rue à droite.

Le bon chemin · Der richtige Weg

Vous	arrivez	à la au	gare. stade municipal.
	tombez	sur	la pharmacie. l'office de tourisme. le syndicat d'initiative.

!
■

Vous allez … vous prenez … usw.
Die **vous**-Form des Verbs entspricht der deutschen *Sie*-Form.
Wichtige **vous**-Formen, die Sie brauchen, wenn Sie nach dem
Weg fragen, werden unten genannt:

aller *(gehen/fahren)*	**vous allez**
arriver à *(ankommen)*	**vous arrivez à**
continuer *(weiterfahren/gehen)*	**vous continuez**
dépasser *(vorbeigehen mit Objekt)*	**vous dépassez**
passer par *(vorbeigehen/fahren)*	**vous passez par**
prendre *(nehmen)*	**vous prenez**
suivre *(folgen, nachgehen/fahren)*	**vous suivez**
tomber sur *(ankommen)*	**vous tombez sur**
tourner *(biegen)*	**vous tournez**

C'est	sur	votre droite. votre gauche.
	à côté en face	du cinéma. de la poste.
	devant derrière	la station-service. la gare.

!
■

À côté de …, en face de …
Französische Nomen sind entweder männlich oder weiblich; sie
stehen im Singular oder im Plural. Bei Verwendung des Genitivs
de sagt man:

- in Verbindung mit männlichen Nomen im Singular (de le): **du**,
  z. B.: **à côté du cinéma**.
- in Verbindung mit weiblichen Nomen im Singular: **de la**,
  z. B.: **en face de la gare**.
- in Verbindung mit allen Nomen im Plural (de les): **des**,
  z. B.: **à côté des feux**.

Le bon chemin · Der richtige Weg

5. Comment demander la distance.

Wie Sie fragen, wie weit entfernt etwas ist.

C'est	loin d'ici? à quelle distance?	–	C'est à (environ)	cinq kilomètres 20 minutes 500 mètres	d'ici.

Exercices · Übungen

Exercice 1

Écoutez ce dialogue.   *Hören Sie sich dieses Gespräch an.*

> Hippolyte: La banque est près d'ici;
> j'en suis certain!
> Sa femme: Hippolyte, nous sommes perdus!!
> Moi, je vais demander.
> Pardon. Est-ce qu'il y a une banque près d'ici?

Imaginez que vous êtes avec Hippolyte; vous posez les questions nécessaires pour trouver les lieux suivants.	*Stellen Sie sich vor, Sie sind mit Hippolyte unterwegs. Stellen Sie die richtigen Fragen, um die folgenden Gebäude zu finden.*

1. Le bureau de poste
2. La pharmacie
3. Le cinéma
4. La station-service
5. Le syndicat d'initiative
6. La station de métro

Vérifiez vos réponses en écoutant la cassette.	*Überprüfen Sie Ihre Antworten, indem Sie sich die Cassette anhören.*

Exercice 2

M. et Mme Dupont sont pour la première fois à Paris. Ils ont certaines difficultés. Écoutez le dialogue.	*Herr und Frau Dupont besuchen Paris zum ersten Mal. Sie sind in Schwierigkeiten. Hören Sie sich den Dialog an.*

Le bon chemin · Der richtige Weg

Mme Dupont: Mon Dieu!
              Il faut trouver des toilettes!
M. Dupont: Moi, je vais demander.
              Excusez-moi, est-ce qu'il y a des toilettes près d'ici?

Imaginez que vous êtes M. Dupont.   *Stellen Sie sich vor, Sie sind*
Demandez ce que vous cherchez.   *Herr Dupont. Fragen Sie nach den*
                                     Einrichtungen, die Sie suchen.

Mme Dupont: Mon Dieu!
              Il faut trouver un bureau de poste.
              Il faut trouver une station de métro.
              Il faut trouver une banque.
              Il faut trouver un arrêt d'autobus.
              Il faut trouver un parking.
              Il faut trouver un téléphone.
              Il faut trouver une pharmacie.

Puis vérifiez vos réponses en   *Überprüfen Sie dann Ihre Antworten*
écoutant la cassette.   *mit Hilfe der Cassette.*

Exercice 3

Voici quelques réponses que vous   *Hier sind einige Adressen, die Sie*
entendrez peut-être quand vous   *erhalten werden, wenn Sie nach dem*
demanderez le bon chemin. Lisez-   *Weg fragen. Lesen Sie sie, und finden*
les et cherchez les questions qu'on   *Sie die Fragen heraus, die gestellt*
a posées.   *wurden.*

1. A:
   B: Un téléphone? Je regrette; je ne suis pas d'ici.

2. A:
   B: Les Champs-Élysées?
      Vous traversez le pont,
      et c'est tout droit.

3. A:
   B: Oui, il y a un arrêt d'autobus dans la rue St-Jacques.

4. A:
   B: L'entrée de la Sainte-Chapelle?
      Vous prenez le Boulevard du Palais;
      c'est sur votre gauche.

5. A:
   B: Je crois qu'il y a une pharmacie à côté du Monoprix.

6. A:
   B: La rue des Minimes?
      Non, excusez-moi,
      je ne suis pas d'ici.

7. A:
   B: Le boulevard Beaumarchais?
      Vous continuez tout droit,
      et vous prenez la deuxième rue à gauche.

8. A:
   B: Le Sacré-Cœur?
      Vous traversez la place du Tertre;
      vous continuez tout droit,
      et vous tombez sur le Sacré-Cœur.

Vérifiez vos réponses en
écoutant la cassette.

*Überprüfen Sie Ihre Antworten mit
Hilfe der Cassette.*

La permission · Erlaubnis

In dieser Lektion lernen Sie

- um Erlaubnis zu fragen
- auf Bitten zu reagieren
- zu fragen, ob etwas erlaubt ist

Dialogues · Dialoge

Dialogue 1   Jean-Pierre Teindas (JPT), agent de Police (AP)

JPT:	Excusez-moi.	*Entschuldigen Sie.*
AP:	Qu'est-ce qu'il y a?	*Was ist denn los?*
JPT:	Je peux stationner ici?	*Kann ich hier parken?*
AP:	Non, Monsieur.	*Nein.*
	Vous ne devez pas stationner là.	*Hier dürfen Sie nicht parken.*
JPT:	Et là-bas?	*Und dort drüben?*
	Je peux stationner là?	*Kann ich dort drüben parken?*
AP:	Non, Monsieur.	*Nein.*
	Vous ne devez pas stationner là, non plus.	*Dort drüben dürfen Sie auch nicht parken.*
JPT:	Espèce d'imbécile!	*Blödmann!*

> **!**
>
> **Je peux …?**
> Das verb **pouvoir** heißt sowohl *können* im Sinne von: *Können Sie schwimmen?* als auch, wie hier, *dürfen* im Sinne von: *Darf ich hier parken?*
> Um jemandem etwas zu verbieten, sagt man: „Vous ne devez pas faire ça!" *Das dürfen Sie nicht tun!* oder einfach: „Non, c'est interdit." *Das ist verboten.*
>
> **Espèce d'imbécile!**
> Es empfiehlt sich, diese Formulierung nicht laut auszusprechen, um keine unangenehmen Reaktionen zu provozieren.

Dialogue 2   Sylvie Guillon (SG), son voisin (V)

SG:	Monsieur Lazerges.	*Herr Lazerges.*
V:	Sylvie. C'est toi.	*Sylvie. Du bist's.*
	Qu'est-ce qu'il y a ?	*Was ist denn los?*

La permission · Erlaubnis UNITÉ 9

SG:	Excusez-moi de vous déranger. Regardez. Mon pneu est crevé.
	Bitte entschuldigen Sie die Störung. Sehen Sie. Ich habe einen Platten.
V:	Ah oui. C'est vrai.
	Ach ja. Tatsächlich.
SG:	Je peux emprunter votre vélo, Monsieur Lazerges? Je ne veux pas arriver en retard.
	Kann ich bitte Ihr Fahrrad borgen, Herr Lazerges? Ich will nicht zu spät ankommen.
V:	Mais oui. Mais oui.
	Aber ja. Aber ja.
SG:	Je peux emprunter une sacoche aussi?
	Kann ich auch eine Satteltasche borgen?
V:	Mais oui. Certainement.
	Aber ja. Sicher.
SG:	Merci beaucoup, Monsieur Lazerges.
	Vielen Dank, Herr Lazerges.
V:	De rien, Sylvie.
	Gern geschehen, Sylvie.

Dialogue 3   Une jeune mariée (JM), son mari (M)

JM:	Je peux prendre la voiture, chéri?
	Kann ich das Auto nehmen, Liebling?
M:	Non. Je regrette.
	Nein. Es tut mir leid.
JM:	(Incrédule) Je ne peux pas la prendre?
	(Ungläubig) Ich kann es nicht nehmen?
M:	Non. Pas possible.
	Nein. Unmöglich.
JM:	Espèce de petit Macho! Donne-moi de l'argent pour un taxi!
	Du blöder kleiner Macho! Gib mir Geld für ein Taxi!
M:	Non. Je n'ai pas de monnaie. (Après avoir réfléchi.)
	Nein. Ich habe kein Bargeld. (Nachdem er es sich noch einmal überlegt hat.)
	Tu peux prendre la voiture après tout.
	Du kannst das Auto eigentlich doch haben.
JM:	Non. Ça ne fait rien. Je vais à pied.
	Nein. Es macht nichts. Ich gehe zu Fuß.
M:	Je te demande pardon.
	Es tut mir leid.
JM:	Ça m'est égal. Fous-moi le camp! (Elle sort, et fait claquer la porte.)
	Das ist mir egal. Hau ab! (Geht hinaus. Schlägt die Tür zu.)
M:	Merde!!!
	Scheiße!!!

La permission · Erlaubnis

 Nomen und **Pronomen**
Z.B.: „Je peux prendre la voiture?" La voiture ist hier das Objekt des Satzes. Wird ein Nomen als Objekt durch ein Pronomen ersetzt, so stimmt dieses in Geschlecht und Zahl mit dem Nomen überein und steht vor dem Verb.

Je peux prendre **la voiture**?　　Je peux prendre **le vélo**?
Je peux **la** prendre?　　　　　Je peux **le** prendre?

Je peux prendre **les clefs**? *(Schlüssel)*
Je peux **les** prendre?

Dialogue 4　Thérèse Saunier (TS), sa voisine (V)

TS:	Madame Escolier!	*Frau Escolier!*
	Madame Escolier, vous êtes là?	*Frau Escolier. Sind Sie da?*
V:	Oui. Entrez, Madame Saunier.	*Ja. Kommen Sie herein, Frau Saunier.*
	Qu'est-ce qu'il y a?	*Was ist denn los?*
TS:	Est-ce que je peux regarder votre Dépêche, s'il vous plaît?	*Kann ich bitte Ihre Dépêche sehen?*
V:	Mais oui. Certainement.	*Aber ja. Sicher.*
	La voici.	*Hier ist sie.*
TS:	Merci beaucoup, Madame Escolier.	*Vielen Dank, Frau Escolier.*
	C'est pour le programme de télévision.	*Ich möchte mir das Fernseh-programm ansehen.*
V:	Oui, Oui. Je comprends.	*Ja, ja. Ich verstehe.*
TS:	Est-ce que je peux la garder un petit moment?	*Kann ich sie ein paar Minuten behalten?*
V:	Je vous en prie.	*Aber sicher.*
	Je l'ai déjà lue.	*Ich habe sie schon gelesen.*
TS:	Merci beaucoup.	*Vielen Dank.*
V:	De rien. Au revoir, Madame Saunier.	*Nichts zu danken. Auf Wiedersehen, Frau Saunier.*
TS:	Au revoir, Madame Escolier, et merci.	*Auf Wiedersehen, Frau Escolier. Danke.*

La permission · Erlaubnis

Comment ça se dit · Wie man's sagt

1. Comment demander et donner la permission.

Wie Sie um Erlaubnis fragen und Erlaubnis erteilen.

(Est-ce que) je peux	emprunter prendre regarder avoir	le/la votre	voiture? vélo? journal? rasoir?

Persönliche Zustimmung und Ablehnung

Avec plaisir. Certainement. Mais oui.	*Starke Zustimmung.*
Bien sûr. D'accord.	*Neutrale Zustimmung.*
Je regrette. Ça ne va pas.	*Neutrale Ablehnung.*
Je suis désolé(e). Pas possible. Pas question!	*Starke Ablehnung.*

Amtliche Ablehnung

Vous ne devez pas …	*Sie dürfen nicht …*
Interdit/de … (Interdit de fumer)	*(Rauchen) Verboten.*
Défense de … (Défense de stationner)	*(Parken) Verboten.*

Exercices · Übungen

Exercice 1

Demandez la permission d'emprunter les choses ci-dessous et vérifiez vos réponses en écoutant la cassette.

Fragen Sie um Erlaubnis, die folgenden Dinge auszuleihen, und überprüfen Sie Ihre Antworten mit Hilfe der Cassette.

Beispiel: Je peux emprunter votre journal?

Vélo	Livre
Imperméable	Rasoir
Journal	Peigne

Exercice 2

Quelqu'un vous demandera la permission d'emprunter certaines choses. Répondez en disant la vérité. Soyez poli(e) – si possible. Voici quelques expressions utiles.

Jemand wird Sie fragen, ob er sich bestimmte Dinge bei Ihnen ausleihen kann. Antworten Sie wahrheitsgemäß. Seien Sie höflich – wenn Sie können. Die folgenden Ausdrücke können Ihnen dabei nützlich sein.

Avec plaisir.
Certainement.
Mais oui.
Bien sûr.
D'accord.
Je regrette.
Ça ne va pas.
Je suis désolé(e).
Pas possible.
Pas question!
Fous-moi le camp!!! (Unhöflich)

Maintenant répondez aux questions suivantes.

Nun beantworten Sie die folgenden Fragen.

1. (Est-ce que) je peux emprunter votre vélo?
2. (Est-ce que) je peux emprunter votre rasoir?
3. (Est-ce que) je peux emprunter votre peigne?
4. (Est-ce que) je peux emprunter votre brosse à cheveux?
5. (Est-ce que) je peux emprunter votre rouge à lèvres?
6. (Est-ce que) je peux emprunter votre dentifrice?
7. (Est-ce que) je peux emprunter votre brosse à dents?
8. (Est-ce que) je peux emprunter votre voiture?
9. (Est-ce que) je peux emprunter votre pantalon?
10. (Est-ce que) je peux emprunter votre pyjama?

Vérifiez vos réponses en écoutant la cassette. Peut-être que vos réponses ne sont pas celles des auteurs.

Überprüfen Sie Ihre Antworten mit Hilfe der Cassette. Es mag sein, daß Ihre Antworten anders ausfallen als die der Autoren.

Les voyages · Reisen

In dieser Lektion lernen Sie
- zu sagen, wohin Sie fahren wollen
- Fahrkarten für verschiedene Verkehrsmittel zu kaufen
- ein Taxi zu bestellen

Dialogues · Dialoge

Dialogue 1   Frédéric Saunier (FS), une employée (E)

FS:	Un aller simple, deuxième classe pour Grenoble.	*Einmal nach Grenoble, zweiter Klasse.*
E:	Oui, Monsieur.	*Ja.*
FS:	C'est combien?	*Was kostet das?*
E:	530 francs.	*530 Francs.*

Dialogue 2   Alain Couboules (AC), une employée (E)

AC:	Un aller-retour, deuxième classe pour Bordeaux, s'il vous plaît.	*Einmal Bordeaux hin und zurück, bitte.*
E:	Oui, Monsieur.	*Ja.*
AC:	C'est combien?	*Was kostet das?*
E:	120 francs, Monsieur. Vous voulez réserver une place?	*120 Francs. Möchten Sie einen Platz reservieren?*
AC:	Non, merci.	*Nein, danke.*

Dialogue 3   Thérèse Saunier (TS), un conducteur d'autobus (C)

TS:	Vous allez à la Place Clichy?	*Fahren Sie zur Place Clichy?*
C:	Oui, Madame.	*Ja.*
TS:	Voulez-vous bien me dire quand il faut descendre?	*Können Sie mir bitte sagen, wann ich aussteigen muß?*
C:	Oui, bien sûr.	*Ja, gern.*
TS:	Merci.	*Danke.*

Les voyages · Reisen

Dialogue 4   Frédéric Saunier (FS), un employé d'une agence de taxis (ET)

FS:	(Au téléphone) Allô. Un taxi, s'il vous plaît.	*(Am Telefon) Hallo. Ein Taxi, bitte.*
ET:	Quelle est votre adresse?	*Wie ist Ihre Adresse?*
FS:	24 rue Pasteur.	*24 rue Pasteur.*
ET:	C'est pour aller où?	*Wohin möchten Sie fahren?*
FS:	À la gare.	*Zum Bahnhof.*
ET:	D'accord.	*In Ordnung.*
	Dans 10 minutes.	*In 10 Minuten.*
FS:	Merci. Au revoir.	*Danke. Auf Wiederhören.*

Dialogue 5   Jean-Pierre Teindas (JPT), employée d'une agence de voyages à l'aéroport (EA)

EA:	Bonjour, Monsieur. Je peux vous aider?	*Guten Tag. Kann ich Ihnen helfen?*
JPT:	Bonjour, Mademoiselle. Est-ce qu'il y a un avion pour Berlin aujourd'hui?	*Guten Tag. Gibt es heute noch einen Flug nach Berlin?*
EA:	Vous avez un vol qui part à 18 heures.	*Es gibt einen Flug um 18 Uhr.*
JPT:	C'est direct?	*Ist er direkt?*
EA:	Bien sûr, Monsieur.	*Ja, gewiß.*
JPT:	Il arrive à quelle heure?	*Wann kommt er an?*
EA:	Il arrive à Tegel à 20 heures.	*Er kommt um 20 Uhr in Tegel an.*
JPT:	Bon. Un aller simple, s'il vous plaît.	*Gut. Einmal einfach, bitte.*
EA:	En quelle classe, Monsieur?	*Welche Klasse?*
JPT:	Classe touriste.	*Touristenklasse, bitte.*
EA:	D'accord. Vous voulez une place fumeurs ou non-fumeurs?	*Jawohl. Möchten Sie einen Raucher- oder Nichtraucherplatz?*
JPT:	Non-fumeurs, s'il vous plaît.	*Nichtraucher, bitte.*
EA:	Ça fait 2 350 francs.	*Das macht 2 350 Francs.*
JPT:	Je vous fais un Eurochèque, ça va?	*Ich schreibe Ihnen einen Euroscheck. Geht das?*
EA:	Ça va, Monsieur. Vous avez une carte bancaire?	*In Ordnung. Haben Sie eine Scheckkarte?*
JPT:	Bien entendu. La voici. À quelle heure est l'enregistrement des bagages?	*Selbstverständlich. Hier ist sie. Wann kann ich einchecken?*

Les voyages · Reisen UNITÉ 10

EA:	Le check-in est à 17h15.
JPT:	Et le numéro du vol?
EA:	C'est Air France, vol 578.
JPT:	Merci.

Sie können um 17.15 Uhr einchecken.
Und wie ist die Flugnummer?
Air France, Flug Nr. 578.
Danke.

Comment ça se dit · Wie man's sagt

1. Comment dire où vous voulez aller.
Wie Sie sagen, wohin Sie fahren wollen.

Un	aller simple, aller-retour,	première classe deuxième classe en classe touriste	pour Grenoble.	C'est combien?

Vous voulez	réserver une place? une place fumeurs ou non-fumeurs?

2. Comment demander l'heure du départ et de l'arrivée.
Wie Sie nach Abfahrts- und Ankunftszeiten fragen.

Il Le train Le vol	part arrive	à quelle heure?

Le prochain	train avion	part à	14h35. midi quinze. 20 heures.

Il arrive à	Berlin Bordeaux Paris, Charles de Gaulle	à	3h17. 22 heures. 1h30.

Les voyages · Reisen

Exercices · Übungen

Exercice 1

Imaginez que vous voulez aller à Paris parce que vous allez vivre là. Vous prenez un billet aller simple.	*Stellen Sie sich vor, Sie möchten nach Paris fahren, weil Sie dort wohnen werden. Sie brauchen deshalb eine einfache Fahrkarte.*
Vous dites:	*Sie sagen:*

Un aller simple pour Paris.

Imaginez que vous voulez aller à Paris simplement parce que vous voulez assister à une réunion. Vous prenez un billet aller-retour.	*Stellen Sie sich vor, Sie müssen nach Paris zu einer Konferenz. Sie möchten deshalb eine Rückfahrkarte kaufen.*
Vous dites:	*Sie sagen:*

Un aller-retour pour Paris.

Que disent ces gens?	*Was sagen diese Leute?*

1. Monsieur Dupont va habiter à Bordeaux.
2. Madame Escolier veut visiter Lyon.
3. Monsieur et Madame Laberge ont l'intention de vivre à Montpellier.
4. Monsieur Verdier et sa secrétaire ont une conférence à Dieppe.
5. Monsieur Peyre va vivre à Nantes.
6. Monsieur et Madame Marty vont passer le week-end à Calais.
7. Madame Lannes et sa fille vont faire des courses à Paris.
8. Monsieur et Madame Chaband vont vivre avec leur fille à Chartres.
9. Mademoiselle Cochet va passer quelques jours avec sa sœur à Nice.
10. Monsieur et Madame Porcher ont l'intention de vivre à Cannes.

Vérifiez vos réponses en écoutant la cassette.	*Überprüfen Sie Ihre Antworten mit Hilfe der Cassette.*

Les voyages · Reisen   UNITÉ 10

Exercice 2

Écoutez la conversation suivante.

Hören Sie sich das folgende Gespräch auf der Cassette an.

Touriste: Vous allez à la Gare St.-Lazare?
Conducteur: Oui, Madame.
Touriste: Voulez-vous bien me dire quand il faut descendre?
Conducteur: Oui, bien sûr.
Touriste: Merci.

Imaginez que vous voulez aller aux endroits suivants. Qu'est-ce que vous dites et qu'est ce qu'il dit le conducteur?

Stellen Sie sich vor, Sie wollen zu folgenden Fahrtzielen. Was sagen Sie, und was sagt der Fahrer?

1. Place St-Augustin
2. Place de la Madeleine
3. Le Jardin des Plantes
4. Le Panthéon
5. Montmartre

6. L'Hotel de Ville
7. Le Centre Georges Pompidou
8. Le Musée d'Orsay
9. La Cathédrale Notre-Dame
10. La Place de la Concorde

Vérifiez vos réponses en écoutant la cassette.

Überprüfen Sie Ihre Antworten mit Hilfe der Cassette.

Exercice 3

Vous voulez prendre l'avion à Hambourg. L'employée à l'agence de voyages vous pose quelques questions. Écoutez les questions et les réponses.

Sie möchten nach Hamburg fliegen. Die Reisebüroangestellte stellt Ihnen einige Fragen. Hören Sie sich diese Fragen und die Antworten auf der Cassette an.

Employée: Bonjour, Monsieur. Je peux vous aider?
Vous: Je veux aller à Hambourg.
              À quelle heure est le prochain vol?
Employée: Le prochain vol part à 14h45, et arrive à 17h00.
Vous: Un billet, s'il vous plaît.
Employée: Aller simple, ou aller-retour?
Vous: Un aller simple, s'il vous plaît.
Employée: En première ou en classe touriste?
Vous: Une place en classe touriste.
Employée: Vous voulez une place fumeurs ou non-fumeurs?

Les voyages · Reisen

Vous: Non-fumeurs, s'il vous plaît.
Employée: Voici votre carte d'embarquement.
           Porte numéro cinq.
           C'est le vol Air France, numéro 210.

Répétez la même conversation en prenant les deux rôles. Utilisez les informations ci-dessous.

Wiederholen Sie die vorhergehende Gesprächssituation, indem Sie beide Rollen spielen. Benutzen Sie hierzu die folgenden Informationen.

				Départ	Arrivée
1.	AF 760	Berlin/Tegel	(Touriste)	07h40	10h30
2.	AF 742	Breme	(Touriste)	14h15	17h55
3.	LH 560	Cologne/Bonn	(Première)	13h45	15h10
4.	AF 762	Düsseldorf	(Touriste)	11h05	12h10
5.	AF 476	Francfort	(Première)	18h15	19h35
6.	LH 1751	Hambourg	(Touriste)	19h40	21h15
7.	AF 732	Munich	(Première)	17h40	19h05
8.	AF 754	Nuremberg	(Touriste)	20h40	22h20

Vérifiez vos réponses en écoutant la cassette.

Überprüfen Sie Ihre Antworten mit Hilfe der Cassette.

Problèmes · Sprachprobleme

In dieser Lektion lernen Sie

● zu sagen, daß Sie etwas nicht verstehen
● nach der Bedeutung und Übersetzung von Wörtern oder Sätzen zu fragen
● um Wiederholung einer Aussage zu bitten

Dialogues · Dialoge

Dialogue 1   Frédéric Saunier (FS), un étranger (E)

FS:	Eh bien, au boulot!	*Also, au boulot!*
E:	Pardon.	*Wie bitte?*
	Au boulot?	*Au boulot?*
	Je ne comprends pas.	*Ich verstehe nicht.*
FS:	Au boulot; au boulot!	*Au boulot; au boulot!*
E:	Qu'est-ce que ça veut dire?	*Was heißt das?*
FS:	Le boulot, c'est le travail.	*Le boulot heißt die Arbeit.*
	Au boulot veut dire:	*Au boulot heißt:*
	Je dois travailler.	*An die Arbeit.*
E:	Ah bon. Je comprends maintenant. Merci.	*Ach so. Ich verstehe. Danke.*

Dialogue 2   Sylvie Guillon (SG), son correspondant allemand (CA)

CA:	On mange au lycée?	*Essen wir im Lycée (Gymnasium)?*
SG:	Oui. On bouffe assez bien.	*Ja. Man „bouffe" ziemlich gut.*
CA:	On bouffe?	*On bouffe?*
	Qu'est-ce que ça veut dire?	*Was heißt das?*
SG:	On bouffe veut dire: On mange. On mange assez bien.	*On bouffe heißt: Man ißt. Man ißt ziemlich gut.*
CA:	Ah bon. Je comprends. Merci.	*Ach so. Ich verstehe. Danke.*

!	In vielen französischen Schulen wird jeden Schultag ein warmes Essen serviert, ausgenommen mittwochs, denn Mittwoch nachmittags findet in der Regel kein Unterricht statt.

61

Dialogue 3

Jacqueline Couboules (JC), un touriste allemand
au FIAPAD (TA)

TA:	Une carte postale, s'il vous plaît.	Eine Ansichtskarte, bitte.	
JC:	Voilà.	Bitte schön.	
	2F50, s'il vous plaît.	2F50 bitte.	
TA:	J'ai seulement un billet de 100F.	Ich habe nur einen 100F-Schein.	
	Excusez-moi.	Es tut mit leid.	
JC:	(Parlant vite) Ça ne fait rien.	(Spricht schnell) Das macht nichts.	
TA:	Comment?	Wie bitte?	
	Vous pouvez parler un peu plus lentement?	Können Sie etwas langsamer sprechen?	
JC:	Ça-ne-fait-rien.	Ça-ne-fait-rien.	
TA:	Ah bon. Je comprends. Merci.	Ach so. Ich verstehe. Danke.	

Dialogue 4   Jean-Pierre Teindas (JPT), un étranger (E)

E:	Excusez-moi, Monsieur Teindas.	Entschuldigung, Herr Teindas.
	Comment ça s'appelle en français?	Wie heißt das auf französisch?
JPT:	Ça, c'est une «baguette».	Das ist ein Baguette.
E:	Ah bon.	Ach so.
	Et ça? Ça s'appelle comment?	Und das? Wie heißt das?
JPT:	Ça, c'est une «madeleine».	Das ist eine Madeleine.

> **!** **Une baguette; une madeleine**
> **Une baguette** ist *ein Brot;* siehe Lektion 6.
> **Une madeleine** ist *ein kleines Törtchen.*

Dialogue 5   Alain Couboules (AC), une collègue allemande (CA)

	(Alain Couboules se promène à Paris en voiture avec une collègue allemande.)	(Alain Couboules fährt in Paris mit einer deutschen Kollegin spazieren.)
CA:	(Indiquant un panneau direction Neuilly.)	(Zeigt auf ein Verkehrsschild.)
	Comment ça se prononce?	Wie spricht man das aus?
AC:	Écoutez! Ça se prononce comme ça:	Hören Sie zu! Es wird so ausgesprochen:
	Neuilly.	Neuilly.
	Essayez!	Versuchen Sie es!
CA:	Neuilly.	Neuilly.
AC:	Très bien. C'est parfait.	Richtig. Das ist sehr gut.

Problèmes · Sprachprobleme

Comment ça se dit · Wie man's sagt

1. Comment dire que vous ne comprenez pas.
Comment demander ce que quelque chose veut dire.

Wie Sie sagen, daß Sie etwas nicht verstehen.
Wie Sie nach der Bedeutung von etwas fragen.

Comment?
Je ne comprends pas.

Qu'est-ce que	boulot ça flic	veut dire?

2. Comment demander une répétition plus lente et plus distincte.

Wie Sie um eine langsamere und klarere Wiederholung bitten.

Vous pouvez	parler répéter ça	un peu plus lentement?

3. Comment demander comment quelque chose s'appelle ou comment quelque chose se prononce, ou s'écrit.

Wie Sie nach der Bezeichnung von Dingen oder nach der Aussprache von Worten fragen. Wie Sie um Buchstabierung bitten.

Comment ça	s'appelle (en français)? se prononce? s'écrit?

Problèmes · Sprachprobleme

Exercices · Übungen

Exercice 1

Comment confronter les problèmes de langue suivants:	*Wie Sie mit folgenden Sprachproblemen fertigwerden.*

A: Un Français/une Française vous parle

1. indistinctement, ou:
   (*undeutlich*)
2. trop vite, ou:
   (*zu schnell*)
3. avec un accent.
   (*mit einem Akzent*)

B: Dites que vous ne comprenez pas, et:

1. Demandez qu'on répète la phrase
   (*Bitten Sie um Wiederholung*)
2. qu'on vous épèlle le mot ou l'expression
   (*Buchstabierung*)
3. qu'on vous le répète plus lentement
   (*langsamere Wiederholung*)

4. qu'on vous parle plus distinctement.
   (*deutlicheres Sprechen*)

Voici quelques expressions utiles:

Pardon. Je ne comprends pas.
Qu'est-ce que ça veut dire?
Comment?
Vous pouvez parler un peu plus lentement?
Comment ça s'écrit?
Vous pouvez répéter ça, s'il vous plaît?
Vous pouvez parler un peu plus distinctement, s'il vous plaît?

Écoutez la cassette et décidez ce que vous voulez dire.	*Nun hören Sie sich die Cassette an, und entscheiden Sie, was Sie sagen wollen.*
Vérifiez vos réponses en écoutant la cassette.	*Überprüfen Sie Ihre Antworten mit Hilfe der Cassette.*

Problèmes · Sprachprobleme UNITÉ 11

Exercice 2

Écoutez les conversations suivantes. Chaque fois que vous entendrez quelque chose que vous ne comprenez pas, demandez ce que ça veut dire.

Hören Sie sich die folgenden Gespräche an. Wenn Sie in einem Satz etwas nicht verstehen, fragen Sie nach der Bedeutung.

Exemple: A: Voici les P. et T.
B: Pardon. Je ne comprends pas.
P. et T., qu'est-ce que ça veut dire?
A: P. et T. veut dire: Postes et Télécommunications.

Écoutez la cassette. Décidez ce que vous voulez dire.

Hören Sie sich die Cassette an, und entscheiden Sie, was Sie sagen wollen.

SNCF: Société Nationale des Chemins de Fer Français.
RATP: Réseau Autobus Transports Publics
RER: Réseau Express Régional
SECU: La Sécurité Sociale
CEE: Communauté Économique Européenne
CCP: Comptes Chèques Postaux

Vérifiez vos réponses en ećoutant la cassette.

Überprüfen Sie Ihre Antworten mit Hilfe der Cassette.

Professions · Berufe

In dieser Lektion lernen Sie

- über Berufe zu sprechen
- zu fragen, wo und womit jemand beruflich beschäftigt ist

Dialogues · Dialoge

Dialogue 1 Frédéric Saunier (FS), Jacqueline Couboules (JC)

FS:	Qu'est-ce que vous faites dans la vie?	*Was tun Sie beruflich?*
JC:	Je suis secrétaire et réceptionniste.	*Ich bin Sekretärin und Empfangsdame.*
FS:	Où travaillez-vous?	*Wo arbeiten Sie?*
JC:	Je travaille au FIAPAD.	*Ich arbeite im FIAPAD.*
FS:	FIAPAD, qu'est-ce que c'est?	*FIAPAD, was ist das?*
JC:	C'est le Foyer International d'Accueil Paris la Défense.	*Das ist das Foyer International d'Accueil Paris la Défense.*
FS:	Et vous aimez ça?	*Und das gefällt Ihnen?*
JC:	Ah oui. J'aime beaucoup mon travail.	*Oh ja. Meine Arbeit gefällt mir gut.*
	C'est très intéressant.	*Sie ist sehr interessant.*

Dialogue 2 Jacqueline Couboules (JC), Frédéric Saunier (FS)

JC:	Et vous. Qu'est-ce que vous faites?	*Und Sie. Was machen Sie?*
FS:	Moi, je suis médecin.	*Ich bin Arzt.*
	C'est-à-dire j'étais médecin.	*Das heißt, ich war Arzt.*
JC:	Qu'est-ce que vous voulez dire?	*Was wollen Sie damit sagen?*
FS:	Je suis retraité.	*Ich bin pensioniert.*
JC:	Et vous aimez ça?	*Gefällt Ihnen das?*
FS:	Ah oui. Ça me plaît beaucoup.	*Oh ja. Das gefällt mir sehr.*
JC:	Pourquoi?	*Wieso?*
FS:	C'est la liberté!	*Es ist die Freiheit!*
	C'est bien, ça.	*Das ist gut.*

Professions · Berufe

Dialogue 3   Thérèse Saunier (TS), Alain Couboules (AC)

TS:	Qu'est-ce que vous faites dans la vie?	*Was machen Sie beruflich?*
AC:	Moi, je suis directeur d'un Monoprix.	*Ich bin Manager bei Monoprix.*
TS:	Ah bon. Vous travaillez dans quel Monoprix?	*Ach so. Sie arbeiten in welchem Monoprix?*
AC:	Le Monoprix dans la rue Pablo Picasso.	*Im Monoprix in der rue Pablo Picasso.*
TS:	Ça se trouve où?	*Wo ist denn die?*
AC:	À la Défense.	*In La Défense.*
TS:	Ah oui. Bien sûr. Et vous travaillez à plein temps?	*Ach ja. Natürlich. Arbeiten Sie ganztätig?*
AC:	Je travaille 45 heures par semaine.	*Ich arbeite 45 Stunden pro Woche.*
TS:	C'est beaucoup, ça.	*Das ist viel.*
AC:	C'est trop!	*Das ist zu viel!*
TS:	Vous êtes libre le dimanche?	*Haben Sie sonntags frei?*
AC:	Oui.	*Ja.*
TS:	Vous avez des congés payés?	*Haben Sie bezahlten Urlaub?*
AC:	Oui, oui. Cinq semaines.	*Ja, ja. Fünf Wochen.*

> **!** **FIAPAD** ist eine Art Jugend-Hotel mit mehreren Tagungsräumen. Die Übernachtungspreise sind niedrig. Man erreicht die Stadtmitte mit der Stadtbahn (RER) in 10 Minuten. Adresse:
> FIAPAD: 19 rue Salvador Allende, BP 631 – 92006 Nanterre Cedex
>
> **Die Vous-Form des Verbs**
> Gespräche unter vier Augen gelingen weitgehend, wenn man die Je-Form und die Vous-Form des Verbs beherrscht. Diese Formen der bisher eingeführten Verben finden Sie unten.
>
> **je fais – vous faites**   (faire: *tun*)
> **je suis – vous êtes**   (être: *sein*)
> **j'aime – vous aimez**   (aimer: *gern haben*)
> **je veux – vous voulez**   (vouloir: *wollen*)
> **je travaille – vous travaillez**   (travailler: *arbeiten*)

Professions · Berufe

Comment ça se dit · Wie man's sagt

1. Comment demander quelle est la profession de quelqu'un.

Wie Sie fragen, welchen Beruf jemand hat.

Qu'est-ce que vous faites dans la vie? –	Je	suis	employé(e) de bureau.
			docteur/médecin.
			secrétaire.
		suis employé(e) comme	représentant(e).
			directeur de banque.
			professeur.
			agent de police.
		travaille comme	vendeur(euse).

	Il		pharmacien(ne).
			acteur/actrice.
		est	infirmier(ière).
			étudiant(e).
	Elle		élève.
			garçon/serveuse.

Que fait	votre fille/fils? Monsieur Saunier? votre mari/femme? -il/elle?	–	Il Elle	est	au chomage. retraité(e).
			Ils	sont	retraité(e)s (tous les deux).
			Elles		à la retraite.

2. Comment demander où quelqu'un travaille.

Wie Sie fragen, wo jemand arbeitet.

Vous êtes II/Elle est	employé(e)	où?	–	Je suis II/Elle est	employé(e)	chez Elf-Aquitaine. chez Alcatel. chez Renault. dans une entreprise. dans un supermarché.
Vous travaillez				Je travaille Il travaille Elle travaille		dans un café. chez un fleuriste. au FIAPAD. dans un Monoprix.
II/Elle travaille						

J'ai un emploi provisoire
permanent.

Professions · Berufe UNITÉ 12

3. Comment demander combien d'heures quelqu'un travaille.

Wie Sie fragen, wie viele Wochenstunden jemand arbeitet.

Vous travaillez combien d'heures par	jour? semaine? mois?

En général, Normalement, D'habitude,	je travaille (environ)	8 heures 35 heures 21 jours	par	jour. semaine. mois.
		à plein temps. à mi-temps.		

4. Comment demander si quelqu'un aime son travail.

Wie Sie fragen, ob jemand seine Arbeit mag.

Vous aimez	votre	travail?	
Il/Elle aime	son		

Je l'aime beaucoup.   (Positiv)
C'est intéressant.
Ce n'est pas mal.
Ce n'est pas très intéressant.
C'est mal payé.   (Negativ)
Je le déteste.

Exercices · Übungen

Exercice 1

Dites que vous travaillez pour les entreprises suivantes.

Sagen Sie, daß Sie für die folgenden Firmen arbeiten.

Exemple: Je travaille chez AEG.

1. AEG	8. Guy Laroche
2. Bosch	9. BMW
3. Siemens	10. Roland Cartier
4. Michelin	11. Moulinex
5. Mercedes Benz	12. Pechiney
6. Renault	13. Matra
7. Aéro-Spatiale	14. Béghin-Say

Vérifiez vos réponses en écoutant la cassette.

Überprüfen Sie Ihre Antworten mit Hilfe der Cassette.

Professions · Berufe

Maintenant, dites que votre femme ou votre mari travaille pour les mêmes entreprises.	*Sagen Sie jetzt, daß Ihre Frau oder Ihr Mann für dieselben Firmen arbeitet.*
Maintenant, dites que votre frère ou votre sœur travaille pour les mêmes entreprises. Vérifiez vos réponses à la fin du livre.	*Sagen Sie jetzt, daß Ihr Bruder oder Ihre Schwester für dieselben Firmen arbeitet, und überprüfen Sie Ihre Antworten im Lösungsteil des Buches.*

Exercice 2

Voici une liste de quelques professions. Écoutez comment elles se prononcent, et répétez-les.	*Hier eine Liste mit einigen Berufen. Hören Sie zu, wie Sie ausgesprochen werden, und wiederholen Sie sie.*

architecte	garçon
acteur	infirmier
actrice	infirmière
agent de police	informaticien
caissier	ingénieur
caissière	institutrice
chauffeur	mécanicien
coiffeuse	médecin
conducteur d'autobus	plombier
employé de bureau	représentant
employée de bureau	représentante
étudiant	représentant de commerce
étudiante	secrétaire
femme au foyer	vendeuse
femme de ménage	

Exercice 3

Dites que vous exercez les professions suivantes et vérifiez vos réponses en écoutant la cassette.	*Nun sagen Sie, daß Sie die folgenden Berufe ausüben, und überprüfen Sie Ihre Antworten mit Hilfe der Cassette.*

Je suis.....

architecte	instituteur
dactylo	institutrice

Professions · Berufe

étudiant   médecin
étudiante   professeur
femme d'affaires
homme d'affaires

Dites ce que vous faites en vérité.   *Nun sagen Sie, welchen Beruf Sie*
                                           wirklich ausüben.

Exercice 4

Imaginez que vous vous présentez à   *Stellen Sie sich vor, Sie bewerben*
une interview pour un emploi dans une   *sich um eine Stelle in Frankreich.*
entreprise en France. Écoutez les   *Hören Sie sich die Interviewfragen*
questions et répondez-y.   *auf der Cassette an, und beant-*
                                         worten Sie sie.

    Chef: Entrez. Asseyez-vous.
           Quel est votre nom de famille?
    Vous: …
    Chef: Et votre prénom?
    Vous: …
    Chef: Bon. Vous habitez-où?
    Vous: …
    Chef: Qu'est-ce que vous faites?
    Vous: …
    Chef: Vous aimez ça?
    Vous: …
    Chef: Votre travail, c'est à mi-temps ou à plein temps?
    Vous: …
    Chef: Merci beaucoup.
           Voulez-vous bien attendre dans le bureau à côté?

À la maison · Zuhause

In dieser Lektion lernen Sie
- über Ihr Zuhause zu sprechen
- zu fragen, wo jemand wohnt
- zu fragen, wie lange jemand schon dort wohnt
- und entsprechende Aussagen zu machen

Dialogues · Dialoge

Dialogue 1   Jean-Pierre Teindas (JPT), Thérèse Saunier (TS)

JPT:	Vous habitez où, Madame Saunier?	Wo wohnen Sie, Frau Saunier?
TS:	Nous habitons le centre de Mirepoix.	Wir wohnen im Stadtzentrum von Mirepoix.
JPT:	Ah bon. Vous avez une maison ou un appartement?	Ach so. Haben Sie ein Haus oder eine Wohnung?
TS:	Nous habitons une maison particulière.	Wir wohnen in einem Einfamilienhaus.
JPT:	Elle est grande, petite?	Ist es groß oder klein?
TS:	Elle est assez grande. Nous avons six pièces.	Es ist ziemlich groß. Wir haben sechs Zimmer.
JPT:	Mm. Ça c'est grand. Vous habitez Mirepoix depuis combien de temps?	Mm. Das ist wirklich groß. Wie lange wohnen Sie schon in Mirepoix?
TS:	Depuis vingt ans.	Seit zwanzig Jahren.

> Die **Nous**-Form *(Wir-Form)* des Verbs wird in dieser Lektion einge-
> führt, z.B.:
> **Nous habitons**   *wir wohnen*
> **Nous avons**   *wir haben*

Dialogue 2   Jacqueline Couboules (JC), Frédéric Saunier (FS)

JC:	Vous êtes installé où?	Wo sind Sie untergebracht?
FS:	À l'hôtel des Arènes.	Im Hotel des Arènes.
JC:	Ça se trouve où?	Wo ist denn das?

À la maison · Zuhause

FS:	C'est dans la rue Monge, près du Jardin des Plantes.	*Es ist in der rue Monge, in der Nähe vom Jardin des Plantes.*
JC:	Ah oui. Je vois.	*Ach ja. Ich verstehe. (Ich sehe.)*
	Vous avez une belle chambre?	*Haben Sie ein schönes Zimmer?*
FS:	J'ai une chambre au troisième étage.	*Ich habe ein Zimmer im dritten Stock.*
JC:	Elle est tranquille, j'espère.	*Ich hoffe, es ist ruhig.*
FS:	Malheureusement, il y a pas mal de bruit, mais la chambre est propre.	*Leider ist es ziemlich laut (Unglücklicherweise gibt es ziemlich viel Lärm), aber das Zimmer ist sauber.*
	Et j'ai une salle de bains.	*Und ich habe ein Badezimmer.*
JC:	Ah bon.	*Gut.*
	Et l'hôtel est bien situé?	*Und das Hotel ist günstig gelegen?*
FS:	Le métro Monge est à 100 mètres.	*Die U-Bahn Station Monge ist 100 Meter entfernt.*
JC:	Vous êtes là depuis quand?	*Wie lange sind Sie schon da?*
FS:	Depuis jeudi.	*Seit Donnerstag.*

Dialogue 3 Alain Couboules (AC), Jean-Pierre Teindas (JPT)

AC:	Où habitez-vous?	*Wo wohnen Sie?*
JPT:	J'habite Montmartre, dans la rue Cortot.	*Ich wohne in Montmartre, in der rue Cortot.*
AC:	Quel numéro?	*Welche Nummer?*
JPT:	Numéro neuf.	*Nummer neun.*
AC:	Vous n'habitez pas l'ancienne maison de Renoir?	*Wohnen Sie nicht in dem ehemaligen Haus von Renoir?*
JPT:	Non. Ça, c'est le numéro 12. Moi, j'habite en face.	*Nein. Das ist Nummer 12. Ich wohne gegenüber.*
AC:	Qu'est-ce que vous avez comme habitation?	*Was für eine Wohnung haben Sie?*
JPT:	Un appartement meublé.	*Ein möbliertes Apartment.*
AC:	Vous louez?	*Sie haben es gemietet?*
JPT:	Oui. Bien sûr.	*Ja. Natürlich.*
AC:	C'est cher?	*Ist es teuer?*
JPT:	C'est assez bon marché.	*Es ist ziemlich günstig.*
AC:	Vous habitez seul?	*Wohnen Sie allein?*
JPT:	Oui. Seul.	*Ja. Allein.*

À la maison · Zuhause

> **!** **Pas mal; assez; très; trop** sind Modifikatoren: Wörter, die die Bedeutung eines anderen Wortes verändern.

Il y a	beaucoup de pas mal de un peu de	*(viel)* *(ziemlich viel)* bruit. *(wenig)*

Mon appartement est	assez *(ziemlich)* très *(sehr)* trop *(zu)*	cher.

Comment ça se dit · Wie man's sagt

1. Comment demander où quelqu'un habite

Wie Sie fragen, wo jemand wohnt.

Où habitez-vous? –	J'habite	un studio. une maison particulière. un appartement (meublé).
Qu'est-ce que vous avez comme habitation? –	Nous habitons	un immeuble. un deux pièces. un hôtel.

2. Comment demander depuis combien de temps on occupe une habitation.

Wie Sie fragen, wie lange jemand (schon) in seiner Wohnung wohnt.

Vous	habitez Paris êtes là	depuis	combien de temps? quand?	–	Depuis	20 ans. jeudi. le week-end. avril.

À la maison · Zuhause   UNITÉ 13

Die Tage

dimanche – Sonntag
lundi – Montag
mardi – Dienstag
mercredi – Mittwoch
jeudi – Donnerstag
vendredi – Freitag
samedi – Samstag

Die Monate

janvier – Januar
février – Februar
mars – März
avril – April
mai – Mai
juin – Juni

juillet – Juli
août – August
septembre – September
octobre – Oktober
novembre – November
décembre – Dezember

3. Comment décrire la situation d'une habitation.

Wie Sie die Lage einer Wohnung beschreiben.

La maison	est bien situé(e)	–	Le métro Un supermarché L'autobus	est	à 100 mètres. tout près. en face.
L'hôtel			Les magasins sont		

4. Comment décrire l'endroit où on habite.

Wie Sie die Gegend beschreiben, wo Sie wohnen.

Vous habitez	la ville? la campagne?	–	J'habite	le centre (de la ville). la banlieue.	
			Nous habitons	un quartier	tranquille. industriel. résidentiel.
				un village	à la campagne.

Exercices · Übungen

Exercice 1

Voici une liste de différentes sortes d'habitations.

Hier eine Liste von unterschiedlichen Wohnungstypen.

un appartement
un appartement meublé
un immeuble
un studio

une maison
une maison particulière
un deux pièces
une chambre d'étudiant

À la maison · Zuhause

un pavillon	un H.L.M.
une studette	une résidence
un trois pièces	un duplex

Regardez les informations ci-dessous.	Sehen Sie sich die unten gegebenen Informationen an.

Madame Defarges	– maison
Mademoiselle Polidor	– studio
Mademoiselle Pagès	– appartement
M. et Mme. Roches	– maison particulière
Monsieur Duez	– immeuble
Sylvie Guillon	– chambre d'étudiant

a) Demandez à ces gens où ils habitent:	Fragen Sie diese Leute, wo Sie wohnen.

Exemple: Vous habitez un appartement, Madame?

b) Puis, prenez l'autre rôle, et répondez: Oui/Non. J'habite/ Nous habitons et vérifiez vos réponses en écoutant la cassette.	Jetzt spielen Sie die andere Rolle, und antworten Sie: Ja/Nein. Ich wohne/Wir wohnen und überprüfen Sie Ihre Antworten mit Hilfe der Cassette.

Exemple: Vous habitez un appartement, Madame Defarges?
Non. J'habite une maison.

Maintenant, demandez à quelqu'un d'autre, où habitent ces personnes, et vérifiez vos réponses à la fin du livre.	Jetzt fragen Sie jemand anders, wo diese Personen wohnen, und über- prüfen Sie Ihre Äußerungen im Lösungsteil des Buches.

Exemple: Madame Defarges, elle habite un appartement?
Non. Elle habite une maison.

Exercice 2

Vous souvenez-vous de ces expressions?	Erinnern Sie sich an diese Sätze?

Où habitez-vous?	Wo wohnen Sie?
Qu'est-ce que vous avez comme habitation?	Was für eine Wohnung haben Sie?
Vous êtes là depuis quand?	Wie lange sind Sie schon dort?
La maison est bien située?	Ist das Haus in einer günstigen Lage?
Vous habitez seul?	Wohnen Sie allein?

À la maison · Zuhause

Imaginez que vous parlez aux personnes ci-dessous. Prenez les deux rôles et utilisez les expressions ci-dessus.

Stellen Sie sich vor, daß Sie sich mit einer der folgenden Personen unterhalten. Übernehmen Sie beide Rollen.

a) Madame Saunier habite depuis vingt ans une maison particulière au centre de Mirepoix.

b) Monsieur et Madame Escolier habitent un immeuble dans la banlieue près de la gare de Courbevoie depuis trois ans.

c) Mademoiselle Polidor habite depuis deux mois un studio dans une maison à la campagne. Il n'y a pas de gare, et le seul autobus part pour la ville à 7h30 du matin.

Vérifiez les conversations a.) et b.) en écoutant la cassette et conversation c.) à la fin du livre.

Überprüfen Sie die Gespräche a.) und b.) mit Hilfe der Cassette und Gespräch c.) im Lösungsteil des Buches.

Exercice 3

Henri parle avec un collègue. Il lui demande où il habite. Quelles sont les questions d'Henri?
Écoutez la cassette et prenez le rôle d'Henri.

Henri unterhält sich mit einem Kollegen und fragt ihn, wo er wohnt. Können Sie herausfinden, welche Fragen er stellt? Hören Sie sich die Cassette an, und übernehmen Sie Henris Rolle.

Collègue: Bonjour.
Henri: ...
Collègue: À Bordeaux.
Henri: ...
Collègue: J'habite un appartement.
Henri: ...
Collègue: Oui. L'autobus est à 50 mètres.
Henri: ...
Collègue: Depuis trois mois.

Vérifiez vos réponses à la fin du livre.

Überprüfen Sie Ihre Antworten im Lösungsteils des Buches.

Dans la maison · Im Haus

In dieser Lektion lernen Sie

● über Wohnungen und Häuser zu sprechen.

Dialogues · Dialoge

Dialogue 1 Thérèse Saunier (TS), Yvonne Vernier (YV)

YV:	J'aime beaucoup votre maison. C'est le salon?	*Ich mag Ihr Haus sehr. Ist dies das Wohnzimmer?*
TS:	Oui. C'est notre salon.	*Ja. Das ist unser Wohnzimmer.*
YV:	Et vous avez une salle à manger?	*Und haben Sie ein Eßzimmer?*
TS:	Oui. Elle est à côté.	*Ja. Es ist nebenan.*
YV:	Vous avez combien de chambres à coucher?	*Wie viele Schlafzimmer haben Sie?*
TS:	Deux. L'une est à Frédéric et moi.	*Zwei. Eins gehört Frédéric und mir.*
	L'autre est à Olivier.	*Das andere gehört Olivier.*
YV:	Ah oui. Bien sûr.	*Ach ja. Natürlich.*

À Frédéric; à moi; à Olivier
Daß einem etwas gehört, wird im Französischen durch das Wort **à** zum Ausdruck gebracht.

Dialogue 2 Sylvie Guillon (SG), Jean-Pierre Teindas (JPT)

SG:	Dis-moi, Jean-Pierre. C'est comment l'appartement des Couboules?	*Jean-Pierre, sag mal. Wie sieht die Wohnung der Couboules aus?*
JPT:	Ils ont un très bel appartement.	*Sie haben eine sehr schöne Wohnung.*
	C'est dans la rue Tintorêt.	*Sie ist in der rue Tintorêt.*
SG:	Mais oui. Je sais. Mais l'intérieur, c'est comment?	*Aber ja. Das weiß ich. Aber wie sieht es innen aus?*
JPT:	Il y a un salon, une salle à manger, une cuisine, une salle de bains avec WC, et quelques chambres.	*Es gibt ein Wohnzimmer, ein Eßzimmer, eine Küche, Badezimmer mit WC und einige Schlafzimmer.*
SG:	Ils ont combien de chambres?	*Wie viele Schlafzimmer haben Sie?*
JPT:	Je ne le sais pas.	*Das weiß ich nicht.*
SG:	Et c'est tout?	*Ist das alles?*
JPT:	Non. Ils ont un balcon.	*Nein, sie haben einen Balkon.*

Dans la maison · Im Haus

! **Un bel appartement**
Das Wort **appartement** ist männlich, und *schön* heißt im
Französischen in der männlichen Form **beau**.
Zwei Vokale hintereinander kommen allerdings nicht leicht über die
Zunge. Deshalb sagen die Franzosen: **un *bel* appartement**.
Beachten Sie: **bel**, wenn das folgende Nomen mit einem Vokal
beginnt, ist männlich, im Gegensatz zu: **belle**, der weiblichen Form.

! **Ils ont**
Das Verb **avoir**: **J'ai** – *ich habe* **nous avons** – *wir haben*
haben: **tu as** – *du hast* **vous avez** – *Sie haben*
il/elle a– *er/sie hat* **ils/elles ont**– *sie haben*

Dialogue 3 Sylvie Guillon (SG), une amie (A)

SG:	Tu viens chez moi?	*Kommst du zu mir?*
A:	Oui. Avec plaisir.	*Ja. Gern.*
	Où habites-tu?	*Wo wohnst du?*
SG:	J'ai un petit studio.	*Ich habe eine kleine Einzimmerwohnung.*
A:	Où ça?	*Wo denn?*
SG:	Dans un immeuble dans l'Avenue de l'Europe.	*In einem Wohnblock, in der Avenue de l'Europe.*
A:	C'est à Sèvres, n'est-ce pas?	*Die ist in Sèvres, nicht wahr?*
SG:	Oui.	*Ja.*
A:	C'est quel numéro?	*Welche Nummer?*
SG:	C'est le numéro 182, au quatrième.	*Nummer 182, im vierten Stock.*
A:	Il y a un ascenseur, j'espère!	*Hoffentlich gibt es einen Lift!*

! **Chez moi, chez vous.**
Zu mir oder *bei mir*; *zu Ihnen* oder *bei Ihnen*.

! **Tu viens; tu habites.**
Die **Tu-Form** im Französischen entspricht der deutschen **Du-Form**.
Die Verbform hat am Ende ein **-s**:

tu as – *du hast* (avoir)
tu es – *du bist* (être)
tu vas – *du gehst* (aller)
tu viens– *du kommst* (venir)

Dans la maison · Im Haus

Comment ça se dit · Wie man's sagt

1. Comment demander la description d'une habitation.

Wie Sie nach der Beschreibung einer Wohnung fragen.

C'est comment	votre	maison?
		appartement?
	la maison	de Frédéric? de Monsieur Couboules? des Martin?

Il y a J'ai Il/Elle a Ils/Elles ont	un salon. une salle à manger. une cuisine. une salle de bains. trois chambres. une terrasse. un balcon. un garage. un ascenseur.

2. Comment demander combien de pièces il y a.

Wie Sie fragen, wie viele Räume es gibt.

Vous avez Il y a	combien de	chambres? pièces?

Il y a Nous avons	une	cuisine. salle à manger. salle de séjour.
	deux trois	salles de bains. garages. chambres (à coucher). WC.

Dans la maison · Im Haus

Exercices · Übungen

Exercice 1

Imaginez que les appartements ci-dessous sont à vous. Répondez aux questions suivantes et vérifiez vos réponses en écoutant la cassette.

Stellen Sie sich vor, die unten wiedergegebenen Wohnungen gehören Ihnen. Beantworten Sie die folgenden Fragen, und überprüfen Sie Ihre Äußerungen mit Hilfe der Cassette.

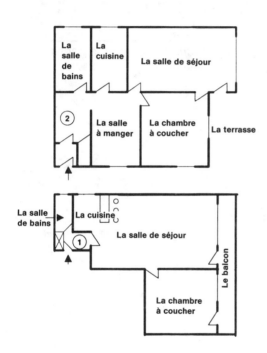

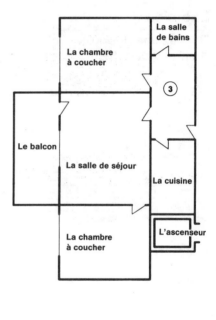

1. Il y a une cuisine?
2. Il y a une salle de bains?
3. Il y a des WC?
4. Il y a une salle de séjour?
5. Il y a une chambre à coucher?
6. Il y a un ascenseur?
7. Il y a un garage?
8. Il y a une terrasse?
9. Il y a une salle à manger?
10. Il y a un balcon?

Dans la maison · Im Haus

Exercice 2

Imaginez que les appartements ci-dessus sont à vous. Donnez une description de chaque en mentionnant les pièces.

Stellen Sie sich vor, die oben gezeigten Wohnungen gehören Ihnen. Geben Sie eine volle Beschreibung von jeder, indem Sie aufzählen, welche Räume es gibt.

Pour vous aider, écoutez la cassette.

Wenn Sie Hilfe benötigen, hören Sie sich die Cassette an.

Exercice 3

Donnez une description de votre propre appartement.

Beschreiben Sie Ihr eigenes Zuhause.

Bus et trains · Busse und Züge

In dieser Lektion lernen Sie
- über Verkehrsmittel zu reden
- zu fragen, wann und wohin Busse oder Züge fahren

Dialogues · Dialoge

Dialogue 1   un touriste (T), un conducteur d'autobus (C)

T:	Excusez-moi.	*Entschuldigen Sie.*
	Vous allez à la Porte d'Italie?	*Fahren Sie zur Porte d'Italie?*
C:	Non. Prenez le 47.	*Nein. Nehmen Sie den 47er.*
T:	Où se trouve l'arrêt?	*Wo ist die Haltestelle?*
C:	Ici même.	*Gleich hier.*
	C'est le prochain bus.	*Es ist der nächste Bus.*
T:	Merci.	*Danke.*

> **!** **Prenez...**
> Die Vous-Form des Verbs dient auch als Imperativ, z.B.:
> **venez** (venir)   – *kommen Sie*
> **allez** (aller)   – *gehen Sie*
> **ne fumez pas** (fumer) – *rauchen Sie nicht*
> **prenez** (prendre) – *nehmen Sie*

Dialogue 2   Thérèse Saunier (TS), employé de métro (EM)

TS:	Excusez-moi.	*Entschuldigen Sie.*
	Le prochain train va à la Place Monge?	*Fährt der nächste Zug zur Place Monge?*
EM:	Oui.	*Ja.*
TS:	Il faut changer?	*Muß ich umsteigen?*
EM:	Non. C'est direct.	*Nein. Er fährt direkt dorthin.*
TS:	Merci.	*Danke.*

> **!** **Métro**
> Abkürzung für **Métropolitain** – das U-Bahnnetz in Paris.

Dialogue 3   Alain Couboules (AC), employé de la SNCF (ES)

AC:	Le prochain départ pour Chartres, s'il vous plaît?	*Wann fährt der nächste Zug nach Chartres, bitte?*
ES:	Le prochain départ est à 16 h 05.	*Die nächste Abfahrt ist um 16.05 Uhr.*
AC:	D'accord. Et il arrive à Chartres à quelle heure?	*Aha. Und wann kommt der Zug in Chartres an?*
ES:	Il arrive à Chartres à 17 h 25.	*Er kommt um 17.25 Uhr in Chartres an.*
AC:	Il faut changer?	*Muß ich umsteigen?*
ES:	C'est direct.	*Er fährt direkt dorthin.*
AC:	Il part de quelle voie?	*Er fährt von welchem Gleis ab?*
ES:	Il part de la voie numéro deux.	*Er fährt von Gleis zwei ab.*
AC:	Merci.	*Danke.*
ES:	De rien, Monsieur.	*Bitte.*

> **!** **SNCF**
> Abkürzung für **Societé Nationale des Chemins de Fer Français** – das französische Eisenbahnnetz.

Dialogue 4   Sylvie Guillon (SG), employé du RER (ER)

SG:	Excusez-moi. Pour aller à l'Aéroport de Roissy, s'il vous plaît?	*Entschuldigen Sie. Zum Flughafen Roissy, bitte?*
ER:	Vous prenez la ligne A 1, direction St-Germain-en-Laye.	*Nehmen Sie die Linie A 1, Richtung St-Germain-en-Laye.*
SG:	Il faut changer?	*Muß ich umsteigen?*
ER:	Oui. Vous changez à Châtelet-les-Halles, et vous prenez la ligne B 3, direction Roissy.	*Ja. Sie steigen in Châtelet-les-Halles um und nehmen die Linie B 3, Richtung Roissy.*
SG:	Merci, Monsieur.	*Danke.*
ER:	De rien, Mademoiselle.	*Gern geschehen.*

> **!** **RER**
> Abkürzung für **Réseau Express Régional** – Ein Stadtbahnnetz, das Orte bis zu 50 Kilometer von Paris entfernt durch Expreßzüge mit der Stadtmitte verbindet.

Bus et trains · Busse und Züge

Dialogue 5   Frédéric Saunier (FS), un employé d'hôtel (EH)

FS:	Pour aller au Louvre, c'est quelle ligne?	*Welcher Bus fährt zum Louvre?*
EH:	C'est la ligne 81.	*Die Linie 81.*
FS:	À quelle heure est le prochain départ?	*Wann fährt der nächste Bus?*
EH:	Les bus partent toutes les 20 minutes.	*Die Busse fahren alle 20 Minuten.*
FS:	Où se trouve l'arrêt?	*Wo ist die Haltestelle?*
EH:	L'arrêt est en face de l'hôtel.	*Die Haltestelle ist gegenüber dem Hotel.*

Comment ça se dit · Wie man's sagt

1. Comment demander la destination d'un bus ou d'un train.

Wie Sie fragen, wohin ein Bus/Zug fährt.

Vous allez Le prochain train/bus va La ligne numéro 13 va Vous vous arrêtez	à la Porte d'Italie? à la Place Monge? au centre ville? à l'hôpital? à l'hôtel Beau Séjour?

Pour aller	à l' aéroport, à Versaille, à la gare routière, à la place St-Michel,	c'est	quel bus? quel car? quelle ligne? quel arrêt?

(Vous) prenez	le neuf. la direction Galliéni.
(Vous) descendez	à la mairie. au commissariat de police. à la gare de l'Est.
(Vous) changez	à Étoile.

Bus et trains · Busse und Züge

2. Comment demander l'heure de départ et l'heure d'arrivée.

Wie Sie nach der Abfahrts- und Ankunftszeit fragen.

Le prochain départ pour	Lyon? Marseille?	(C'est à quelle heure?)
Il y a un train pour	Chartres Lille	bientôt? ce matin? cet après-midi?

Le prochain	train bus	part	à	14h25. midi quinze.
	départ	est		1h20.

Il arrive à	Angers Tours Toulouse	à	3h17. minuit. 15h30.

Exercices · Übungen

Exercice 1

Vous voulez savoir l'heure du départ des bus et des trains pour les endroits suivants.
Quelles sont vos questions?

Sie möchten wissen, wann der nächste Bus oder Zug zu diesen Orten fährt.
Was fragen Sie?

train – Cherbourg	bus – St-Germain des Prés
train – Nancy	car – Versailles
car – Fontainebleau	train – Perpignan
train – Metz	train – Dijon

Vérifiez vos réponses en écoutant la cassette.

Überprüfen Sie Ihre Antworten mit Hilfe der Cassette.

Bus et trains · Busse und Züge

Exercice 2

Vous pouvez construire combien de phrases?

Wie viele Sätze können Sie bilden?

Vous allez	à	Nice?
Ce train va		Jussieu?
Ce bus va		l'Hôtel de Ville?
	au	centre?
		théâtre?

Vérifiez vos réponses à la fin du livre.

Überprüfen Sie Ihre Antworten im Lösungsteil des Buches.

Exercice 3

Imaginez que vous êtes touriste à Paris. Qu'est-ce que vous dites dans les situations suivantes?

Stellen Sie sich vor, Sie sind als Tourist in Paris. Was fragen Sie in den folgenden Situationen?

a) Vous êtes à l'arrêt d'autobus, ligne 42; vous voulez aller à l'Opéra.
b) Vous montez dans un bus à Concorde; vous voulez aller au Louvre; qu'est-ce que vous demandez au conducteur?
c) Vous êtes à la station RER de Luxembourg; vous allez à l'aéroport Charles de Gaulle à Roissy, mais vous ne connaissez pas la ligne.
d) Après le théâtre vous voulez retourner à votre hôtel, l'Hôtel des Saisons, vous êtes à l'arrêt d'autobus. Le bus arrive.
e) C'est bien le bus 63 qui va à Maubert-Mutualité, ou un autre?
f) Vous savez que plusieurs bus vont à la Gare de Lyon. Lesquels?
g) Pour aller au Palais Royal?
h) Vous montez dans un bus et vous voulez descendre aux Halles; qu'est-ce que vous demandez au conducteur?

Vérifiez vos réponses en écoutant la cassette.

Überprüfen Sie Ihre Antworten mit Hilfe der Cassette.

Bus et trains · Busse und Züge

Écoutez bien · Hören Sie zu

Auf der Cassette 4 sind einige Hörspiele, die Ihnen helfen sollen, Französisch besser zu verstehen. Sie werden am Anfang wahrscheinlich nicht alles verstehen. Das ist auch nicht notwendig. Zunächst geht es darum, einige wichtige Informationen aufzunehmen. Hören Sie sich den 1. und 2. Teil (1ière et 2ième parties) des ersten Hörspiels (Scénette No. 1) so oft an, bis Sie die Fragen auf deutsch oder auf französisch beantworten können. Wenn Sie möchten, können Sie die Texte im Anhang auch nachlesen.

Scénette No. 1

Un aller simple
1ière et 2ième partie

Wohin fahren Annick und Jacques?
Müssen Sie umsteigen?
Um wieviel Uhr fährt der Zug?

In dieser Lektion lernen Sie
- Bekannten gegenüber Bedauern auszusprechen
- Dank auszusprechen
- Anteilnahme auszudrücken
- Personen zu beschreiben und Verwandtschaftsverhältnisse auszudrücken

Dialogues · Dialoge

Dialogue 1   Jean-Pierre Teindas (JPT), Sylvie Guillon (SG)

JPT:	Excuses-moi.	*Es tut mir leid.*
	Je ne peux plus danser.	*Ich kann nicht mehr tanzen.*
SG:	Je t'en prie.	*Ist schon recht.*
	Ça ne fait rien.	*Das macht nichts.*
	Moi aussi je suis fatiguée.	*Ich bin auch müde.*
JPT:	Tu veux boire quelque chose?	*Willst du etwas trinken?*
SG:	C'est une bonne idée.	*Das ist eine gute Idee.*
JPT:	Qu'est-ce que tu veux?	*Was willst du?*
SG:	Moi, je prends un coca.	*Ich möchte eine Cola.*
JPT:	Bon, moi aussi, je prends un coca.	*Gut, ich möchte auch eine Coke.*
	C'est qui, cette fille là-bas?	*Wer ist das Mädchen dort drüben?*
SG:	C'est Hélène. Elle est la petite amie de Serge.	*Das ist Hélène. Sie ist Serges Freundin.*
JPT:	Elle est très jolie, n'est-ce pas?	*Sie ist sehr hübsch, nicht wahr?*
SG:	Tu trouves?	*Findest du?*
	Moi, je trouve qu'elle est moche.	*Ich finde, sie sieht gar nicht gut aus.*

> **ne...plus:** *nicht(s) mehr.* **Je *ne* peux *plus* danser:** *Ich kann nicht mehr tanzen.*
>
> **ne...rien:** *nichts.*   **Ce *n'est rien*:**   *Das macht nichts.*
>
> Beachten Sie: **Je *ne* peux *plus* boire:** *Ich kann nichts mehr trinken.*
>
> **Je *ne* veux *rien* boire:** *Ich will nichts trinken.*

Les relations personnelles · Leute

Dialogue 2   Thérèse Saunier (TS), son amie Véronique (V)

V:	Thérèse, ma chère.	*Meine liebe Thérèse.*
	Je suis désolée.	*Es tut mir so leid.*
	Tu es triste?	*Bist du traurig?*
TS:	Ah oui, je suis bien triste.	*Ja. Ich bin ziemlich traurig.*
V:	Elle était toujours si affectueuse.	*Sie war immer so verschmust.*
TS:	C'est vrai.	*Das stimmt.*
	Mitzi était très affectueuse.	*Mitzi war sehr verschmust.*
V:	Les chats ne sont pas toujours affectueux.	*Katzen sind nicht immer verschmust.*
TS:	Non, c'est vrai.	*Nein, das stimmt.*
	Mitzi était très joueuse et très attachante.	*Mitzi war sehr verspielt und sehr anhänglich.*
V:	Elle avait quel âge?	*Wie alt war sie?*
TS:	Elle avait douze ans.	*Sie war zwölf.*
V:	Pauvre Mitzi.	*Arme Mitzi.*
	Accepte mes condoléances.	*Mein herzliches Beileid.*
TS:	Merci.	*Danke.*

! **Mitzi était...**
Etait... ist eine Vergangenheitsform von **il/elle est...**

Beachten Sie:

Gegenwart:	Vergangenheit:	
je suis	j'étais	*– ich war*
tu es	tu étais	*– du warst*
il est	il était	*– er war*
elle est	elle était	*– sie war*
nous sommes	nous étions	*– wir waren*
vous êtes	vous étiez	*– Sie waren/Ihr wart*
ils sont	ils étaient	*– sie waren*
elles sont	elles étaient	*– sie waren*

Les relations personnelles · Leute

Comment ça se dit · Wie man's sagt

1. Comment s'excuser auprès de connaissances.
Wie Sie Bekannten gegenüber Bedauern ausdrücken.

Pardon.		– Ce n'est pas grave.
Excusez-moi,	je ne peux plus danser.	– Je vous en prie.
Excusez-moi,	je ne peux plus rien manger.	– Ce n'est rien.
Je regrette.		– Ça ne fait rien.

2. Comment remercier quelqu'un.
Wie Sie jemandem danken.

Merci.	C'est très gentil de votre part.
Merci beaucoup.	Vous êtes bien aimable.
Merci bien.	Vous êtes très gentil(le).

3. Comment exprimer sa sympathie auprès de connaissances.
Wie Sie Bekannten gegenüber Anteilnahme ausdrücken.

Je suis désolé(e)	d'apprendre la maladie de	Mitzi. votre femme. Jean-Claude.
triste	d'entendre cette mauvaise nouvelle.	

4. Comment demander si on apprécie quelqu'un.
Wie Sie nach Sympathie oder Antipathie fragen.

Qu'est-ce que vous pensez de d'	Boris Becker? Monsieur Dupont? Hélène?
Comment trouvez-vous	Alain Delon?

Il est Elle est			calme. distingué(e).
Je	pense qu'il est trouve qu'elle est	trop	sympathique. amusant(e).
		assez	nerveux(se). timide.
	une fille	un peu	dynamique.
C'est	un homme	vraiment	optimiste. pessimiste. réservé(e).
	un type	très	patient(e). décontracté(e).
	quelqu'un qui est		chic.

5. Comment faire des compliments et remercier.

Wie Sie Komplimente machen und sich dafür bedanken.

Félicitations! *Glückwunsch!*

– Merci beaucoup.

Vous avez	une jolie robe. une belle cravate.

– C'est très gentil de votre part.
– Merci.

Le rouge Votre jupe Cette robe	vous va très bien.

– J'en suis très heureux(se).
– C'est très aimable à vous.

Votre	repas dessert vin	était/est excellent!

– Je vous en remercie.

Les relations personnelles · Leute

Exercices · Übungen

Exercice 1

Voici une liste d'activités plus ou moins sportives que vous pouvez exercer si vous êtes en bonne forme. Écoutez la cassette pour savoir la prononciation.

Hier ist eine Liste von mehr oder weniger sportlichen Aktivitäten, die Sie ausüben können, wenn Sie gut in Form sind. Hören Sie sich an, wie sie ausgesprochen werden.

danser	– *tanzen*
nager	– *schwimmen*
jouer au tennis	– *Tennis spielen*
courrir	– *laufen*
marcher	– *gehen (wandern)*
travailler	– *arbeiten*
porter la valise	– *den Koffer tragen*
nettoyer l'appartement	– *die Wohnung sauber machen*

Vous pouvez vous excuser avec les phrases suivantes. Écoutez.

Mit den folgenden Sätzen können Sie sich entschuldigen. Hören Sie zu.

Excusez-moi.
Je regrette.
Je vous/te demande pardon.
Je regrette beaucoup.

Imaginez que vous êtes trop fatigué(e) pour continuer à faire les activités ci-dessus. Excusez-vous de ne plus pouvoir continuer.

Stellen Sie sich vor, daß Sie zu müde sind, um die oben genannten Tätigkeiten weiterhin auszuüben. Entschuldigen Sie sich dafür, nicht mehr weitermachen zu können.

Exemple: Excusez-moi. Je ne peux plus marcher.

Vérifiez vos réponses en écoutant la cassette.

Überprüfen Sie Ihre Antworten mit Hilfe der Cassette.

Exercice 2

Voici les membres d'une famille. Écoutez comment se prononcent les relations de famille et répétez-les.	*Unten sind die Mitglieder einer Familie aufgelistet. Hören Sie sich auf der Cassette die Aussprache der Wörter an, und sprechen Sie sie nach.*

mari	– femme	*Ehemann*	*– Ehefrau*
père	– mère	*Vater*	*– Mutter*
grand-père	– grand-mère	*Großvater*	*– Großmutter*
fils	– fille	*Sohn*	*– Tochter*
frère	– sœur	*Bruder*	*– Schwester*
petit-fils	– petite-fille	*Enkelsohn*	*– Enkeltochter*

La famille Leclerc

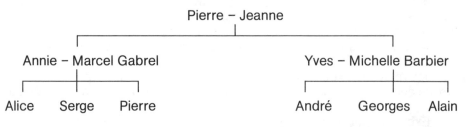

Pierre – Jeanne

Annie – Marcel Gabrel   Yves – Michelle Barbier

Alice   Serge   Pierre   André   Georges   Alain

Regardez l'arbre généalogique, et répondez aux questions.	*Schauen Sie sich diesen Familienstammbaum an, und beantworten Sie die folgenden Fragen.*

Exemple: C'est qui Yves? Yves est le mari de Michelle; il est le père de Georges et le fils de Jeanne.

1. C'est qui, Yves?	5. C'est qui, Alice Gabrel?
2. C'est qui, André?	6. C'est qui, Alain Barbier?
3. C'est qui, Pierre Leclerc?	7. C'est qui, Annie Gabrel?
4. C'est qui, Marcel Gabrel?	8. C'est qui, Jeanne Leclerc?

Vérifiez vos réponses à la fin du livre.	*Überprüfen Sie Ihre Antworten im Lösungsteil des Buches.*

Les relations personnelles · Leute

Exercice 3

Voici quelques expressions pour décrire les gens. Écoutez la cassette pour savoir comment elles se prononcent.

Hier sind einige Ausdrücke, mit denen Sie Personen beschreiben können. Hören Sie sich an, wie sie ausgesprochen werden.

snob	– *eingebildet*
sympathique	– *sympathisch*
gentil(le)	– *nett*
conscientieux(se)	– *gewissenhaft*
patient(e)	– *geduldig*
intelligent(e)	– *intelligent*
généreux(se)	– *freigiebig*
toujours de bonne humeur	– *immer gut gelaunt*
pensif(ve)	– *nachdenklich*
de mauvaise humeur	– *schlecht gelaunt*
en retard	– *unpünktlich*
superficiel(le)	– *oberflächlich*
bête	– *dumm*
bourgeois(e)	– *spießig*
charmant(e)	– *scharmant*

Maintenant décrivez les personnes suivantes.

Nun beschreiben Sie die folgenden Personen.

Marie-France: 21, sympathisch, gut gelaunt.
Maurice: 30, ziemlich dumm, immer unpünktlich.
Solange: 35, sehr intelligent, ungeduldig.
Victor: 50, etwas oberflächlich und nervös.
Marie-Hélène: 43, gewissenhaft, schüchtern.
Philippe: 28, freigiebig und immer gut gelaunt.

Vérifiez vos réponses à la fin du livre.

Überprüfen Sie Ihre Antworten im Lösungsteil des Buches.

Les relations personnelles · Leute

Écoutez bien · Hören Sie zu

Hören Sie sich den 3. und 4. Teil (3ième et 4ième parties) des 1. Hörspiels (Scénette No. 1) an. Versuchen Sie zunächst wieder, nur die Fragen zu beantworten. Wenn es Ihnen Spaß macht, können Sie das Hörspiel auch noch einmal von Anfang an abspielen lassen.

Scénette No. 1

3ième et 4ième partie

Was will Annick kaufen?
Was kauft sie wirklich?
Was kauft Jacques?

Les passe-temps · Die Hobbys

In dieser Lektion lernen Sie

- über Ihre Hobbys zu sprechen
- und darüber zu sprechen, was Sie gern (und nicht so gern) essen und trinken

Dialogues · Dialoge

Dialogue 1   Jean-Pierre Teindas (JPT), Sylvie Guillon (SG)

SG:	Voici mon petit studio.	*Hier ist meine kleine Wohnung.*
JPT:	C'est charmant.	*Sie ist nett.*
SG:	C'est très petit.	*Sie ist sehr klein.*
JPT:	Ça ne fait rien.	*Das macht nichts.*
	Tu as une belle vue.	*Du hast eine schöne Aussicht.*
SG:	Elle n'est pas mal.	*Sie ist nicht schlecht.*
JPT:	Tu t'intéresses au cinéma?	*Du interessierst dich für's Kino?*
SG:	Ah oui. J'adore les films.	*Oh ja. Ich liebe Filme.*
JPT:	Tu as des portraits d'acteurs et d'actrices?	*Hast du Porträts von Schauspielern und Schauspielerinnen?*
SG:	Oui.	*Ja.*
JPT:	C'est qui ça?	*Wer ist denn das?*
SG:	C'est Jean-Paul Belmondo.	*Das ist Jean-Paul Belmondo.*
JPT:	Et ça?	*Und das?*
SG:	C'est Miou-Miou.	*Das ist Miou-Miou.*
JPT:	Et ça?	*Und das?*
SG:	C'est Gérard Depardieu.	*Das ist Gérard Depardieu.*
	Tu ne connais pas les acteurs?	*Kennst du die Schauspieler nicht?*
JPT:	Non. Je ne m'intéresse pas au cinéma.	*Nein. Ich interessiere mich nicht für Filme.*
SG:	Dommage!	*Schade!*

Dialogue 2   Sylvie Guillon (SG), Jean-Pierre Teindas (JPT)

SG:	Qu'est-ce que tu fais pendant ton temps libre?	*Was machst du in deiner Freizeit?*
JPT:	Je m'intéresse aux langues.	*Ich interessiere mich für Sprachen.*
SG:	Tu apprends une langue?	*Lernst du eine Sprache?*
JPT:	Oui. J'apprends l'allemand.	*Ja. Ich lerne Deutsch.*

Les passe-temps · Die Hobbys

SG:	Pourquoi l'allemand?	*Warum Deutsch?*
JPT:	Oh. J'aime la bière allemande.	*Ach. Ich trinke gern deutsches Bier.*
	Et j'ai une voiture allemande.	*Und ich habe ein deutsches Auto.*
SG:	Laquelle?	*Welches?*
JPT:	J'ai une Polo.	*Ich habe einen Polo.*

! **Lequel/Laquelle?**
Lequel? bezieht sich auf ein männliches, **laquelle?** auf ein
■ weibliches Nomen.

Exemple:

Stylo m.:	J'ai deux stylos.	**Lequel** veux-tu?
		(Welchen willst du?)
Pomme f.:	J'ai deux pommes.	**Laquelle** veux-tu?
		(Welchen willst du?)
Stylos m.pl.:	J'ai des stylos.	**Lesquels** veux-tu?
		(Welche willst du)
Pommes f.pl.:	J'ai des pommes.	**Lesquelles** veux-tu?
		(Welche willst du?)

Dialogue 3   Jacqueline Couboules (JC), un invité (I)

JC:	Je vais faire les courses. Qu'est-ce que vous aimez manger?	*Ich gehe jetzt einkaufen. Was essen Sie gern?*
I:	J'aime tout.	*Ich esse alles gern.*
JC:	Bon. Alors, j'achète des artichauts.	*Gut. Dann kaufe ich Artischocken.*
I:	Ah. Je n'aime pas trop les artichauts.	*Ach. Artischocken esse ich nicht so gern.*
JC:	Bon. Pas d'artichauts. Alors, des épinards?	*Gut. Keine Artischocken. Dann eben Spinat?*
I:	Ah. Je n'aime pas les épinards.	*Ach. Spinat esse ich nicht gern.*
JC:	Bon. Pas d'épinards. Alors, un canard à l'orange? Ça, c'est bon.	*Gut. Keinen Spinat. Dann eben Ente mit Orange? Das ist gut.*
I:	Ah. Je n'aime pas la volaille.	*Ach. Geflügel esse ich nicht gern.*
JC:	Bon. Pas de volaille. Alors, une baguette!! Et de l'eau!!	*Gut. Kein Geflügel. Dann eben ein Baguette!! Und Wasser!!*

Les passe-temps · Die Hobbys

Comment ça se dit · Wie man's sagt

1. Comment poser des questions sur les intérêts de quelqu'un.

Wie Sie nach den Interessen von jemandem fragen.

Vous avez des passe-temps?
Qu'est-ce que vous faites quand vous avez du temps libre?
Qu'est-ce que vous faites pendant votre temps libre?

Vous vous intéressez	à la musique? au cinéma? aux films? au sport?

Je lis Il/Elle lit	Paris Match. Le Monde. Le Figaro. Télérama. Die Zeit. Elle. Marie-Claire.

Je fais Il/Elle fait	du	yoga. sport. ski. jogging. jardinage. bricolage. vélo.
	de la danse. de l'équitation.	

Je joue Il/Elle joue	au	tennis. foot. tiercé.
	aux	cartes.
	du piano. de la guitare.	

Les passe-temps · Die Hobbys

Je m'intéresse	au	cinéma. théâtre.
	à la	musique. photographie. peinture.
Il/Elle s'intéresse	à l'	art moderne/classique/impressioniste.
	aux	langues. autos. films.

2. Comment demander ce que quelqu'un aime manger et boire.

Wie Sie fragen, was jemand gern ißt und trinkt.

Qu'est-ce que vous aimez	manger?
	boire?

J'adore J'aime Je n'aime pas Je n'aime pas trop Je n'aime pas du tout	le poisson. le poulet. le chocolat. les fruits. les épinards. les cuisses de grenouille.

Exercices · Übungen

Exercice 1

Voici une liste de quelques passe-temps intéressants. Écoutez comment ils se prononcent.

Hier ist eine Liste einiger interessanter Hobbys. Hören Sie sich an, wie sie ausgesprochen werden.

Les passe-temps · Die Hobbys

Julie	Xavier	Jacotte	Michel
– musique	– théâtre	– cinéma	– concerts
– Paris Match	– Télérama	– Le Nouvel Observateur	– Le Monde
– jogging	– bricolage	– ski	– équitation

Parlez des intérets de Julie, Xavier, Jacotte et Michel et vérifiez vos réponses en écoutant la cassette.

Nun sagen Sie, welche Interessen Julie, Xavier, Jacotte und Michel haben, und überprüfen Sie Ihre Antworten mit Hilfe der Cassette.

Exercice 2

Michel est très dynamique. Il aime beaucoup être en plein air. Jacotte n'aime pas être dehors; elle préfère les occupations qui se passent à l'intérieur. Un journaliste est en train de les interviewer. Prenez le rôle de Michel et/ou de Jacotte et répondez aux questions suivantes.

Michel ist voller Energie. Er ist sehr gern draußen in der frischen Luft. Jacotte ist nicht so gerne draußen. Sie zieht es vor, sich zu Hause zu beschäftigen. Ein Journalist befragt sie gerade danach. Übernehmen Sie die Rolle von Michel und/oder Jacotte, und beantworten Sie die Fragen.

Michel, vous vous intéressez à la musique? Non. Je…
Jacotte, vous faites du jogging? Non. Je…
Michel, vous faites du vélo? Oui. Je…
Jacotte, vous vous intéressez au cinéma? Oui. Je…
Michel, vous jouez au tennis? Oui. Je…

Vérifiez vos réponses en écoutant la cassette.

Überprüfen Sie Ihre Antworten mit Hilfe der Cassette.

Exercice 3

Parfois il est nécessaire de dire qu'on n'aime pas un certain plat ou une certaine boisson. C'est important de faire ceci avec politesse. Regardez et écoutez les exemples ci-dessous.

Manchmal ist es notwendig, zu sagen, daß man eine bestimmte Speise oder ein bestimmtes Getränk nicht mag. Es ist wichtig, dies höflich zu tun. Sehen und hören Sie sich die folgenden Beispiele an.

Les passe-temps · Die Hobbys

A: Vous aimez le poisson?
B: Non. Je regrette. Je n'aime pas le poisson.
A: Vous mangez du poulet?
B: Excusez-moi. Je ne mange pas de poulet.
A: Vous aimez le fromage?
B: Ah oui. J'aime beaucoup le fromage.

Imaginez que vous êtes un végétarien très strict et aussi anti-alcoolique, mais vous aimez tout le reste. Répondez convenablement aux questions ci-dessous.

Stellen Sie sich vor, Sie sind ein strenger Vegetarier und Gegner von Alkohol, aber alles andere mögen Sie. Geben Sie die entsprechenden Antworten auf die folgenden Fragen.

Vous prenez un morceau de gâteau du chef?
Je peux vous offrir un œuf à la coque?
Vous voulez une tranche de pâté de campagne?
Vous aimez un bon bifteck, n'est-ce pas?
Vous prenez un verre de vin avec moi?

Vérifiez vos réponses en écoutant la cassette.

Überprüfen Sie Ihre Antworten mit Hilfe der Cassette.

Écoutez bien · Hören Sie zu

Hören Sie sich nun den 5. Teil (5ième partie) des 1. Hörspiels (Scénette No. 1) an, bis Sie die folgenden Fragen beantworten können.

Scénette No. 1

5ième partie

Welchen Sitzplatz hat Annick?
Welchen Sitzplatz hat Jacques?
Was ist Jacques von Beruf?
Was ist Annick von Beruf?

Au restaurant · Auswärts essen

In dieser Lektion lernen Sie

● einen Tisch zu bestellen
● in einem Restaurant zu bestellen
● Ihren Partner zu fragen, was er/sie essen möchte

Dialogues · Dialoge

Dialogue 1

Frédéric Saunier (FS), Thérèse Saunier (TS), patron du restaurant (PR), serveur (S)

PR:	Chez Gaston. Bonsoir.	*Hier bei Gaston. Guten Abend.*
FS:	Bonsoir.	*Guten Abend.*
	Je voudrais réserver une table pour ce soir.	*Ich möchte einen Tisch für heute abend bestellen.*
PR:	Oui, Monsieur. Pour quelle heure?	*Ja. Für wann?*
FS:	Vous avez une table pour 9 heures?	*Haben Sie einen Tisch für 9 Uhr?*
PR:	Bien sûr.	*Natürlich.*
	C'est à quel nom?	*Auf welchen Namen?*
FS:	Saunier.	*Saunier.*
PR:	Pour combien de personnes?	*Für wie viele Personen?*
FS:	Une table pour deux, s'il vous plaît.	*Einen Tisch für zwei, bitte.*

FS:	Bonsoir.	*Guten Abend.*
	J'ai réservé une table.	*Ich habe einen Tisch bestellt.*
PR:	Oui, Monsieur.	*Ja.*
	C'est à quel nom?	*Auf welchen Namen?*
FS:	Saunier.	*Saunier.*
PR:	Ah oui, Monsieur Saunier.	*Ach ja, Herr Saunier.*
	Par ici, s'il vous plaît.	*Hierher, bitte.*
	Cette table vous convient?	*Ist Ihnen dieser Tisch recht?*
FS:	Très bien, merci.	*Sehr schön, danke.*

FS:	Qu'est-ce que tu prends comme hors-d'œuvre, chérie?	*Was möchtest du als Vorspeise, Liebling?*
TS:	Moi, je prends le pâté de campagne.	*Ich nehme die Landleberpastete.*
	Et toi?	*Und du?*
FS:	Moi, je prends la salade de tomates.	*Ich nehme den Tomatensalat.*

	Et comme plat principal?	Und als Hauptgericht?
	Qu'est-ce que tu prends?	Was möchtest du gerne?
TS:	Moi, je prends le rôti de veau.	Ich nehme den Kalbsbraten.
	J'aime beaucoup le rôti.	Ich esse sehr gern Braten.
FS:	Et moi, je prends l'escalope panée.	Und ich nehme Wiener Schnitzel.
FS:	Garçon!	Herr Ober!
S:	Oui, Monsieur. Vous êtes prêt à commander?	Ja. Sind Sie bereit, die Bestellung aufzugeben?
FS:	Oui. Comme hors-d'œuvre, je prends la salade de tomates, et ma femme prend le pâté.	Ja. Als Vorspeise nehme ich Tomatensalat, und meine Frau nimmt die Pastete.
S:	Le pâté de campagne, oui Monsieur.	Die Landleberpastete. Ja.
FS:	Ma femme prend le rôti de veau et moi, je prends l'escalope panée.	Meine Frau nimmt den Kalbsbraten, und ich nehme Wiener Schnitzel.
S:	D'accord, Monsieur. Qu'est-ce que je vous sers à boire?	Ja, gerne. Was möchten Sie trinken?
FS:	Donnez-moi la carte des vins, s'il vous plaît.	Geben Sie mir bitte die Weinkarte.
S:	Tout de suite, Monsieur.	Sofort.

Comment ça se dit · Wie man's sagt

1. Comment demander ce que quelqu'un voudrait manger et boire, et comment commander.

Wie Sie fragen, was jemand essen und trinken möchte, und wie Sie bestellen.

Qu'est-ce que	tu prends	à	boire? manger?
	vous prenez	comme	boisson? entrée? viande? légumes? dessert?

Au restaurant · Auswärts essen   UNITÉ 18

	la salade de tomates. la soupe à l'oignon. le filet de boeuf. la côte de porc. les pommes frites. le plateau de fromages. la crème caramel. les fruits. un café.
Je prends Je voudrais Pour moi, Nous prenons	

2. Comment réserver une table dans un restaurant.
Wie Sie in einem Restaurant einen Tisch bestellen.

Je voudrais réserver (Est-ce que) vous avez	une table	pour ce soir? pour demain? pour jeudi prochain?

Pour quelle heure? –

Vous avez une table	pour huit heures? pour neuf heures?

Pour combien de personnes? –

(Une table) pour	deux quatre	personnes, s'il vous plaît.

C'est à quel nom? –

C'est au nom de	Saunier. Dupont.

3. Comment commander les boissons.
Wie Sie Getränke bestellen.

Serveur: Qu'est-ce que vous prenez comme boisson?

Du vin?
De la bière?
De l'eau minérale?

Au restaurant · Auswärts essen

Vous:	Du vin	Un apéritif.	Un thé.
Serveur:	Rouge? Rosé? Blanc?	Dubonnet? Martini? Suze?	À la menthe? Un tilleul? Une camomille?
Vous:	Vous avez du Beaujolais?	Vous avez un Pernod?	Vous avez une verveine?
Serveur:	Non. J'ai un Côtes-du-Rhône.	Non. J'ai du Porto.	Oui.
Vous:	Bon. Un Côtes-du-Rhône.	Bien. Un Porto.	Bon. Une verveine.

Exercices · Übungen

Exercice 1

Imaginez que vous êtes dans un restaurant. Composez deux conversations différentes avec le garçon d'après les informations ci-dessous. Vous aurez besoin de la carte à la page 107. Quand vous saurez ce que voulez dire écoutez la cassette et prenez votre rôle dans la conversation. Le rôle du garçon est enregistré. Pour vérifier vos réponses, regardez à la fin du livre.

Stellen Sie sich vor, Sie sind in einem Restaurant. Erfinden Sie zwei verschiedene Gespräche mit dem Kellner entsprechend der unten gegebenen Informationen. Sie werden sich die Speisekarte auf Seite 107 ansehen müssen. Wenn Sie entschieden haben, was Sie sagen wollen, hören Sie sich das Lückengespräch auf der Cassette an, und beantworten Sie die Fragen des Kellners. Überprüfen Sie Ihre Antworten im Lösungsteil des Buches.

Conversation 1

Sie und Ihr Freund haben am Ende Ihrer Ferien fast kein Geld mehr. Sie wollen deshalb die billigste Vorspeise und die billigste Hauptspeise für sich und Ihren Freund bestellen. Sie können sich auch keinen Wein mehr erlauben und bestellen statt dessen Wasser.

Au restaurant · Auswärts essen

Conversation 2

Sie gehen mit einem Geschäftskollegen zum Essen, und da Sie Ihren Kollegen beeindrucken wollen, bestellen Sie die teuerste Vorspeise für sich und Ihren Kollegen, und Sie bestellen auch das beste und teuerste Fleischgericht. Vergessen Sie nicht, nach der Weinliste zu fragen. Schließlich sind Sie so satt, daß Sie keinen Nachtisch mehr mögen, aber Sie bestellen Kaffee.

Menu du Chef

Cannelonis maison «spécialité» (25 F)
Soupe de poissons (20 F)
Potage de légumes (18 F)
Artichaut vinaigrette (16 F)
Pamplemousse au sucre (12 F)
Saucisson, beurre (15 F)
Salade de tomates (13 F)
Filets de harengs pommes à l'huile (22 F)

* * * * *

Gigot d'agneau rôti (65 F)
Sauté de veau aux champignons (70 F)
Escalope panée (62 F)
Truite meunière (60 F)
Foie d'agneau persillé (63 F)
Cervelle d'agneau meunière (61 F)
Poulet rôti (57 F)

* * * * *

Épinards à la crème (10 F)
Pommes frites (12 F)
Pommes vapeur (8 F)
Salade verte (7,5 F)
Pâtes fraîches au beurre (8,5 F)

* * * * *

Tarte maison (20 F)
Salade de fruits (15 F)
Fromages (12 F)
Glaces (10 F)

* * * * *

Au restaurant · Auswärts essen

Écoutez bien · Hören Sie zu

*Hören Sie sich nun den 6. und 7. Teil (6ième et 7ième parties) des
1. Hörspiels (Scénette No. 1) wieder so lange an, bis Sie die folgenden
Fragen beantworten können.*

Scénette No. 1

6ième et 7ième partie

Was tun Annick und Jacques während der Fahrt nach Lyon?
Was will Annick in Voiron tun?
Was will Jacques in Voiron tun?

Les hôtels · Hotels

In dieser Lektion lernen Sie
● ein Zimmer in einem Hotel zu buchen

Dialogues · Dialoge

Dialogue 1   Frédéric Saunier, réceptionniste (R)

R:	(Téléphone sonne)	
	Allô. Hôtel du Clocher. Bonjour.	*Hotel du Clocher. Guten Tag.*
FS:	Bonjour. Vous avez une chambre pour le cinq mai, s'il vous plaît?	*Guten Tag. Haben Sie ein Zimmer für den fünften Mai, bitte?*
R:	Pour une personne ou pour deux personnes?	*Ein Einzel- oder ein Doppelzimmer?*
FS:	Pour une personne.	*Ein Einzelzimmer, bitte.*
R:	Pour combien de nuits?	*Für wie viele Nächte?*
FS:	Pour une nuit.	*Für eine Nacht.*
R:	J'ai une chambre pour une nuit.	*Ich habe ein Zimmer für eine Nacht.*
FS:	Avec salle de bains?	*Mit Bad?*
R:	Oui. Avec salle de bains.	*Ja. Mit Bad.*
FS:	C'est à quel prix?	*Was kostet das?*
R:	85 francs, Monsieur.	*85 Francs.*
FS:	Vous n'avez rien de moins cher?	*Haben Sie nichts Billigeres?*
R:	Non. Je regrette.	*Nein. Es tut mir leid.*
FS:	Bon. Alors je la prends.	*Gut, dann nehme ich es.*
R:	C'est à quel nom?	*Auf welchen Namen, bitte?*
FS:	Saunier.	*Saunier.*
R:	D'accord, Monsieur Saunier. Vous pouvez envoyer une confirmation?	*In Ordnung, Herr Saunier. Können Sie die Buchung schriftlich bestätigen?*
FS:	Oui. Certainement.	*Ja, natürlich.*
R:	Merci. Au revoir, Monsieur.	*Danke. Auf Wiederhören.*
FS:	Au revoir.	*Auf Wiederhören.*

Les hôtels · Hotels

Dialogue 2   Jacqueline Couboules (JD), réceptionniste (R)

JD:	Bonjour.	*Guten Tag.*
R:	Bonjour, Madame.	*Guten Tag.*
JD:	Je voudrais deux chambres, s'il vous plaît.	*Ich möchte zwei Zimmer, bitte.*
	Une pour mon époux et moi, et une autre pour mes deux enfants.	*Eins für meinen Mann und mich, und ein anderes für meine zwei Kinder.*
R:	Oui, Madame. Vous avez réservé?	*Ja. Haben Sie reserviert?*
JD:	Non. Je n'ai pas réservé.	*Nein. Ich habe nicht reserviert.*
R:	Pour combien de nuits?	*Für wie viele Nächte?*
JD:	Pour deux nuits.	*Für zwei Nächte.*
R:	J'ai une chambre avec un grand lit.	*Ich habe ein Zimmer mit einem großen Bett.*
	Et une chambre avec deux lits.	*Und ein Zweibettzimmer.*
JD:	Bon, d'accord.	*Ja. In Ordnung.*
	Vous pouvez me dire le prix, s'il vous plaît?	*Können Sie mir bitte den Preis sagen?*
R:	La chambre avec un grand lit est à 60 F. Et la chambre avec deux lits est à 75 F.	*Das Einbettzimmer kostet 60 F. Und das Zweibettzimmer kostet 75 F.*
JD:	C'est avec salle de bains?	*Ist es mit Bad?*
R:	Les deux chambres sont avec douche et WC.	*Beide Zimmer haben Dusche und WC.*
JD:	Le petit déjeuner est compris?	*Und das Frühstück ist inklusive?*
R:	Non, Madame. Il n'est pas compris.	*Nein. Das Frühstück ist nicht im Preis inbegriffen.*
	Le petit déjeuner est à 15 F par personne.	*Das Frühstück kostet 15 F pro Person.*
JD:	D'accord.	*In Ordnung.*
	Je peux voir les chambres, s'il vous plaît?	*Kann ich die Zimmer bitte sehen?*
R:	Oui. Certainement, Madame.	*Aber sicher.*
	Voici, les cléfs.	*Hier sind die Schlüssel.*
	C'est la chambre 27, et la chambre 28.	*Es sind die Zimmer 27 und 28.*
	Suivez-moi, je vous prie.	*Kommen Sie bitte mit.*

Les hôtels · Hotels

> **!** **Hotels in Frankreich**
>
> In den meisten Hotels zahlen Sie für das Zimmer und nicht pro Kopf.
> Es ist also manchmal möglich, eine ganze Familie in einem einzigen Zimmer zu einem Zwei- oder Dreibettzimmerpreis unterzubringen.
>
> Viele Hotels, vor allem die älteren, sind mit „großen Betten" für Ehepaare ausgestattet. Es befindet sich also kein Holzrahmen in der Mitte des Bettes, und die Betten sind möglicherweise nur mit einer breiten Bettdecke und einem Bett-Tuch bedeckt.
>
> Normalerweise ist das Frühstück nicht im Preis inbegriffen. Im Vergleich zu einem deutschen Frühstück kann es ziemlich dürftig ausfallen. Kaffee, Tee oder Schokolade werden serviert. In der Regel gibt es dazu „croissants", französisches Brot, Butter und Marmelade. Fleisch- oder Käsesorten sind eine Seltenheit.
>
> Ausnahmen zu diesen „Regeln" finden Sie, wenn überhaupt, in modernen Hotels in der Stadtmitte mit einer internationalen Kundschaft, wo die Preise entsprechend höher sind.

Comment ça se dit · Wie man's sagt

1. Comment réserver une chambre dans un hôtel.
Wie Sie ein Hotelzimmer buchen.

a) **quelle sorte de chambre.**
   (was für ein Zimmer).

Je voudrais	une chambre	à un lit. pour une personne. pour deux personnes. pour mon époux (épouse) (et moi-même). pour mes enfants.
	deux chambres	avec — téléphone. douche et WC. salle de bains. balcon.

b) pour quand.
(für wann).

pour	le dix	mai.
	le vingt	juin.
	le trente	août.

c) **pour combien de temps.**
(für wie lange).

pour	une nuit.	
	deux trois	nuits.
	une semaine.	
	quinze jours.	

2. Comment se renseigner au sujet de la restauration.

Wie Sie sich nach Eßmöglichkeiten erkundigen.

On peut prendre	le dîner	ici?
	le petit déjeuner	chez vous?

(Est-ce que) vous faites	demi-pension?
	pension complète?
	restaurant?

3. Le départ.

Die Abfahrt.

Vous pouvez préparer la note, s'il vous plaît?

Je peux payer	par chèque?
	avec Visa?
	avec un Eurochèque?

Les hôtels · Hotels | UNITÉ 19

Exercices · Übungen

Exercice 1

Vous voulez réserver une chambre. Les chiffres ci-dessous indiquent la sorte de chambre que vous désirez.

Sie möchten ein Zimmer bestellen. Die Zahlen bezeichnen die Art des Zimmers, das Sie bestellen wollen.

1. = Une chambre pour une personne.
2. = Une chambre pour deux personnes.
3. = Avec salle de bains.
4. = Avec douche.
5. = Avec télévision.

Les chiffres en ( ) indiquent combien de temps vous voulez rester.

Die Zahlen in ( ) geben an, wie lange Sie bleiben wollen.

Exemple: (1) = une nuit
(2) = deux nuits
(7) = une semaine

Maintenant réservez ces chambres.

Nun bestellen Sie die folgenden Zimmer.

a) 1   (1)   f) 1 3 (7)
b) 2 4 (2)   g) 2 5 (2)
c) 1 3 (1)   h) 2 4 (1)
d) 2   (7)   i) 2 3 (1)
e) 2 4 (3)   j) 1 5 (2)

Vérifiez vos réponses en écoutant la cassette.

Überprüfen Sie Ihre Antworten mit Hilfe der Cassette.

Exercice 2

Vous voulez réserver une chambre pour un certain temps.

Sie möchten für eine bestimmte Zeit ein Zimmer bestellen.

1. (1) 30.03. – 31.03.
2. (4) 06.12. – 10.12.
3. (7) 20.01. – 27.01.
4. (2) 07.10. – 09.10.
5. (1) 12.05. – 13.05.

6. (3) 02.08. – 05.08.
7. (5) 04.11. – 09.11.
8. (2) 28.07. – 30.07.
9. (4) 23.02. – 27.02.
10. (7) 08.06. – 15.06.

Vérifiez vos réponses en écoutant la cassette.

Überprüfen Sie Ihre Antworten mit Hilfe der Cassette.

Exercice 3

Vous voulez réserver une chambre dans un hôtel. Écoutez la conversation suivante; il manque votre rôle.	*Sie möchten ein Zimmer in einem Hotel reservieren. Hören Sie sich das Lückengespräch auf der Cassette an, und übernehmen Sie Ihren Part.*

Réception: Hôtel des Arcades. Bonjour.
Vous: …
Réception: Pour une, ou pour deux personnes?
Vous: …
Réception: Pour combien de nuits?
Vous: …
Réception: Oui. J'ai une chambre pour une personne.
Vous: …
Réception: Oui. Avec salle de bains.
Vous: …
Réception: C'est à 80 F.
Vous: …
Réception: C'est à quel nom?
Vous: …
Réception: Bon. Vous pouvez envoyer une confirmation?
Vous: …
Réception: Merci.
Vous: …
Réception: Au revoir.

Vérifiez vos réponses à la fin du livre.	*Überprüfen Sie Ihre Antworten im Lösungsteil des Buches.*

Les hôtels · Hotels

Écoutez bien · Hören Sie zu

Hören Sie sich nun den letzten Teil (8ième partie) des 1. Hörspiels (Scénette No. 1) an, und beantworten Sie die folgenden Fragen. Wenn Sie Lust haben, können Sie auch noch einmal das ganze Hörspiel abspielen lassen. Sie werden erstaunt sein, wieviel Sie inzwischen verstehen!

Scénette No. 1

8ième partie

Was schlägt Jacques vor?
Wo wohnt Jacques in Voiron?
Wo wohnt Annick in Voiron?

Des conseils · Rat geben

In dieser Lektion lernen Sie
● zu fragen, ob man etwas tun muß oder nicht
● und entsprechende Aussagen zu machen

Dialogues · Dialoge

Dialogue 1 Jean-Pierre Teindas (JPT), Sylvie Guillon (SG)

SG:	Qu'est-ce qu'on fait aujourd'hui?	*Was machen wir heute?*
JPT:	Tu connais le Château de Versailles?	*Kennst du das Schloß von Versailles?*
SG:	Non.	*Nein.*
JPT:	Bon. Il faut y aller.	*Nun. Dann müssen wir hinfahren.*
SG:	Qu'est-ce qu'il y a à voir?	*Was gibt es dort zu sehen?*
JPT:	Il faut voir les Grands Appartements.	*Die Prunkräume sollte man sich ansehen.*
	Il faut voir la Galerie des Glaces.	*Und die Spiegelgalerie muß man sehen.*
SG:	C'est tout?	*Ist das alles?*
JPT:	Mais non. Mais non.	*Aber nein. Aber nein.*
	Il faut absolument visiter le Petit Trianon, et le Grand Trianon.	*Wir müssen unbedingt das kleine Trianon und das große Trianon besuchen.*
SG:	Il faut combien de temps pour visiter tout ça?	*Wieviel Zeit brauchen wir, um das alles zu besichtigen?*
JPT:	Il faut passer toute une journée.	*Wir müssen einen ganzen Tag dort verbringen.*
SG:	Mais non. Quelle horreur!	*Aber nein. Das ist ja furchtbar!*
	Je ne veux pas passer toute une journée dans un vieux château!	*Ich will keinen ganzen Tag in einem alten Schloß verbringen!*
	Il faut faire autre chose.	*Wir sollten etwas anderes tun.*
JPT:	Quoi, par exemple?	*Was, zum Beispiel?*
SG:	Moi, je voudrais faire une promenade en bateau-mouche sur la Seine.	*Ich möchte gerne eine Dampfer-fahrt auf der Seine machen.*
JPT:	Vraiment?	*Ehrlich?*
SG:	Oui, vraiment!	*Ja, ehrlich!*
JPT:	Bon. D'accord. Comme tu voudras.	*Also, gut. Wie du willst.*

Des conseils · Rat geben

Dialogue 2 Alain Couboules (AC), son patron (P)

P: Vous allez où en vacances?	*Wohin fahren Sie in Urlaub?*
AC: Je vais en Allemagne.	*Ich fahre nach Deutschland.*
P: Ah bon. Où ça?	*Ach so. Wohin?*
AC: Je vais à Berlin.	*Ich fahre nach Berlin.*
P: Ça, c'est intéressant.	*Das ist interessant.*
Vous connaissez Berlin?	*Kennen Sie Berlin?*
AC: Non. Pas du tout.	*Nein. Gar nicht.*
Qu'est-ce qu'il faut visiter?	*Was sollte man dort besichtigen?*
P: D'abord il faut voir la Porte	*Zuerst sollte man das*
Brandebourg.	*Brandenburger Tor sehen.*
Et puis, il faut monter à la Tour	*Und dann sollten Sie den*
de Télévision.	*Fernsehturm hinaufsteigen.*
Et il faut aller à Potsdam,	*Und Sie müssen nach Potsdam*
à Sanssouci.	*fahren, nach Sanssouci.*
AC: Qu'est-ce que c'est ça?	*Was ist denn das?*
P: C'est un très beau château de	*Das ist ein sehr schönes Schloß*
l'époque du Roi Frédéric II,	*aus der Zeit des Königs*
roi de Prusse.	*Friedrich II. von Preußen.*
AC: Il faut avoir un visa pour	*Braucht man ein Visum für*
l'Allemagne?	*Deutschland?*
P: Non. Ce n'est pas nécessaire.	*Nein. Das ist nicht nötig.*
Mais n'oubliez pas votre appareil	*Aber vergessen Sie nicht, Ihren*
photo.	*Fotoapparat mitzunehmen.*
AC: Ah oui. Et il faut acheter une	*Ach ja. Und ich muß einen Film*
pellicule!	*kaufen.*

Comment ça se dit · Wie man's sagt

1. Comment demander s'il faut faire quelque chose.

Wie Sie fragen, ob Sie etwas tun müssen.

	avoir	un visa?
Il faut	passer	toute une journée?
	aller	à Berlin?

Des conseils · Rat geben

Qu'est-ce qu'on fait?

Die Franzosen sagen sehr oft **on** *(man)* statt der **Nous**-Form des Verbs, vor allem bei Vorschlägen wie z.B.: Qu'est-ce qu'on fait? (Wrtl.: *Was macht man?*)

Il *faut* y aller. Il *faut* voir la galerie.
Auf deutsch sagt man: *Wir müssen hinfahren* oder: *Sie müssen hinfahren; ich muß die Galerie sehen* oder: *Er muß die Galerie sehen.*

Il faut, wenn man betonen will, daß es dringend notwendig oder wichtig ist, etwas zu tun. Das, was getan werden soll, z.B. *hinfahren* oder *sehen*, wird im Französischen wie im Deutschen durch einen Infinitiv wiedergegeben.
Im Französischen benutzt man die neutrale Formulierung.

***Il faut* combien de temps? *Il faut* une heure.**
Um den Sinn des Verbs *brauchen* wiederzugeben, benutzt man ebenfalls den Ausdruck **il faut**, in Verbindung mit einem Nomen, z.B: **une heure**: *eine Stunde.*
Il faut combien de temps? *Wie lange brauchen wir?*
Il faut une heure.   *Man braucht eine Stunde.*

Un bateau-mouche
Die **bateaux-mouche** sind berühmte Touristendampfer, die auf der Seine in Paris fahren.

2. Comment dire ce qu'il faut faire.
Wie Sie sagen, was jemand tun soll.

	acheter	une pellicule.
	monter	à la Tour de Télévision.
Il faut	voir	la Porte Brandebourg.
	aller	à Potsdam.
	visiter	le château.

Des conseils · Rat geben   UNITÉ 20

3. Comment dire que quelque chose n'est pas nécessaire.
Wie Sie sagen, daß etwas nicht notwendig ist.

Il faut visiter le Grand Trianon? Non, ce n'est pas nécessaire.
Il faut faire une promenade en bateau-mouche?
Non, ce n'est pas nécessaire.
Il faut avoir un visa? Non, ce n'est pas nécessaire.

Exercices · Übungen

Exercice 1

Voici une liste de choses dont vous aurez peut-être besoin en vacances.	*Hier ist eine Liste von Dingen, die Sie in den Ferien vielleicht benötigen.*

des lunettes de soleil	· *Sonnenbrille*
une brosse à dents	· *Zahnbürste*
un maillot de bain	· *Badeanzug*
un passeport	· *Paß*
des tickets	· *Karten*
de l'argent	· *Geld*
une carte	· *(Land)Karte*
une raquette de tennis	· *Tennisschläger*
des chaussures de football	· *Fußballschuhe*
un parapluie	· *Regenschirm*

Regardez la liste ci-dessus, quelles choses faut-il apporter dans les circonstances ci-dessous?	*Schauen Sie sich die Liste an. Welche Dinge muß man mitnehmen unter den unten aufgeführten Umständen?*

Exemple: Es regnet. – Il faut apporter mon parapluie.

1. Was müssen Sie mitnehmen, wenn Sie einkaufen gehen?
2. Sie wollen Fußball spielen.
3. Sie möchten Tennis spielen.
4. Sie planen eine Fahrt aufs Land.
5. Sie wollen ins Theater gehen.
6. Es ist heiß, und Sie wollen ins Schwimmbad gehen.

Des conseils · Rat geben

7. Sie wollen Ihren Urlaub im Ausland verbringen.
8. Sie bleiben übers Wochenende bei Freunden auf dem Land.
9. Es regnet.
10. Der Himmel ist wolkenlos.

Vérifiez vos réponses en écoutant la cassette.	*Überprüfen Sie Ihre Antworten mit Hilfe der Cassette.*

Exercice 2

Regardez une page de l'agenda de Jean-Pierre. Qu'est-ce qu'il doit faire pendant la semaine?

Schauen Sie sich diese Seite aus Jean-Pierres Kalender an. Was muß er an den einzelnen Wochentagen tun?

Exemple: Dimanche? Il faut visiter Versailles.

Lundi?	Vendredi?
Mardi?	Samedi matin?
Mercredi?	Samedi soir?
Jeudi?	Dimanche?

AGENDA

Dimanche	– visiter Versailles
Lundi	– réserver chambre, Hôtel de la Poste
Mardi	– acheter collier pour Sylvie
Mercredi	– téléphoner à Sylvie
Jeudi	– acheter raquette
Vendredi	– aller à Montmartre
Samedi matin	– faire du jogging
Samedi soir	– réserver table, Chez Max

Vérifiez vos réponses à la fin du livre.	*Überprüfen Sie Ihre Antworten im Lösungsteil am Ende des Buches.*

Des conseils · Rat geben

Écoutez bien · Hören Sie zu

In dieser Lektion beginnt ein neues Hörspiel (Scénette No. 2). Hören Sie sich den 1. Teil (1ière partie) wieder so oft an, bis Sie die entsprechenden Fragen beantworten können.

Scénette No.2

Un coup de téléphone

1ière partie

Wer ist in Paris angekommen?
Hat er Urlaub?
Woher kommt er?
Ist seine Frau mitgekommen?
Was macht er an diesem Abend?

Jeux et sports · Spiel und Sport

In dieser Lektion lernen Sie

- Vorschläge zu machen
- jemanden zum Mitmachen aufzufordern
- zu fragen, ob jemand etwas kann
- zu fragen und darüber zu sprechen, wie oft man etwas tut

Dialogues · Dialoge

Dialogue 1 Jean-Pierre Teindas (JPT), Sylvie Guillon (SG), une copine à Sylvie: Annick (A)

SG:	Il fait beau.	*Es ist ein schöner Tag.*
JPT:	Qu'est-ce qu'on va faire?	*Was machen wir?*
SG:	On va à la piscine?	*Gehen wir ins Schwimmbad?*
JPT:	Bonne idée.	*Gute Idee.*
SG:	Annick, elle sait nager?	*Kann Annick schwimmen?*
JPT:	Je ne sais pas.	*Ich weiß es nicht.*
	Annick, il fait beau.	*Annick, es ist ein schöner Tag.*
	On va à la piscine?	*Gehen wir ins Schwimmbad?*
SG:	Tu sais nager?	*Kannst du schwimmen?*
A:	Ben oui. J'adore nager.	*Ja. Ich schwimme unheimlich gern.*
JPT:	Moi, je ne nage pas tellement bien.	*Ich kann nicht so gut schwimmen.*
A:	Ça ne fait rien.	*Das macht nichts.*
	On y va?	*Gehen wir? (Laß uns gehen).*
JPT:	D'accord.	*Also gut.*

> **!** **Annick, elle sait nager? Je ne sais pas.**
> Beachten Sie: Das Verb **savoir** heißt im Deutschen *können* im Sinne von: Ich weiß, wie man etwas macht, z.B.: *Ich kann schwimmen =* **je sais nager.**
> **Savoir** heißt allerdings auch *wissen. Ich weiß es nicht =* **je ne sais pas.**

Jeux et sports · Spiel und Sport | UNITÉ 21

Dialogue 2 Thérèse Saunier (TS), sa voisine Juliette Aragon (JA)

JA: Où est Frédéric aujourd'hui?	*Wo ist Frédéric heute?*
TS: Au bord de la rivière, je suppose.	*Am Flußufer, nehme ich an.*
JA: Qu'est-ce qu'il fait là?	*Was tut er dort?*
TS: Il est allé à la pêche.	*Er ist angeln gegangen.*
JA: Il va souvent à la pêche?	*Geht er oft angeln?*
TS: Oh oui! Quatre ou cinq fois par semaine à peu près.	*Oh ja. Ungefähr vier oder fünf Mal pro Woche.*
Je suis toujours seule.	*Ich bin immer alleine!*
JA: Pourquoi n'allez-vous pas avec lui?	*Warum gehen Sie nicht mit (ihm)?*
TS: Je ne sais pas pêcher.	*Ich kann nicht angeln.*
Et votre mari? Où est-il?	*Und Ihr Mann? Wo ist er?*
JA: C'est dimanche.	*Es ist Sonntag.*
Il joue au foot.	*Er spielt Fußball.*
TS: Il joue souvent?	*Spielt er oft Fußball?*
JA: Il joue tous les dimanches; tous les mardis; et il s'entraîne tous les jeudis.	*Er spielt jeden Sonntag; jeden Dienstag; und donnerstags geht er zum Training.*
Je suis toujours seule.	*Ich bin immer alleine.*
TS: Pourquoi n'allez-vous pas avec lui?	*Warum gehen Sie nicht mit (ihm)?*
JA: Le foot, ça ne m'intéresse pas.	*Ich interessiere mich nicht für Fußball.*

! ▪ **Il joue au foot** = *Er spielt Fußball*
Beachten Sie, daß man bei Sportarten **au/à la** sagt. **Je joue *au* foot; je joue *aux* cartes**. Bei musikalischen Instrumenten aber sagt man **de/du/de la**.
Je joue *de la* guitare. Il joue *du* piano.

Jeux et sports · Spiel und Sport

Comment ça se dit · Wie man's sagt

1. Comment proposer de faire quelque chose.

Wie Sie vorschlagen, etwas zu tun.

On va	à la pêche? à la piscine?
On joue	au foot? au tennis? aux cartes?
On fait	une promenade? du cheval? une randonnée?
On danse? On sort en voiture? On lit?	

Ah, non!
Oui, volontiers.
Avec plaisir.
C'est une bonne idée.
Bien sûr.
D'accord.
Pourquoi pas!

2. Comment demander si quelqu'un sait faire quelque chose.

Wie Sie fragen, ob jemand etwas kann.

Vous savez Tu sais Il/Elle sait Il/Elle ne sait pas	danser? nager? chanter? pêcher? jouer au foot? jouer au bridge? jouer du piano? conduire?
Je ne sais pas	danser.

3. Comment demander si quelqu'un fait quelque chose souvent.

Wie Sie fragen, ob jemand etwas oft tut.

Vous allez		à la pêche?
Vous jouez	souvent	au rugby?
Vous faites		des promenades?

Jeux et sports · Spiel und Sport

Je vais Il/Elle va	à la pêche, à la piscine,	tous les jours.
Je joue Nous jouons	au bridge, au tennis,	tous les samedis.
Je fais Mon fils fait	la cuisine, du ski, des randonnées, des courses,	trois fois par semaine. de temps en temps.
Je m'entraîne		quand j'ai le temps.
Nous nous entraînons		quand nous avons le temps.

Je vais Nous jouons	souvent rarement	au marché. aux boules.

Exercices · Übungen

Exercice 1

Proposez à une autre personne de faire les activités ci-dessous.

Schlagen Sie einer anderen Person vor, die unten aufgeführten Tätigkeiten auszuüben.

lire	– *lesen*
faire du cheval	– *reiten*
aller à la piscine	– *ins Schwimmbad gehen*
sortir en voiture	– *im Auto hinausfahren*
jouer de la guitare	– *Gitarre spielen*
danser	– *tanzen*
faire une promenade	– *spazieren gehen*
faire une randonnée	– *wandern*
jouer au bridge	– *Bridge spielen*

Vérifiez vos réponses en écoutant la cassette.

Überprüfen Sie Ihre Antworten mit Hilfe der Cassette.

Exercice 2

Demandez à quelqu'un s'il sait
faire les activités ci-dessous.

*Fragen Sie jemanden, ob er die unten
aufgelisteten Aktivitäten ausführen
kann.*

Exemple: Vous savez nager?
Marie-Hélène, elle sait nager?

reiten	Karten spielen
schwimmen	Ski laufen
Auto fahren	singen
Gitarre spielen	kochen
tanzen	Tennis spielen

Vérifiez vos réponses à la fin
du livre.

*Überprüfen Sie Ihre Antworten
im Lösungsteil des Buches.*

Exercice 3

Vous rencontrez Mathieu. Il aime
jouer au football et aux cartes.
Il aime faire du ski et des
promenades, etc. Il adore le sport.

*Sie treffen Mathieu. Er spielt gerne
Fußball und Karten. Er läuft auch
gerne Ski und geht gern spazieren.
Er liebt alle Sportarten.*

Vous rencontrez Madeleine. Elle
n'aime pas nager; elle n'aime pas
faire du cheval et elle n'aime pas
jouer au tennis, etc.

*Sie treffen Madeleine. Sie tanzt,
schwimmt, reitet nicht gern und
spielt nicht gern Tennis.*

Elle aime seulement les activités
qu'on pratique en salle.
Proposez des activités à Mathieu et
à Madeleine.
Voici quelques exemples des
conversations.

*Sie liebt nur die Sportarten, die
man drinnen ausüben kann.
Machen Sie Mathieu und
Madeleine Vorschläge.
Hier sind einige Mustergespräche.*

Vous: Mathieu, on joue au foot?
Mathieu: Oui. Bonne idée.

Vous: Madeleine, on fait du cheval?
Madeleine: Non, je ne sais pas faire du cheval.

Jeux et sports · Spiel und Sport UNITÉ 21

Proposez à Mathieu:

a) de jouer au football
b) de faire du cheval
c) de jouer aux cartes
d) de jouer au tennis
e) d'aller à la piscine

Vérifiez vos réponses à la fin
du livre.

Proposez à Madeleine:

a) d'aller danser
b) de faire du ski
c) de jouer aux cartes
d) de jouer au football
e) de regarder la télévision

*Überprüfen Sie Ihre Antworten im
Lösungsteil des Buches.*

Écoutez bien · Hören Sie zu

*Hören Sie sich nun den 2. Teil (2ième partie) des 2. Hörspiels (Scénette
No. 2) so lange an, bis Sie die entsprechenden Fragen beantworten können.*

Scénette No. 2

2ième partie

Was ist Serge von Beruf?
Muß er viel reisen?
Ist René noch berufstätig?
Ist Thérèse noch berufstätig?

Les cas d'urgence · Notfälle

In dieser Lektion lernen Sie
- Hilfe bei einer Autopanne herbeizuholen
- einen Termin beim Arzt zu vereinbaren

Dialogues · Dialoge

Dialogue 1 Frédéric Saunier (FS), Thérèse Saunier (TS), employé du Touring Club de France (TCF)

TS:	Écoute!	*Hör mal!*
	C'est un drôle de bruit.	*Da ist ein komisches Geräusch.*
FS:	C'est vrai.	*Das stimmt.*
TS:	Qu'est-ce que c'est?	*Was ist das?*
FS:	Je ne sais pas.	*Ich weiß es nicht.*
TS:	Arrête!	*Halt an!*
	Regarde la vapeur.	*Schau dir den Dampf an.*
FS:	Merde!	*Scheiße!*
	C'est le radiateur.	*Es ist der Kühler.*
	Ça bout.	*Er kocht.*
TS:	Il faut appeler le Touring Club de France.	*Wir müssen den Touring Club de France anrufen.*
	Il y a un téléphone là-bas.	*Da drüben ist ein Telefon.*
	Dépêche-toi!	*Beeil dich!*
TCF:	Allô. Touring Club de France.	*Hallo. Touring Club de France.*
FS:	Je suis en panne.	*Ich habe eine Panne.*
TCF:	Donnez-moi votre numéro d'immatriculation.	*Geben Sie mir bitte Ihre Autonummer.*
FS:	3129 ON 05.	*3129 ON 05.*
TCF:	Vous avez quelle marque de voiture?	*Welche Automarke haben Sie?*
FS:	Une Volkswagen.	*Einen Volkswagen.*
TCF:	Elle est de quelle couleur?	*Welche Farbe hat er?*
FS:	Elle est rouge.	*Er ist rot.*
TCF:	Donnez-moi le numéro de téléphone.	*Geben Sie mir bitte die Nummer des Telefons?*
FS:	237.	*237.*
TCF:	Où êtes-vous?	*Wo sind Sie?*
FS:	Sur la route nationale 113,	*Auf der Route Nationale (Bundesstraße) 113,*
	à 30 kilomètres de Toulouse,	*30 Kilometer von Toulouse,*

	près de Villefranche.		in der Nähe von Villefranche.
TCF:	Vous êtes abonné au Touring Club?		Sind Sie Mitglied des Touring Club?
FS:	Bien sûr.		Ja.
TCF:	J'envoie quelqu'un tout suite. Il sera là dans une demie-heure.		Ich schicke sofort jemanden. Er wird in einer halben Stunde da sein.
FS:	Merci.		Danke.

> **!**
> **Merde!**
> Dieses Wort ist wahrscheinlich das meistverbreitete Fluchwort im Französischen. In seiner Intensität entspricht es ungefähr *Verdammt!* oder *Scheiße!*

Dialogue 2 Jacqueline Couboules (JC), réceptionniste (R)

R:	Bonjour. Le cabinet du Docteur Escolier.		Guten Tag. Praxis Doktor Escolier.
JC:	Bonjour. Je voudrais prendre rendez-vous pour voir le docteur.		Guten Tag. Ich hätte gerne einen Termin beim Arzt.
R:	C'est de la part de qui?		Guten Tag. Auf welchen Namen?
JC:	Jacqueline Couboules.		Jacqueline Couboules.
R:	Oui, Madame. Vous voulez venir quand?		Ja. Wann möchten Sie kommen?
JC:	C'est possible ce matin?		Ist es heute vormittag möglich?
R:	Non. Je regrette. Ce matin ce n'est pas possible. Vous pouvez venir ce soir à six heures et demie?		Nein. Es tut mir leid. Heute vormittag geht es nicht. Können Sie heute abend um 18.30 Uhr kommen?
JC:	D'accord. À six heures et demie, ce soir. Au revoir.		Ja. In Ordnung. Um 18.30 Uhr. Auf Wiederhören.
R:	Au revoir, Madame.		Auf Wiederhören.

> **!**
> Beachten Sie, daß die Wortstellung im Französischen anders ist, z.B.:
>
> **Vous pouvez *venir* ce soir...?**
> *Können Sie heute abend...kommen?*
>
> Im Französischen steht der Infinitiv unmittelbar nach dem Modalverb.

Les cas d'urgence · Notfälle

Comment ça se dit · Wie man's sagt

1. Comment dire où se trouve une voiture.

Wie Sie sagen, wo Ihr Auto ist.

Je suis Nous sommes	sur	la route nationale (N 39). l'auto-route (A 25).		
	à	10 kilomètres 25 kilomètres	de	Brive. Dijon. Rennes.
	près de pas loin de	Villefranche. Pau.		

2. Comment dire à quelqu'un de faire quelque chose.

Wie Sie jemanden dazu auffordern, etwas zu tun.

Tu-Form	Vous-Form
Arrête. Écoute.	Arrêtez. Écoutez.
Dépêche-toi. Attends-moi. Regarde-ça.	Dépêchez-vous. Attendez-moi. Regardez-ça.

3. Comment dire l'heure

Wie Sie die Uhrzeit angeben

1h00 Il est une heure.
3h05 Il est trois heures cinq.
3h55 Il est quatre heures moins cinq.
6h15 Il est six heures et quart.
8h45 Il est neuf heures moins le quart.
21h00 Il est neuf heures du soir.
12h00 Il est midi.
13h00 Il est treize heures.

2h00 Il est deux heures.
4h10 Il est quatre heures dix.
4h50 Il est cinq heures moins dix.
7h30 Il est sept heures et demie.
9h00 Il est neuf heures du matin.
17h00 Il est cinq heures de l'après-midi.
0h00 Il est minuit.
17h45 Il est dix-sept heures quarante-cinq.

Les cas d'urgence · Notfälle UNITÉ 22

Aujourd'hui	*Heute*
Ce matin	*Heute morgen*
Cet après-midi	*Heute nachmittag*
Ce soir	*Heute abend*
Demain	*Morgen*
Demain matin	*Morgen früh*
Demain après-midi	*Morgen nachmittag*
Demain soir	*Morgen abend*
Hier	*Gestern*
Hier matin	*Gestern vormittag*
Hier après-midi	*Gestern nachmittag*
Hier soir	*Gestern abend*

4. Comment prendre rendez-vous chez le médecin.

Wie Sie einen Termin beim Arzt vereinbaren.

Je voudrais prendre rendez-vous pour voir	le docteur. le docteur Escolier. le dentiste.

C'est de la part de qui?
Vous voulez venir quand?
Vous pouvez venir à quatre heures?
Vous pouvez venir demain?

Exercices · Übungen

Exercice 1

Vous souvenez-vous du dialogue numéro deux? Répétez la conversation ci-dessous en prenant le rôle de Jacqueline Couboules.	*Erinnern Sie sich an Dialog 2? Dann übernehmen Sie die Rolle von Jacqueline Couboules im folgenden Lückengespräch.*

Réception:	Bonjour. Le cabinet du Docteur Escolier.
Jacqueline C.:	(Sie möchten einen Termin)
Réception:	C'est de la part de qui?

Les cas d'urgence · Notfälle

Jacqueline C.:	(Sagen Sie Ihren Namen)
Réception:	Vous voulez venir quand?
Jacqueline C.:	(Heute morgen)
Réception:	Non. Je regrette. Ce matin ne va pas.
	Vous pouvez venir ce soir à six heures et demie?
Jacqueline C.:	(Sie kommen zu dieser Zeit)
Réception:	Au revoir, Madame.

Vérifiez vos réponses, en écoutant la cassette.	*Überprüfen Sie Ihre Antworten mit Hilfe der Cassette.*

Exercice 2

Complétez cette conversation de la même façon. Le rôle de la réceptionniste se trouve sur la cassette.	*Vervollständigen Sie diese Unterhaltung auf dieselbe Art und Weise. Die Rolle der Sprechstundenhilfe ist auf der Cassette.*

Réception:	Bonjour. Le cabinet du Docteur Letombe.
Vous:	(Sie möchten einen Termin)
Réception:	C'est de la part de qui?
Vous:	(Sagen Sie Ihren Namen)
Réception:	Vous voulez venir quand?
Vous:	(Morgen früh)
Réception:	Non. Je regrette.
	Vous pouvez venir demain après-midi à 16h45?
Vous:	(Das können Sie?)
Réception:	Au revoir.

Vérifiez vos réponses à la fin du livre.	*Überprüfen Sie Ihre Antworten im Lösungsteil des Buches.*

Exercice 3

Écoutez encore une fois le dialogue numéro 1. Imaginez que vous êtes en panne sur l'autoroute. Vous avez une Mercedes rouge NEA-RX 104. Vous téléphonez de la borne d'appel	*Hören Sie sich noch einmal Dialog 1 an. Dann stellen Sie sich vor, Sie haben eine Panne auf der Autobahn. Sie fahren einen roten Mercedes, Nummer NEA-RX 104.*

qui se trouve à 15 kilomètres de Senlis sur la A1 vers Paris. Complétez la conversation ci-dessous. Le rôle de l'employé du TCF est sur la cassette.

Sie rufen von der Rufsäule auf der A1 an, 15 Kilometer von Senlis in Richtung Paris. Vervollständigen Sie das Lückengespräch diesen Informationen entsprechend. Die Rolle des Angestellten des TCF ist auf der Cassette.

Vous: (Sie haben eine Panne)
TCF: Donnez-moi votre numéro d'immatriculation.
Vous: …
TCF: Vous avez quelle marque de voiture?
Vous: …
TCF: Elle est de quelle couleur?
Vous: …
TCF: Donnez-moi le numéro de téléphone.
Vous: …
TCF: Où êtes-vous?
Vous: …
TCF: Vous êtes abonné au Touring Club de France?
Vous: (Nein. Sie sind Mitglied des ADAC)
TCF: J'envoie quelqu'un tout de suite.
Vous: …

Faites le même exercice encore une fois. Imaginez cette fois que vous avez une Porsche jaune, HH-AN 273; vous êtes sur la route nationale 10, à 22 kilomètres de Tours et vous allez vers Vendôme.

Wiederholen Sie die Übung noch einmal. Stellen Sie sich vor, daß Sie einen gelben Porsche mit der Nummer HH-AN 273 haben. Sie fahren auf der Route Nationale 10, 22 Kilometer von Tours entfernt, Richtung Vendôme.

Vérifiez vos réponses à la fin du livre.

Überprüfen Sie Ihre Antworten im Lösungsteil des Buches.

 Auf den Autobahnen in Frankreich befinden sich Rufsäulen für Notfälle. Diese sind unmittelbar mit der nächsten Straßenwachtstelle verbunden. Auf normalen Bundesstraßen (routes nationales) muß man im Notfall von einer Telefonzelle aus den **Touring Club de France** oder eine Werkstatt anrufen.

Les cas d'urgence · Notfälle

Écoutez bien · Hören Sie zu

Hören Sie sich nun den 3. Teil (3ième partie) des 2. Hörspiels (Scénette No. 2) so lange an, bis Sie die entsprechenden Fragen beantworten können.

Scénette No. 2

3ième partie

Seit wann ist Jean nicht mehr Schüler?
Wo arbeitet er jetzt?
War er ein fleißiger Student?
Was will er jetzt tun?
Sind seine Eltern zufrieden?
Was will Jean in zwei oder drei Wochen tun?

Les fautes · Fehler | UNITÉ 23 |

In dieser Lektion lernen Sie
- sich zu entschuldigen
- zu beschreiben, daß etwas nicht richtig funktioniert
- etwas in die Reparatur zu geben

Dialogues · Dialoge

Dialogue 1   Jeune femme (JF), jeune mari (JM)

JM:	Merde!	*Scheiße!*
JF:	Qu'est-ce qu'il y a?	*Was ist passiert?*
JM:	J'ai cassé une assiette.	*Ich habe einen Teller zerbrochen.*
JF:	C'est mon assiette favorite!	*Das ist mein bester Teller!*
	Un cadeau de papa.	*Ein Geschenk von Papa.*
JM:	Je te demande pardon, chérie.	*Es tut mir furchtbar leid, Schatz.*
	Tu m'excuses, dis?	*Entschuldige, bitte.*
JF:	Tu es vraiment maladroit.	*Du bist wirklich ungeschickt.*

Dialogue 2   Alain Couboules (AC), Jacqueline Couboules (JC), employé à la Quincaillerie Catena (QC)

JC:	Le moulinex!	*Die Küchenmaschine!*
	Il est en panne.	*Sie ist kaputt.*
AC:	Ça ne m'étonne pas.	*Das überrascht mich nicht.*
	Il est bien vieux.	*Sie ist ziemlich alt.*

(Quelque temps plus tard)

JC:	Ce moulinex.	*Diese Küchenmaschine.*
	Regardez. Il est en panne.	*Schauen Sie. Sie ist kaputt.*
QC:	Oui. L'interrupteur est cassé.	*Ja. Der Schalter ist zerbrochen.*
	Je peux vous commander une pièce de rechange.	*Ich kann Ihnen ein Ersatzteil besorgen.*
JC:	Ça coûtera combien?	*Was kostet das?*
QC:	100 F. Peut-être 150 F.	*100 F. Vielleicht 150 F.*
JC:	Et cet appareil là-bas?	*Und die Maschine dort drüben?*
	Il est à combien?	*Was kostet sie?*
QC:	Il coûte 937 F, Madame.	*Sie kostet 937 F.*
JC:	J'y réfléchirai.	*Ich überlege es mir.*

Les fautes · Fehler

Dialogue 3 Thérèse Saunier (TS), employé de l'entreprise Cadiz-Galy (Dépannages Radio-Télé) (CG)

TS:	Bonjour. Vous pouvez m'aider?	*Guten Tag. Können Sie mir helfen?*
CG:	Bonjour, Madame.	*Guten Tag.*
TS:	C'est mon appareil de télévision. Il y a quelque chose qui ne va pas.	*Es geht um meinen Fernseher. Er funktioniert nicht richtig.*
CG:	Qu'est-ce qu'il y a?	*Welchen Defekt hat er denn?*
TS:	Les couleurs sont mauvaises.	*Die Farben sind schlecht.*
CG:	C'est tout?	*Ist das alles?*
TS:	Non. Il fait un drôle de bruit.	*Nein. Er macht ein komisches Geräusch.*
CG:	Bon.	*So.*
TS:	Vous pouvez me le réparer?	*Können Sie ihn mir reparieren?*
CG:	J'envoie quelqu'un aussitôt que possible.	*Ich schicke sobald wie möglich jemanden.*
TS:	Merci. Il peut venir ce soir?	*Danke. Kann er heute abend kommen?*
	Je ne veux pas manquer le western sur la Une.	*Ich möchte den Western im 1. Programm nicht versäumen.*
CG:	Je ferai de mon mieux.	*Ich werde mich bemühen.*
TS:	Merci.	*Danke.*

Comment ça se dit · Wie man's sagt

1. Comment s'excuser et répondre à des excuses.

Wie Sie sich entschuldigen und auf Entschuldigungen antworten.

Pardon.
Excusez-moi.

Excuse Excusez	mon retard.

Je suis (vraiment) désolé(e).

Je	vous te	demande pardon.

Les fautes · Fehler

Ce n'est pas	de	ta votre	faute.
	grave.		

Il n'y a pas de	quoi. mal.

Je vous en prie.
Ce n'est rien.

2. Comment dire que quelque chose est cassée ou ne marche pas.

Wie Sie ausdrücken, daß etwas zerbrochen ist oder nicht funktioniert.

J'ai cassé	une fenêtre. une tasse. une assiette. un vase.

L'interrupteur La boucle Mon rasoir Mon séchoir La suspension	est cassé(e).

Le moteur L'embrayage La télé	ne	marche	pas (bien).
Les freins Les vitesses Les essuie-glaces		marchent	

Les fautes · Fehler

3. Comment demander une réparation ou un remplacement.
Wie Sie eine Reparatur in Auftrag geben oder ein Ersatzteil verlangen.

Vous pouvez me	le la les	réparer? remplacer?

le = männlich im Singular, z.B.: mon séchoir.
la = weiblich im Singular, z.B.: ma boucle.
les = männlich oder weiblich im Plural, z.B.: les freins.

Il vous faut combien de temps? = *Wie lange dauert es?*

Exercices · Übungen

Exercice 1

Écoutez le dialogue suivant.

Hören Sie sich den folgenden Dialog auf der Cassette an.

Employé: Bonjour, Madame.
Touriste: Bonjour. Vous pouvez m'aider?
　　　　　Mon séchoir ne marche pas bien.
Employé: Qu'est-ce qu'il a?
Touriste: Il fait un drôle de bruit.
Employé: Bon.
Touriste: Vous pouvez me le réparer?
Employé: Je ferai de mon mieux.
Touriste: Il vous faut combien de temps?
Employé: Revenez demain matin.
Touriste: Merci.

Prenez le rôle d'un touriste. Le rôle de l'employé est sur la cassette.

Übernehmen Sie die Rolle eines Touristen. Die Äußerungen des Verkäufers sind auf der Cassette.

1. Votre rasoir ne marche pas bien.

Ihr Rasierapparat funktioniert nicht richtig.

2. Votre montre retarde.

Ihre Armbanduhr geht nach.

Les fautes · Fehler   UNITÉ 23

3. La mise au point de votre appareil ne marche pas.	*Ihre Kamera fokussiert nicht richtig.*
4. L'alarme de votre réveil-matin ne marche pas.	*Der Alarm Ihres Weckers funktioniert nicht.*
5. Votre radio fait un drôle de bruit.	*Ihr Radio macht komische Geräusche.*

Vérifiez vos réponses à la
fin du livre.

Überprüfen Sie Ihre Äußerungen im Lösungsteil des Buches.

Exercice 2

Si votre voiture est en panne, il vous faudra peut-être téléphoner pour demander de l'aide. Lisez le dialogue suivant qui sert de modèle et écoutez la cassette.

Wenn Ihr Auto eine Panne hat, müssen Sie unter Umständen telefonieren, um Hilfe herbeizuholen. Lesen Sie den folgenden Modell-dialog, und hören Sie ihn sich auf der Cassette an.

Employé du Touring Club de France:	Touring Club de France, bonjour.
Conducteur d'auto:	Bonjour. Vous pouvez m'aider, s'il vous plaît?
TCF:	Qu'est-ce qu'il y a?
C:	Je suis en panne.
TCF:	Vous êtes où?
C:	Entre Carcassone et Quillan.
TCF:	Qu'est-ce que vous avez comme voiture?
C:	J'ai une Polo.
TCF:	Quel est votre nom?
C:	HERZOG. H-E-R-Z-O-G.
TCF:	Qu'est-ce qu'elle a, votre voiture?
C:	La courroie du ventilateur est cassée.
TCF:	Vous êtes abonnée au Touring Club de France, Madame Herzog?
C:	Non, mais je suis abonnée à l'ADAC.
TCF:	Ne quittez pas votre voiture. J'envoie quelqu'un tout de suite.
C:	Merci.

Les fautes · Fehler

Le rôle de l'employé du Touring Club de France est sur la cassette. Prenez le rôle d'un touriste en utilisant les informations ci-dessous.

Die Rolle des TCF-Angestellten ist auf der Cassette. Spielen Sie die Rolle des Touristen entsprechend der unten angegebenen Informationen.

1. Votre Mercedes 190 est en panne entre Angers et Tours. Vous croyez que la batterie est à plat.

   Ihr Mercedes 190 hat eine Panne zwischen Angers und Tours. Sie glauben, daß die Batterie leer ist.

2. Votre Audi 100 est en panne entre Bourges et Issoudun. Le radiateur est cassé.

   Ihr Audi 100 hat eine Panne zwischen Bourges und Issoudun. Der Kühler ist kaputt.

3. Votre Ford Sierra est en panne entre Nantes et Ancenis. Le moteur fait un drôle de bruit.

   Ihr Ford Sierra hat eine Panne zwischen Nantes und Ancenis. Der Motor macht seltsame Geräusche.

4. Votre Renault 12 est en panne près de Brive. Le pare-brise est cassé.

   Ihr Renault 12 hat eine Panne in der Nähe von Brive. Die Windschutzscheibe ist zerbrochen.

5. Votre Mazda 626 est en panne entre Tarbes et Pau. Les essuie-glaces ne marchent pas.

   Ihr Mazda 626 hat eine Panne zwischen Tarbes und Pau. Die Scheibenwischer arbeiten nicht.

6. Votre 2 CV est en panne entre Montauban et Albi. Le tuyau d'échappement est cassé.

   Ihr 2 CV hat eine Panne zwischen Montauban und Albi. Der Auspuff ist kaputt.

Vérifiez vos réponses à la fin du livre.

Überprüfen Sie Ihre Antworten im Lösungsteil des Buches.

Les fautes · Fehler

Exercice 3

Il arrive parfois des accidents, et alors il faut s'excuser poliment. Dans une telle situation les phrases suivantes peuvent vous être utiles.	*Mißgeschicke passieren manchmal, und dann müssen Sie sich höflich entschuldigen. In einer solchen Situation können Ihnen die folgenden Sätze nützlich sein.*

Exemple: Je suis vraiment désolé(e).
J'ai cassé une tasse.
Je vous demande pardon.

Maintenant excusez-vous pour les accidents ci-dessous.	*Entschuldigen Sie sich jetzt für die folgenden Mißgeschicke.*

a) Sie haben eine Vase zerbrochen. (cassé un vase)
b) Sie haben Wein über das Tischtuch geschüttet. (renversé du vin sur la nappe de table)
c) Sie haben Ihren Hausschlüssel verloren. (perdu votre clef)
d) Sie haben ein Loch in den Bettüberwurf gebrannt. (brûlé la couverture et fait un trou)
e) Sie haben das Badewasser überlaufen lassen. (laissé déborder l'eau de la baignoire)
f) Sie sind auf die Katze getreten. (marché sur le chat)

Vérifiez vos réponses en écoutant la cassette.	*Überprüfen Sie Ihre Antworten mit Hilfe der Cassette.*

Die Vergangenheitsform

Zu beachten sind folgende Punkte:

1. Die Vergangenheitsform bildet man entweder mit dem Hilfsverb **avoir** (*haben*) oder mit **être** (*sein*) und mit einer Vergangenheitsform des Hauptverbs, genannt „Partizip", z.B. **cassé** (*zerbrochen*), **renversé** (*verschüttet*).

2. Sogenannte „regelmäßige" Verben lassen sich nach den Endbuchstaben der Infinitivformen in drei Kategorien einteilen:
   A: mang**er** (*essen*), genannt **-ER**, z.B. auch casser, renverser (*zerbrochen, umschütten*).
   B: perd**re** (*verlieren*), genannt **-RE**, z.B. auch attendre (*warten*).
   C: chois**ir** (*sich auswählen*), genannt **-IR**, z.B. auch finir (*beenden, fertig sein*).

Les fautes · Fehler

Diese drei Verbtypen bilden unterschiedliche Partizipformen:

Verbtyp -**ER**		Verbtyp -**RE**		Verbtyp -**IR**	
j'ai tu as	Partizip- form	j'ai tu as	Partizip- form	j'ai tu as	Partizip- form
il/elle a nous avons vous avez ils/elles ont	mang**é**	il/elle a nous avons vous avez ils/elles ont	perd**u**	il/elle a nous avons vous avez ils/elles ont	choisi

3. Wie Sie sich vielleicht denken können, gibt es nicht nur regelmäßige Verben, sondern leider auch unregelmäßige, und diese sind natürlich die wichtigsten!

Partizipformen:

avoir (*haben*): EU
boire (*trinken*): BU
comprendre (*verstehen*): COMPRIS
connaître (*kennen*): CONNU
croire (*glauben*): CRU
devoir (*müssen*): DÛ
dire (*sagen*): DIT
être (*sein*): ÉTÉ

faire (*machen*): FAIT
mettre (*stellen*): MIS
pouvoir (*können*): PU
prendre (*nehmen*): PRIS
savoir (*wissen*): SU
venir (*kommen*): VENU
voir (*sehen*): VU
vouloir (*wollen*): VOULU

4. Es bleibt weiterhin nicht anderes übrig, als zu lernen, ob ein Verb seine Vergangenheitsform mit avoir oder être bildet. Nur sechzehn Verben bilden die Vergangenheitsform mit être. Die Mehrheit davon bezeichnet eine Bewegung. Man merkt sich diese Verben am leichtesten, indem man ihre Infinitiv- und Partizipformen paarweise auswendig lernt:

Partizipformen

aller (*gehen*): ALLÉ
venir (*kommen*): VENU
revenir (*zurückkommen*): REVENU
devenir (*werden*): DEVENU

arriver (*ankommen*): ARRIVÉ
partir (*abfahren*): PARTI

Les fautes · Fehler

arriver (*ankommen*): ARRIVÉ
partir (*abfahren*): PARTI

sortir (*ausgehen*): SORTI
entrer (*hineingehen, hereinkommen*): ENTRÉ
rentrer (*nach Hause kommen*): RENTRÉ

monter (*hinaufgehen*): MONTÉ
descendre (*hinuntergehen*): DESCENDU

naître (*geboren sein*): NÉ
mourir (*sterben*): MORT

rester (*bleiben*): RESTÉ
tomber (*fallen*): TOMBÉ

retourner (*zurückkommen*): RETOURNÉ

N.B. Der Verfasser entschuldigt sich beim Leser für diese Schwierigkeiten. Schuld daran ist er allerdings nicht.

Écoutez bien · Hören Sie zu

Hören Sie sich nun den letzten Teil (4ième partie) des 2. Hörspiels (Scénette No. 2) so lange an, bis Sie die entsprechenden Fragen beantworten können. Wenn Sie Lust haben, können Sie auch das ganze Hörspiel noch einmal ablaufen lassen.

Scénette No. 2

4ième partie

Was will Serge jetzt tun?
Wie heißt seine Frau?
Wozu lädt er René und Thérèse ein?

La maladie · Krankheit

In dieser Lektion lernen Sie

- zu sagen, daß Sie krank sind
- die Symptome einer Krankheit zu beschreiben
- nach Mitteln gegen eine Krankheit zu fragen

Dialogues · Dialoge

Dialogue 1   Sylvie Guillon (SG), pharmacien (Ph)

SG:	(À la pharmacie) Pardon.	*(In der Apotheke) Entschuldigen Sie.*
	Vous avez quelque chose pour une crise de foie?	*Haben Sie etwas gegen einen verdorbenen Magen?*
Ph:	Qu'est-ce que vous avez exactement?	*Was haben Sie denn genau?*
SG:	J'ai la diarrhée.	*Ich habe Durchfall.*
	Et j'ai mal à la tête.	*Und ich habe Kopfschmerzen.*
Ph:	Vous avez ça depuis quand?	*Seit wann haben Sie das?*
SG:	J'ai la diarrhée depuis hier.	*Ich habe den Durchfall seit gestern.*
Ph:	Je vais vous donner un médicament contre la diarrhée.	*Ich gebe Ihnen eine Arznei gegen Durchfall.*
SG:	Merci.	*Danke.*
Ph:	Et il faut acheter des aspirines pour votre mal de tête.	*Und als Mittel gegen die Kopfschmerzen sollten Sie Aspirin kaufen.*
SG:	Il faut en prendre combien?	*Wie viele soll ich davon einnehmen?*
Ph:	Les indications sont sur le flacon.	*Die Hinweise sind auf der Flasche.*

Dialogue 2   Jean-Pierre Teindas (JPT), médecin (M)

M:	Qu'est-ce qu'il y a?	*Was ist los?*
JPT:	Je crois que je me suis tordu la cheville.	*Ich glaube, ich habe mir den Knöchel verrenkt.*
M:	Bon.	*So.*
	Ça vous fait mal?	*Haben Sie Schmerzen?*
JPT:	Ah oui, ça me fait très mal.	*Ja, es tut sehr weh.*
M:	Vous pouvez décrire la douleur?	*Können Sie den Schmerz beschreiben?*
JPT:	Ça fait mal quand je marche.	*Es tut weh, wenn ich laufe.*

La maladie · Krankheit

M:	Je comprends.	*Ich verstehe.*
	Je vous recommande de rester quelques jours au lit.	*Ich rate Ihnen, ein paar Tage im Bett zu bleiben.*
	Et plus de football.	*Und keinen Fußball mehr.*
JPT:	Non, docteur.	*Nein, Frau Doktor.*

Bon
Beachten Sie, daß man im Französischen sehr oft **bon** sagt. Dieses Wort kann *gut* bedeuten. Häufig aber hat es die Bedeutung von *so* oder *ach so*. Es kann ebenfalls als Synonym zu *also* stehen, z.B., wenn man jemandem mitteilen will, daß ein Gespräch von diesem Augenblick an eine andere Richtung annimmt.

Comment ça se dit · Wie man's sagt

1. À la pharmacie.
In der Apotheke.

a) Comment décrire une maladie d'importance secondaire.
Wie Sie eine leichte Krankheit beschreiben.

J'ai mal	au	ventre.	*Ich habe Bauchschmerzen.*
		cœur.	*Mir ist schlecht.*
	à la	tête.	*Ich habe Kopfschmerzen.*
		gorge.	*Ich habe eine Halsentzündung.*

Je ne peux pas dormir – *Ich kann nicht schlafen.*

b) Comment décrire certains symptômes.
Wie Sie einzelne Symptome beschreiben.

	la grippe.	*Ich habe Grippe.*
	un coup de soleil.	*Ich habe einen Sonnenstich.*
	un rhume.	*Ich habe eine Erkältung.*
J'ai	mal aux dents.	*Ich habe Zahnschmerzen.*
	de la fièvre.	*Ich habe Fieber.*
	la diarrhée.	*Ich habe Durchfall.*
	une gueule de bois.	*Ich habe einen Kater.*

Vous avez une ordonnance? – *Haben Sie ein Rezept?*

| Prenez ça | avant de vous coucher.
deux fois par jour.
après les repas. |

| Je vais vous donner | une crème
quelque chose | contre | les piqûres.
l'insolation. |
| | un tube d'aspirine.
une bouteille de sirop.
des comprimés.
un médicament.
des pastilles. | | |

2. Chez le médecin.

Beim Arzt.

| J'ai mal | au foie.
au dos.
à la jambe.
à l'oreille.
aux dents. | *Ich habe Leberschmerzen.*
Ich habe Rückenschmerzen.
Ich habe Beinschmerzen.
Ich habe Ohrschmerzen.
Ich habe Zahnschmerzen. |

| J'ai été piqué(e) par
(gestochen) | une guêpe.
une abeille.
un moustique. |

Ich bin   *von einer*   *Wespe*   *Biene*   *Schnake*   *gestochen worden.*

Où est-ce que ça vous fait mal?	*Wo tut es Ihnen weh?*
Ça vous fait mal depuis quand?	*Seit wann tut es Ihnen weh?*
Vous avez ça depuis longtemps?	*Haben Sie das schon lange?*
Je peux voir votre langue?	*Darf ich Ihre Zunge sehen?*
C'est la première fois que vous avez ça?	*Haben Sie das zum ersten Mal?*
Ça vous fait très mal?	*Tut es Ihnen sehr weh?*

| Ça me fait mal
J'ai de la fièvre
J'ai la diarrhée | depuis | hier.
une semaine.
le week-end.
trois jours. |

La maladie · Die Krankheit   UNITÉ 24

Exercices · Übungen

Exercice 1

Dites que ces parties du corps vous font mal. Si vous voulez, écoutez la cassette pour la prononciation.	*Sagen Sie, daß Ihnen die folgenden Körperteile weh tun. Wenn Sie wollen, hören Sie sich zuerst die Aussprache auf der Cassette an.*

1. votre tête	6. votre bras
2. votre jambe	7. votre ventre
3. votre pied	8. votre oreille
4. votre main	9. votre genou
5. votre dos	10. votre gorge

Exercice 2

Qu'est-ce que vous diriez si:	*Was sagen Sie, wenn:*

1. Sie Zahnschmerzen haben?
2. Sie zu viele Kirschen gegessen haben?
3. Sie am Abend zuvor zuviel Wein getrunken haben?
4. Sie Husten haben?
5. Ihr Ohr schmerzt?
6. Sie Fieber haben?
7. Ihr Fuß gerötet ist?
8. Sie Durchfall haben?
9. Sie auf das Knie gefallen sind?

Vérifiez vos réponses en écoutant la cassette.	*Überprüfen Sie Ihre Antworten mit Hilfe der Cassette.*

Exercice 3

Prenez le rôle du malade dans le dialogue suivant. Le rôle du médecin est sur la cassette.	*Spielen Sie die Rolle des Patienten im folgenden Dialog. Die Rolle des Arztes ist auf der Cassette.*

La maladie · Die Krankheit

Malade	Médecin
1. Dites bonjour au médecin.	
	2. Qu'est-ce qu'il y a?
3. Dites que vous avez mal à la gorge.	
	4. Vous avez ça depuis quand?
5. Dites que ça a commencé il y a deux jours.	6. Je vais vous donner quelque chose pour ça.

Prenez le rôle du malade dans les circonstances ci-dessous.

Spielen Sie die Rolle des Patienten unter den folgenden Umständen.

a) Vous avez mal au dos depuis trois semaines.
b) Vous avez la diarrhée depuis hier.
c) Vous avez mal aux dents depuis trois jours.
d) Vous avez de la fièvre depuis deux jours.

Vérifiez vos réponses à la fin du livre.

Überprüfen Sie Ihre Antworten im Lösungsteil des Buches.

Écoutez bien · Hören Sie zu

In dieser Lektion beginnt ein neues Hörspiel (Scénette No. 3). Hören Sie sich den 1. Teil (1ière partie) so lange an, bis Sie die entsprechenden Fragen beantworten können.

Scénette No. 3

Chez soi

1ière partie

Wo wohnt Familie Arville?
Was für eine Wohnung haben sie?
Warum spricht man von der Oma?
Welchen Vorschlag macht Jacotte?
Ist Jean-Paul dafür oder dagegen, die Oma aufzunehmen?

Les vacances · Urlaub

In dieser Lektion lernen Sie
● über (Zukunfts-)Pläne zu sprechen
● Absichten auszudrücken

Dialogues · Dialoge

Dialogue 1   Alain Couboules (AC), une collègue (C)

C:	Vous partez en vacances cette année?	Fahren Sie dieses Jahr in Urlaub?
AC:	Oui. Bien sûr.	Ja. Selbstverständlich.
C:	Vous allez à l'hôtel?	Wohnen Sie in einem Hotel?
AC:	Non. On va partir avec la caravane.	Nein. Wir nehmen den Wohnwagen.
C:	Vous allez vers le nord ou le sud?	Fahren Sie in den Norden oder in den Süden?
AC:	S'il fait chaud, on va rester en Bretagne.	Wenn das Wetter heiß ist, bleiben wir in der Bretagne.
	Mais probablement on ira sur la Côte d'Azur.	Aber wahrscheinlich fahren wir an die Côte d'Azur.
C:	Vous connaissez la Côte?	Kennen Sie die Côte?
AC:	Oui. Je connais un petit camping près de St-Tropez.	Ja. Ich kenne einen kleinen Campingplatz in der Nähe von St-Tropez.

Dialogue 2   Thérèse Saunier (TS), sa voisine (V)

V:	Vous partez en vacances cette année, Madame Saunier?	Fahren Sie dieses Jahr in Urlaub, Madame Saunier?
TS:	Oui. On va partir en avril.	Ja. Wir fahren im April.
V:	Vous partez pour combien de temps?	Wie lange bleiben Sie?
TS:	On va partir pour quinze jours.	Wir bleiben vierzehn Tage.
V:	Vous allez où, Madame Saunier?	Wohin fahren Sie, Madame Saunier?
TS:	Mon mari et moi allons au Maroc.	Mein Mann und ich fahren nach Marokko.
V:	À Tanger?	Nach Tanger?
TS:	Oui. À Tanger.	Ja. Nach Tanger.

Les vacances · Urlaub

V:	C'est une ville très intéressante!	*Das ist eine sehr interessante Stadt!*
TS:	Oui. Je crois.	*Ja. Das glaube ich auch.*
V:	Vous connaissez le Maroc?	*Kennen Sie Marokko?*
TS:	Non. Pas du tout.	*Nein. Gar nicht.*
	C'est la première fois.	*Es ist das erste Mal.*
V:	Qu'est-ce que vous allez faire?	*Was werden Sie unternehmen?*
TS:	Eh bien. On va passer pas mal de temps sur la plage, j'espère. Et je vais visiter la casbah.	*Nun. Ich hoffe, wir werden ziemlich viel Zeit am Strand verbringen. Und ich werde die Casbah besuchen.*
V:	Ah oui. La casbah. C'est très intéressant.	*Ach ja. Die Casbah. Sie ist sehr interessant.*
TS:	Vous connaissez le Maroc?	*Kennen Sie Marokko?*
V:	Ah oui. Très bien. Mon mari et moi, nous y allons souvent.	*Ja. Sehr gut. Mein Mann und ich fahren oft dorthin.*
TS:	Vraiment?	*Tatsächlich?*

> **!** **Quinze jours**
> Auf deutsch kann man statt „zwei Wochen" auch „vierzehn Tage" sagen.
> Franzosen haben diese Möglichkeit auch, aber sie fügen einen Tag hinzu, denn der Ausdruck heißt «quinze jours».

Comment ça se dit · Wie man's sagt

1. Comment poser des questions sur les intentions de votre interlocuteur.

Wie Sie nach den (Zukunfts-)Plänen ihres Gesprächspartners fragen.

Vous partez en vacances (cette année)? –	Bien sûr.	*Natürlich.*
	Certainement.	*Gewiß.*
	Sans doute.	*Zweifellos.*
	Probablement.	*Wahrscheinlich.*
	Peut-être.	*Vielleicht.*
	Ce n'est pas sûr.	*Es ist nicht sicher.*

Les vacances · Urlaub

Vous partez pour combien de temps?
Vous allez où?
Vous allez seul(e)?
Vous allez avec votre femme?
Vous allez avec quelqu'un?
Vous voyagez comment?
Qu'est-ce que vous avez l'intention de faire?

2. Comment exprimer une intention.

Wie Sie eine Absicht ausdrücken.

On va	partir	en avril. avec la caravane. pour quinze jours.
	rester	en Bretagne. au bord de la mer.
	aller	en France. sur la Côte d'Azur.
Je vais	passer	une semaine dans les Pyrenées. pas mal de temps sur la plage. quinze jours à Paris.
Nous allons	faire	du ski. des randonnées. de la pêche.
		des promenades | en vélo. en voiture.
	au Maroc. à Tanger. à la montagne. en Suisse.	

Les vacances · Urlaub

Exercices · Übungen

Exercice 1

Voici quelques moyens de transport.		*Hier einige Transportmittel.*

Je vais partir	en voiture	*mit dem Auto*
	en avion	*mit dem Flugzeug*
	par le train	*mit dem Zug*
	en bateau	*mit dem Schiff*
	en ferry	*mit der Fähre*
	en aéroglisseur	*mit dem Luftkissenschiff*
	à vélo	*mit dem Fahrrad*

Vous allez visiter les endroits ci-dessous avec les moyens de transport indiqués.

Sie werden die folgenden Orte mit den angegebenen Transportmitteln besuchen.

Exemple: Paris – avion
L'année prochaine je vais à Paris. Je vais partir en avion.

Maintenant, c'est à vous.

1. Paris – train
2. Londres – avion
3. La Corse – bateau
4. Rome – voiture
5. Vienne – train
6. Douvres – aéroglisseur
7. Copenhague – train
8. Le Caire – avion

Vérifiez vos réponses en écoutant la cassette.

Überprüfen Sie Ihre Antworten mit Hilfe der Cassette.

Exercice 2

Écoutez la cassette. Le rôle A est enregistré; c'est à vous de mettre le rôle B. Parlez de vos propres plans de vacances.

Hören Sie sich die Cassette an und füllen Sie die Lücken zwischen den einzelnen Äußerungen von Rolle A, indem Sie die Rolle B übernehmen. Sprechen Sie über Ihre eigenen Ferien.

Rôle A

Rôle B

1. Vous allez où en vacances cette année?

2. Dîtes où vous allez.

3. Vous partez pour combien
de temps?

4. Dites pour combien de temps.

5. Vous allez seul(e)?

6. Dites si vous partez avec
quelqu'un.

7. Vous voyagez comment?

8. Dites comment vous voyagez.

9. Qu'est-ce que vous avez
l'intention de faire en
vacances?

10. Dites ce que vous allez faire.

Écoutez bien · Hören Sie zu

*Hören Sie sich nun den 2. Teil (2ième partie) des 3. Hörspiels (Scénette
No. 3) so lange an, bis Sie die entsprechenden Fragen beantworten können.*

Scénette No. 3

2ième partie

Ist es wahrscheinlich, daß die Oma in einem Seniorenheim leben möchte?
Warum gibt es ein Platzproblem, wenn die Oma in der Familie wohnt?
Was wäre besonders für Jacotte ein Problem, wenn die Familie die Oma
bei sich aufnähme?
Warum hält Jean-Paul es für sehr wichtig, daß die Familie die Oma bei sich
aufnimmt?

Les invitations · Einladungen

In dieser Lektion lernen Sie

- eine Einladung auszusprechen
- eine Einladung höflich auszuschlagen
- eine Einladung anzunehmen

Dialogues · Dialoge

Dialogue 1   Jean-Pierre Teindas (JPT), Sylvie Guillon (SG)

AG:	Allô, oui?	Hallo?
JPT:	C'est toi, Sylvie?	Bist du es, Sylvie?
SG:	Oui. C'est moi, Jean-Pierre.	Ja. Ich bin's, Jean-Pierre.
	Bonjour.	Guten Tag.
JPT:	Bonjour.	Guten Tag.
	Tu es libre ce soir?	Bist du heute abend frei?
SG:	Ce soir?	Heute abend?
	Mais oui.	Aber ja.
JPT:	Tu veux aller au concert?	Willst du ins Konzert gehen?
AG:	Quel concert?	Welches Konzert?
JPT:	Il y a un concert de jazz au Sofitel.	Im Sofitel gibt es ein Jazzkonzert.
	On y va?	Gehen wir hin?
SG:	Oui. Je veux bien.	Ja, gern.
JPT:	Bon. On se retrouve dans le foyer?	Also, treffen wir uns im Foyer?
SG:	D'accord. Dans le foyer.	Einverstanden. Im Foyer.
	À quelle heure?	Um wieviel Uhr?
JPT:	À huit heures.	Um acht.
SG:	Entendu.	Abgemacht.
	À huit heures.	Um acht Uhr.
JPT:	Au revoir, Sylvie.	Auf Wiederhören, Sylvie.
	À ce soir.	Bis heute abend.
SG:	Au revoir.	Auf Wiederhören.
	À ce soir.	Bis heute abend.

Les invitations · Einladungen

Dialogue 2   Jacqueline Couboules (JC), Sophie (S)

JC:	Allô.	*Hallo.*
S:	Je peux parler à Jacqueline Couboules, s'il vous plaît?	*Kann ich bitte Jacqueline Couboules sprechen?*
JC:	C'est elle-même.	*Am Apparat.*
S:	Jacqueline, c'est moi, Sophie.	*Jacqueline, ich bin's, Sophie.*
JC:	Sophie. Tu es à Paris?	*Sophie. Bist du in Paris?*
S:	Oui. Je suis à Paris avec Philippe. Il est ici pour les affaires.	*Ja. Ich bin mit Philippe in Paris. Er ist geschäftlich hier.*
JC:	C'est merveilleux. Comment ça va?	*Das ist fabelhaft. Wie geht's?*
S:	Nous allons bien tous les deux, merci.	*Danke. Uns beiden geht's gut.*
JC:	Sophie, qu'est-ce que tu fais demain soir?	*Sophie, was machst du morgen abend?*
S:	Demain soir? Attends voir. Rien. Pourquoi?	*Morgen abend? Warte mal. Nichts. Warum?*
JC:	Si on allait au cinéma? Il y a «Jour de Fête» au Forum.	*Gehen wir ins Kino? „Jour de Fête" läuft im Forum.*
S:	C'est une bonne idée. Tu passes me prendre à l'hôtel?	*Gute Idee. Holst du mich im Hotel ab?*
JC:	D'accord.	*Einverstanden.*
S:	Un instant. Demain, non, ça ne va pas. Je vais rencontrer des amis de Philippe.	*Moment mal. Nein, morgen geht es nicht. Ich treffe einige Freunde von Philippe.*
JC:	C'est dommage. Une autre fois, peut-être.	*Das ist schade. Ein anderes Mal vielleicht.*
S:	Oui. Une autre fois.	*Ja. Ein anderes Mal.*

Les invitations · Einladungen

Comment ça se dit · Wie man's sagt

1. Comment demander si quelqu'un est libre pour accepter une invitation.

Wie Sie fragen, ob jemand frei ist, um eine Einladung anzunehmen.

Tu es Vous êtes	libre	ce soir? demain?	– Oui. – Non,
Qu'est-ce que	tu fais vous faites	demain soir? pendant le week-end?	je regrette. – Rien. Pourquoi?

2. Comment inviter quelqu'un.

Wie Sie jemanden einladen.

Tu veux Vous voulez	aller	au cinéma, au concert,	demain?
Si on allait		au théâtre,	cet après-midi?
Ça vous ferait plaisir	d'aller de venir	au spectacle, chez moi,	ce soir?

Quel film Quelle pièce	tu veux	voir?
Quel spectacle Quel concert	vous voulez	entendre?

3. Comment accepter un rendez-vous.

Wie Sie eine Einladung annehmen.

Pourquoi pas?   Je veux bien.
D'accord.   C'est une bonne idée.
C'est entendu.   Oui, avec plaisir.

4. Comment refuser un rendez-vous.

Wie Sie sagen, daß Sie verhindert sind.

Je regrette, Je suis désolé(e), Excusez-moi, Merci, mais Malheureusement,	ça ne va pas. c'est impossible. je ne peux pas. ce n'est pas possible.

Les invitations · Einladungen   UNITÉ 26

Exercices · Übungen

Exercice 1

Il y a trois points de départ d'une conversation qui sont indiqués avec un astérisque. Suivez les flèches pour voir combien de conversations vous pouvez construire.

Drei Anfangspunkte eines möglichen Gesprächs sind mit Sternchen gekennzeichnet. Folgen Sie den Pfeilen, und sehen Sie, wie viele Gespräche Sie führen können.

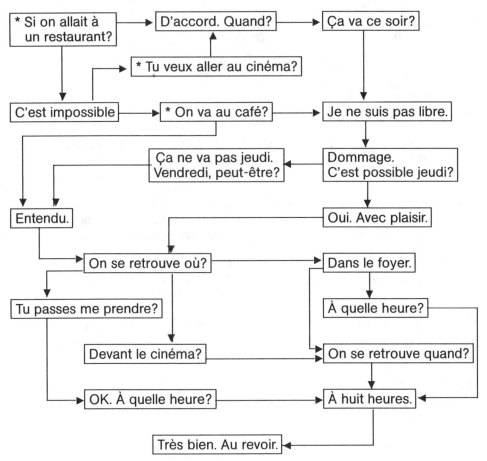

Les invitations · Einladungen

Exercice 2

Un de vos collègues vous téléphone pour vous proposer un rendez-vous. Le rôle de votre collègue est sur la cassette. Prenez votre rôle.	*Einer Ihrer Kollegen ruft Sie an, um Ihnen ein Treffen vorzuschlagen. Was Ihr Kollege sagt, ist auf der Cassette. Was sagen Sie?*

Collègue: Vous êtes libre demain soir?
Vous: ...
Collègue: Il y a un concert au Sofitel.
          On y va?
Vous: ...
Collègue: On se retrouve à 7h30?
Vous: ...
Collègue: Dans le foyer.
Vous: ...
Collègue: Au revoir.
Vous: ...

Répétez la conversation. Cette fois votre collègue vous propose un film.	*Wiederholen Sie das Gespräch. Dieses Mal schlägt Ihr Kollege Ihnen vor, einen Film zu sehen.*
Répétez la conversation. Cette fois votre collègue propose que vous vous retrouviez à 8h.	*Wiederholen Sie das Gespräch. Dieses Mal schlägt Ihr Kollege Ihnen ein Treffen um 8 Uhr vor.*
Répétez la conversation. Cette fois le film est au Kinopanorama.	*Wiederholen Sie das Gespräch. Dieses Mal ist es ein Film im Kinopanorama.*
Répétez la conversation. Cette fois votre collègue propose que vous vous retrouviez à l'entrée.	*Wiederholen Sie das Gespräch. Dieses Mal schlägt Ihr Kollege Ihnen vor, sich am Eingang zu treffen.*
Vérifiez vos réponses à la fin du livre.	*Überprüfen Sie Ihre Antworten im Lösungsteil des Buches.*

Les invitations · Einladungen $\quad$ | UNITÉ 26 |

Écoutez bien · Hören Sie zu

Hören Sie sich nun den 3. Teil (3ième partie) des 3. Hörspiels (Scénette No. 3) so lange an, bis Sie die entsprechenden Fragen beantworten können.

Scénette No. 3

3ième partie

Was vergißt die Oma manchmal?
Was kann die Oma nicht mehr so gut tun?
Was kann man der Oma nicht so leicht sagen?

In dieser Lektion lernen Sie

- vorzuschlagen, etwas gemeinsam zu tun
- Zeit und Ort für eine Verabredung zu vereinbaren

Dialogues · Dialoge

Dialogue 1   Jean-Pierre Teindas (JPT), Gilles (G)

JPT:	Salut!	*Grüß dich!*
G:	Salut, Jean-Pierre!	*Grüß dich, Jean-Pierre!*
	Ça va?	*Wie geht's?*
JPT:	Ça va bien.	*Gut.*
G:	Tu es libre demain?	*Hast du morgen frei?*
JPT:	Oui, jusqu'à midi.	*Ja, bis Mittag.*
G:	Tu as envie de jouer au tennis?	*Wollen wir Tennis spielen?*
JPT:	Avec plaisir.	*Gern.*
	À huit heures, comme d'habitude?	*Um acht Uhr, wie immer?*
G:	D'accord.	*Ja.*
JPT:	On se retrouve au club?	*Wollen wir uns im Club treffen?*
G:	Bon.	*Ja.*
	À demain.	*Bis morgen.*
JPT:	À demain.	*Bis morgen.*

> **!**
>
> **Salut** (*Servus*)
> Diesen Gruß benutzt man unter Freunden und Kameraden.
>
> **Ça va?**
> Mit der Frageintonation heißt dieser Ausdruck: *Wie geht's?* oder:
> *Ist alles in Ordnung?*
> Mit der Aussageintonation heißt er: *Es geht mir gut* oder: *Alles klar.*

Dialogue 2   Thérèse Saunier (TS), sa collègue Valérie (V)

V:	Thérèse, j'ai envie d'aller au marché aux puces.	*Thérèse, ich habe Lust, zum Flohmarkt zu gehen.*
TS:	Où ça?	*Wo ist denn einer?*
V:	C'est à Toulouse.	*In Toulouse.*
	Chaque dimanche il y a un marché aux puces sur la Place St-Sernin.	*Jeden Sonntag ist (gibt es einen) Flohmarkt auf dem St-Sernin-Platz.*

Les rencontres · Verabredungen

TS:	Pourquoi pas?		*Warum nicht?*
	On se retrouve où?		*Wo treffen wir uns?*
V:	Écoutez.		*Hören Sie zu.*
	Vous connaissez la Place Wilson?		*Kennen Sie den Place Wilson?*
TS:	C'est au bout de l'Allée Jean Jaurès, n'est-ce pas?		*Am Ende der Allée Jean Jaurès, nicht wahr?*
V:	Oui. C'est ça.		*Ja. Das stimmt.*
	Alors sur la Place Wilson, il y a le café Victor Hugo.		*Also auf dem Place Wilson ist das Café Victor Hugo.*
	On se retrouve là?		*Treffen wir uns dort?*
TS:	Bon. D'accord.		*Gut. Abgemacht.*
	À quelle heure?		*Um wieviel Uhr?*
V:	À dix heures.		*Um zehn Uhr.*
	Ça vous va?		*Ist Ihnen das recht?*
TS:	Oui. Demain, café Victor Hugo, dix heures.		*Ja. Morgen, Café Victor Hugo, zehn Uhr.*

Dialogue 3   Sylvie Guillon (SG), Jean-Pierre Teindas (JPT)

SG:	J'ai envie de faire une petite promenade.	*Ich habe Lust, einen kleinen Spaziergang zu machen.*
	Tu viens avec moi?	*Kommst du mit?*
JPT:	Pourquoi pas?	*Warum nicht?*
	On va où?	*Wohin gehen wir?*
SG:	J'ai envie d'aller voir un peu les bouquinistes.	*Ich möchte mir ein bißchen die Bouquinisten ansehen.*
	Tu veux bien?	*Hast du Lust?*
JPT:	Oh, tu sais.	*Ach, weißt du.*
	Les vieux livres.	*Die alten Bücher.*
	Ce n'est pas gai, ça.	*Das ist nicht lustig.*
SG:	Mais j'aime tellement les Bouquinistes.	*Aber ich mag die Bouquinisten so sehr.*
	Viens donc.	*Komm doch mit!*
JPT:	Bon, d'accord.	*Also gut.*
	Pour cette fois seulement.	*Aber nur dieses eine Mal.*
	On se retrouve où?	*Wo treffen wir uns?*
SG:	Devant Notre-Dame.	*Vor Notre-Dame.*
JPT:	Mais où exactement?	*Aber wo genau?*
SG:	En face du portail juste au centre.	*Gegenüber vom Haupteingang genau in der Mitte.*
JPT:	D'accord.	*Einverstanden.*
	Quand?	*Wann?*

Les rencontres · Verabredungen

SG: Dans une heure?   *In einer Stunde?*
    Ça te va?   *Paßt dir das?*
JPT: Bon. Dans une heure.   *Gut. In einer Stunde.*

> **!** **Les Bouquinistes**
> Am Seineufer befinden sich zahlreiche kleine Buden, wo alte
> Bücher, Karten, Stiche und dergleichen mehr angeboten werden.

Comment ça se dit · Wie man's sagt

1. Comment proposer à quelqu'un de faire quelque chose.

Wie Sie jemandem vorschlagen, etwas gemeinsam zu unternehmen.

	d'aller	au marché.
	de jouer	au tennis.
J'ai envie	de faire	une promenade.
	de regarder	les bouquinistes.

VOUS   VOTRE PARTENAIRE

Vous voulez venir? –   Avec plaisir.
Tu viens avec moi? –   D'accord.
D'accord? –   Pourquoi pas?
Ça vous va? –   Bon.

2. Comment proposer à quelqu'un de se retrouver à une certaine heure.

Wie Sie jemandem vorschlagen, sich zu einer bestimmten Zeit zu treffen.

À huit heures?		te
À neuf heures et demie?	Ça	
Dans un quart d'heure?		vous
Dans six minutes.		va?

                                    À midi moins le quart.
On se retrouve à quelle heure? –   À trois heures dix.
                                    À sept heures vingt.

> **!** Wie Sie die Uhrzeit angeben, finden Sie auf Seite 130 ausführlich
> beschrieben.

Les rencontres · Verabredungen

3. Comment proposer à quelqu'un de se retrouver à un certain endroit.

Wie Sie jemandem einen Treffpunkt vorschlagen.

On se retrouve où?

On se retrouve	au club.
	devant la cathédrale.
	au café Victor Hugo.

On se retrouve là.

Devant – Derrière
À côté (du centre commercial)
De ce côté-ci – De ce côté-là
En face (du portail)
Au bout (de la rue)
Sur votre gauche – Sur votre droite

Exercices · Übungen

Exercice 1

Imaginez que quelqu'un vous demande à quelle heure vous allez vous retrouver. Proposez une heure.

Stellen Sie sich vor, jemand fragt Sie, um wieviel Uhr Sie sich treffen wollen. Schlagen Sie einen Zeitpunkt vor.

Exemple: Collègue: On se retrouve à quelle heure?
Vous: À dix heures.

Dites que vous allez vous retrouver aux heures suivantes.

Sagen Sie, daß Sie sich zu den folgenden Zeiten treffen wollen.

a) 11h00   c) 12h30   e) 14h45   g) 16h00
b) 17h15   d) 19h30   f) 19h45   h) 20h00

Vérifiez vos réponses en écoutant la cassette.

Überprüfen Sie Ihre Äußerungen mit Hilfe der Cassette.

Les rencontres · Verabredungen

Exercice 2

Imaginez que quelqu'un vous demande où vous allez vous retrouver. Proposez un endroit.	*Stellen Sie sich vor, Sie werden gefragt, wo Sie sich treffen wollen. Schlagen Sie einen Ort vor.*

Exemple: Collègue: On se retrouve où?
            Vous: On se retrouve au théâtre?

Proposez à votre collègue de vous retrouver aux endroits suivants.	*Schlagen Sie Ihrem Kollegen vor, sich an den folgenden Orten zu treffen.*

a) à l'entrée du cinéma

b) dans le café de Paris

c) sur le Pont Neuf

d) au Louvre, devant la Pyramide

e) sous la Grande Arche

f) devant la Sainte Chapelle

g) dans le Jardin des Tuileries, à côté de l'Orangerie

h) devant le Centre Pompidou

Vérifiez vos réponses en écoutant la cassette.	*Überprüfen Sie Ihre Äußerungen mit Hilfe der Cassette.*

Exercice 3

Écoutez la conversation suivante.	*Hören Sie sich auf der Cassette die folgende Unterhaltung an.*

André: Vous êtes libre, demain soir?
Solange: Oui. Pourquoi?
André: Il y a un nouveau film au Palais.
               Vous voulez y aller?
Solange: Bonne idée.
               On se retrouve où?
André: Devant l'Hôtel Meurice.
Solange: C'est où, ça?
André: C'est dans la rue de Rivoli.
               Au coin de la rue de Castiglione.
Solange: Bon. On se retrouve quand?
André: A 7h30.
Solange: D'accord. À demain.

Les rencontres · Verabredungen

Faites des conversations semblables en utilisant les informations ci-dessous. Écoutez les conversations a) et b) et vérifiez vos réponses à c) à e) à la fin du livre.

Nun führen Sie ähnliche Unterhaltungen, indem Sie folgende Informationen verwenden. Hören Sie sich die Unterhaltungen a) und b) an, und überprüfen Sie Ihre Lösungen zu c) bis e) im Lösungsteil des Buches.

a) Cinéma Lincoln – Rue Lincoln/Champs-Élysées – 20h00
b) Maison du Danemark – Champs-Élysées/Rue Balzac – 20h30
c) Tours St-Jacques – Rue de Rivoli/Rue St-Martin – 19h30
d) Métro St-Michel – Boulevard St-Michel/Quai St-Michel – 18h00
e) Devant le Théâtre Olympia – Boulevard des Capucines/
   Rue Caumartin – 20h00

Écoutez bien · Hören Sie zu

Hören Sie sich nun den letzten Teil (4ième partie) des 3. Hörspiels (Scénette No. 3) – und am besten auch noch einmal die ersten 3 Teile (1ière à la 3ième partie) – so lange an, bis Sie die folgenden Fragen beantworten können.

Scénette No. 3

4ième partie

Welche Probleme hat die Oma besonders im Winter?
Wie hilft ihr Jean-Paul?
Was tut die Oma sonntags normalerweise?
Welchen Vorschlag macht Jean-Paul?
Auf welchen Kompromiß einigt man sich?

Les vêtements · Bekleidung

In dieser Lektion lernen Sie

● einige Wendungen zum Einkauf von Kleidungsstücken und Geschenken

Dialogues · Dialoge

Dialogue 1   Jacqueline Couboules (JC), vendeuse (V)

V:	Bonjour Madame.	*Guten Tag.*
	Je peux vous aider?	*Kann ich Ihnen helfen?*
JC:	Oui. Je cherche des gants.	*Ja. Ich suche ein Paar Handschuhe.*
V:	Oui Madame.	*Ja.*
	Vous prenez quelle pointure?	*Welche Größe?*
JC:	Je prends du 7, je crois.	*Ich habe Größe 7, glaube ich.*
V:	Voici des gants. Pointure 7.	*Hier sind einige Handschuhe. Größe 7.*
JC:	Ah non.	*Ach nein.*
	Vous ne les avez pas en cuir?	*Haben Sie sie nicht in Leder?*
V:	Si, Madame.	*Doch.*
	Voici des gants en cuir.	*Hier sind Lederhandschuhe.*
JC:	Je peux les essayer?	*Kann ich sie anprobieren?*
V:	Certainement, Madame.	*Natürlich.*
JC:	Vous n'avez pas la taille au-dessus?	*Haben Sie sie nicht eine Nummer größer?*
V:	Si, Madame. Voilà.	*Doch. Bitte schön.*
JC:	Très bien.	*Sehr gut.*
	Vous avez la même taille, mais en bleu?	*Haben Sie diese Größe, aber in blau?*
V:	Je regrette, Madame.	*Es tut mir leid.*
	Nous n'en avons pas en bleu.	*Wir haben sie nicht in blau.*
JC:	Ah bon. Je les laisse.	*Ach so. Dann lasse ich es.*
	Au revoir.	*Auf Wiedersehen.*
V:	Au revoir, Madame.	*Auf Wiedersehen.*

> **!** **Si, Madame.**
>
> Nach einer negativen Äußerung des Gesprächspartners sagt man **si**, zu deutsch: *doch.*
> Z.B.: **Tu ne veux *pas de* café?** *Si, si* !!

Les vêtements · Bekleidung

Dialogue 2   Frédéric Saunier (FS), vendeuse (V)

FS:	Bonjour.	*Guten Tag.*
V:	Bonjour, Monsieur.	*Guten Tag.*
FS:	Je cherche un cadeau pour ma femme.	*Ich suche ein Geschenk für meine Frau.*
V:	Vous avez déjà une idée, Monsieur?	*Haben Sie schon eine bestimmte Vorstellung?*
FS:	Elle a déjà pas mal de bijoux.	*Sie hat schon ziemlich viel Schmuck.*
V:	Du parfum, peut-être?	*Ein Parfüm vielleicht?*
FS:	Vous me conseillez quoi?	*Was können Sie mir empfehlen?*
V:	Le Coucher du Soleil est très populaire, Monsieur.	*„Sonnenuntergang" ist sehr beliebt.*
FS:	Je peux essayer?	*Kann ich es ausprobieren?*
V:	Certainement!	*Sicher!*
FS:	Mm. Ça sent bon. C'est combien?	*Mm. Das riecht gut. Was kostet es?*
V:	90 F, Monsieur.	*90 F.*
FS:	Bon. Je le prends.	*Gut. Ich nehme es.*
V:	Oui, Monsieur. Je vous fais un paquet-cadeau?	*Ja. Soll ich es als Geschenk einpacken?*
FS:	Oui, s'il vous plaît.	*Ja. Bitte sehr.*

Pas mal de... (Wrtl.: nicht schlecht von...)
Dieser Ausdruck hat die Bedeutung von *ziemlich*.

Comment ça se dit · Wie man's sagt

1. Comment demander des vêtements.
Wie Sie nach Kleidungsstücken fragen.

	des gants. (?)
Vous avez	une chemise. (?)
	un pantalon. (?)
Je cherche	une jupe. (?)
	un pull-over rouge. (?)

Questions possibles	Mögliche Fragen
De quelle couleur?	*Welche Farbe?*
Vous faites quelle taille?	*Welche Größe haben Sie?*
Vous prenez quelle pointure?	*Welche Größe brauchen Sie?*
En laine? En coton? En soie?	*Aus Wolle? Aus Baumwolle? Aus Seide?*

2. Comment décrire ce que vous voulez acheter.

Wie Sie beschreiben, was Sie kaufen möchten!

En	bleu.
	jaune.
	noir.
	rouge.
	bleu foncé.
	vert clair.

Je fais du	36.	En	nylon.
	38.		cuir.
Je prends du/un	40.		satin.
	42.		laine.

3. Comment demander quelque chose de différent.

Wie Sie nach etwas anderem fragen.

Il	est trop	petit/grand.
Elle		petite/grande.
Ils	sont trop	petits/grands.
Elles		petites/grandes.

Vous ne l'avez pas	en	blanc? gris? satin?
Vous n'avez pas		la taille au-dessus? la taille en dessous? une plus grande taille?
Vous n'avez rien	de plus	grand? petit?

Les vêtements · Bekleidung UNITÉ 28

4. Comment demander conseil.

Wie Sie um Beratung bitten.

Je cherche	un cadeau	pour	un monsieur. ma femme. mon mari. une jeune fille. un bébé.
	quelque chose		

Quelques phrases:

Je peux l'essayer?	*Kann ich es (sie/ihn) (an) probieren?*
Je n'aime pas ça.	*Das (der, die) gefällt mir nicht.*
Je le/la/les prends.	*Ich nehme es (sie/ihn/sie).*
C'est combien?	*Was kostet es (sie/er)?*
Ils/elles sont à combien?	*Was kosten sie?*

Exercices · Übungen

Exercice 1

Imaginez que vous êtes un homme d'affaires en visite à Paris. Vous avez trouvé une petite boutique dans la rue de Rivoli. La vendeuse vous offre plusieurs choses et vous demandez le prix de chacune. Puisque vous cherchez un cadeau pour votre femme, vous n'achetez que des choses qui conviennent à une femme. Vous n'achetez rien pour vous-même. Voici deux conversations modèles. Vous les trouverez aussi sur la cassette.

Stellen Sie sich vor, Sie sind als Geschäftsmann auf Besuch in Paris. Sie haben eine kleine Boutique in der rue de Rivoli gefunden. Die Verkäuferin bietet Ihnen mehrere Dinge an, und Sie fragen nach dem Preis von jedem einzelnen. Da Sie an ein Geschenk für Ihre Frau denken, kaufen Sie nur solche Dinge, die für eine Frau geeignet sind. Sie kaufen nichts für sich selbst. Hier sind zwei Musterdialoge. Sie sind auch auf der Cassette zu hören.

Exemple:

Vendeuse: Voici une très belle jupe.
Vous: C'est combien?
Vendeuse: 195 F.
Vous: Bon. Je la prends.

Les vêtements · Bekleidung

Vendeuse: Cette cravate est chic.
Vous: C'est combien?
Vendeuse: 75 F.
Vous: Merci. Je la laisse.

Maintenant faites de semblables   *Nun führen Sie ähnliche*
conversations.   *Gespräche.*

Vendeuse: 1. Voici une très belle jupe.   *Rock*
          2. Cette cravate est chic.   *Schlips*
          3. Vous aimez ces chaussettes?   *Socken*
          4. Je peux vous proposer ce collier?   *(Hals)Kette*
          5. Et cette blouse en soie?   *Seidenbluse*
          6. Cette chemise est élégante.   *Oberhemd*
          7. Vous aimez cette robe?   *Kleid*
          8. Que pensez-vous de ces boucles d'oreilles? *Ohrringe*

Vérifiez vos réponses en écoutant   *Überprüfen Sie Ihre Antworten*
la cassette.   *mit Hilfe der Cassette.*

Exercice 2

Lisez cette conversation modèle.   *Schauen Sie sich diesen Modell-*
Vous la trouverez aussi sur la   *dialog sorgfältig an. Er ist auch*
cassette.   *auf der Cassette.*

Vendeuse: Vous désirez?
Vous: Je cherche un pull.
Vendeuse: Vous faites quelle taille?
Vous: Je prends un ...
Vendeuse: En laine?
Vous: Oui, en laine.
Vendeuse: Vous cherchez quelle couleur?
Vous: Bleu foncé.
Vendeuse: Ceci est très chic.
Vous: Oui, je l'aime beaucoup.
          C'est combien?

Les vêtements · Bekleidung

Voici des vêtements que vous voulez acheter. Écoutez la conversation et prenez votre rôle. Le rôle de la vendeuse est sur la cassette.

Hier sind einige Kleidungsstücke, die Sie kaufen möchten. Übernehmen Sie Ihre Rolle in dem Lückengespräch. Die Rolle der Verkäuferin ist auf der Cassette.

1. Une jupe – taille: 38 – en coton – rouge foncé.
   N'oubliez pas de demander le prix.

2. Une blouse – taille: 40 – jaune – en soie.

3. Un costume – taille: 44 – en pure laine – gris ou vert.

4. Une cravate – en soie.

Vérifiez vos réponses à la fin du livre.

Überprüfen Sie Ihre Äußerungen im Lösungsteil des Buches.

Exercice 3

Imaginez que vous êtes une cliente dans une boutique. Vous achetez un pantalon. Prenez votre rôle dans la conversation. Vous trouverez le rôle de la vendeuse sur la cassette.

Stellen Sie sich vor, Sie sind Kundin in einer Boutique. Sie kaufen eine Hose. Können Sie Ihre Rolle in dem Gespräch übernehmen? Die Rolle der Verkäuferin ist auf der Cassette.

Vendeuse	Cliente
Bonjour, Madame. Vous désirez?	
	Sie suchen eine Hose.
Oui, Madame. Vous faites quelle taille?	
	Größe 26.
Vous cherchez quelle couleur, Madame?	
	Rot oder braun.
Voici un pantalon rouge très élégant.	
	Mögen Sie nicht.
Et ce pantalon brun?	
	Gefällt Ihnen – möchten Sie anprobieren.

Les vêtements · Bekleidung

Certainement, Madame.
Le vestiaire est là-bas.

Zu klein – etwas größer.

Je regrette, Madame.
C'est le seul que nous ayons
   en brun.

Sie bedanken sich und
   verabschieden sich.

Vérifiez vos réponses à la
fin du livre.

*Überprüfen Sie Ihre Äußerungen im
Lösungsteil des Buches.*

Écoutez bien · Hören Sie zu

*In dieser Lektion beginnt ein neues Hörspiel (Scénette No. 4). Hören Sie sich
den 1. Teil (1ière partie) so lange an, bis Sie die folgenden Fragen
beantworten können.*

Scénette No. 4

Les Ovnis (Les objets volants non-identifiés)

1ière partie

Was ist ein ovni?
Was hat der Postbote gesehen?
Was hat der Cafébesitzer gesehen?
Was haben der Postbote und der Cafébesitzer getan?
Wo befinden sich die Einwohner von Rodez jetzt?

Le téléphone · Telefonieren

In dieser Lektion lernen Sie

- sich am Telefon zu melden
- nach jemandem zu fragen
- eine Nachricht zu hinterlassen

Dialogues · Dialoge

Dialogue 1 Sylvie Guillon (SG), une voix (V)

V:	Allô, oui?	*Hallo, ja?*
SG:	Je peux parler à Monsieur Teindas, s'il vous plaît?	*Kann ich bitte Herrn Teindas sprechen?*
V:	Je regrette.	*Es tut mir leid.*
	Il n'y a pas de Teindas ici.	*Hier gibt es keinen Teindas.*
	Vous avez le mauvais numéro.	*Sie haben eine falsche Nummer.*
SG:	C'est bien le 58.91.46.10?	*Das ist doch die 58.91.46.10?*
V:	Ah, non.	*Nein.*
	Ici, c'est le 58.91.36.10.	*Es ist die 58.91.36.10.*
SG:	Excusez-moi de vous avoir dérangé.	*Es tut mir leid, Sie gestört zu haben.*
V:	Il n'y a pas de quoi.	*Das macht nichts.*
SG:	Au revoir.	*Auf Wiederhören.*
V:	Au revoir.	*Auf Wiederhören.*

> **!**
>
> **Parler à ...**
> Je peux parler à Monsieur Teindas? = *Kann ich bitte Herrn Teindas sprechen?*
>
> Beachten Sie: Es heißt immer **parler à ...**
>
> **Au revoir**
> Im Französischen unterscheidet man nicht zwischen *Auf Wiederhören* und *Auf Wiedersehen.*

Le téléphone · Telefonieren

Dialogue 2   Alain Couboules (AC), une voix (V)

V:	Allô, oui?	*Hallo?*
AC:	Monsieur Lebrun est là, s'il vous plaît?	*Ist Herr Lebrun da?*
V:	Un instant… Non, il n'est pas là.	*Moment bitte. Nein, er ist nicht da.*
AC:	Je peux laisser un message?	*Würden Sie ihm bitte etwas ausrichten?*
V:	Certainement.	*Natürlich.*
AC:	Voulez-vous bien lui dire que Monsieur Couboules a téléphoné?	*Würden Sie ihm sagen, daß Herr Couboules angerufen hat?*
V:	Monsieur Couboules. Je vais lui donner le message.	*Herr Couboules. Ich werde es ihm ausrichten.*
AC:	Merci beaucoup.	*Vielen Dank.*
V:	De rien, Monsieur.	*Keine Ursache.*
AC:	Au revoir.	*Auf Wiederhören.*
V:	Au revoir, Monsieur.	*Auf Wiederhören.*

> **!** **Je peux laisser un message?**
> Diese Frage stellt man im Französischen oft, wenn man jemanden bittet, einem anderen etwas auszurichten.

Dialogue 3   Jean-Pierre Teindas (JPT), une voix (V)

JPT:	Bonsoir. Dominique est là, s'il vous plaît?	*Guten Abend. Ist Dominique da?*
V:	C'est de la part de qui?	*Wer ist am Apparat?*
JPT:	C'est Jean-Pierre Teindas à l'appareil.	*Jean-Pierre Teindas ist am Apparat.*
V:	Un instant… Non, elle n'est pas là.	*Moment… Nein. Sie ist nicht da.*
JPT:	Ah, ça c'est vraiment embêtant.	*Das ist wirklich ärgerlich.*
V:	Je suis désolée!	*Es tut mir leid!*
JPT:	Je peux laisser un message?	*Würden Sie ihr etwas ausrichten?*
V:	Attendez.	*Warten Sie.*
JPT:	Voulez-vous lui demander de me donner un coup de téléphone le plus tôt possible?	*Würden Sie sie bitten, mich so bald wie möglich anzurufen?*
V:	C'est qui à l'appareil?	*Wer ist am Apparat?*
JPT:	C'est Jean-Pierre Teindas.	*Jean-Pierre Teindas.*
V:	Comment ça s'écrit?	*Wie schreibt man das?*

Le téléphone · Telefonieren

JPT:	T-E-I-N-D-A-S.	*T-E-I-N-D-A-S.*
V:	Et vous avez quel numéro?	*Und welche Telefonnummer haben Sie?*
JPT:	C'est le 29.31.41.62.	*Meine Nummer ist 29.31.41.62.*
V:	D'accord.	*In Ordnung.*
	Je vais lui demander de vous téléphoner.	*Ich werde sie bitten, Sie anzurufen.*
JPT:	Merci beaucoup.	*Vielen Dank.*
	Au revoir.	*Auf Wiederhören.*
V:	Au revoir.	*Auf Wiederhören.*

Comment ça se dit · Wie man's sagt

1. Comment dire qui vous êtes.

Wie Sie sagen, wer Sie sind.

Allô. C'est	Marie Dupont Jean-Pierre Teindas	à l'appareil.

2. Comment demander à parler à quelqu'un.

Wie Sie sagen, daß Sie jemanden sprechen möchten.

Je peux parler à	Madame Saunier, Monsieur Durand, Mademoiselle Manet,	s'il vous plaît?

Jérôme Annie Monsieur Poulon	est là (s'il vous plaît)?

Un instant.
Je regrette, Pierre n'est pas là.
Vous avez le mauvais numéro.
C'est de la part de qui?
C'est qui à l'appareil?

Excusez-moi de vous avoir dérangé.
Il n'y a pas de quoi.

3. Comment laisser un message.

Wie Sie eine Nachricht hinterlassen.

Je peux laisser un message	pour elle? pour Madame Marquand? pour Jean? pour lui?

Voulez-vous lui	dire que	Jean est à l'appareil? Monsieur Couboules a téléphoné? je vais téléphoner plus tard?
	demander de	téléphoner à Monsieur Couboules? me téléphoner le plus tôt possible? me donner un coup de téléphone?

Exercices · Übungen

Les coups de téléphone.

Dans les exercices suivants, on vous demande de téléphoner aux numéros donnés. Essayez de le faire, peut-être avec un(e) partenaire. Vérifiez vos réponses en écoutant la cassette.

In den folgenden Übungen werden wir Sie auffordern, verschiedene Telefongespräche mit den angegebenen Nummern zu führen, wenn möglich, mit einem Partner. Überprüfen Sie Ihre Lösungen mit Hilfe der Cassette.

Exercice 1

Quincaillerie Catena
Mirepoix (61) 23.12.49

Rufen Sie die Quincaillerie Catena an. Melden Sie sich.
Sie möchten Herrn Prat sprechen.

Exercice 2

Minoterie du Moulin Neuf
R-Clercy et Cie.
09500 Mirepoix.
Tél. (61) 68.12.24

Rufen Sie die Minoterie du Moulin Neuf an. Vergewissern Sie sich, daß Sie
die richtige Nummer gewählt haben. Melden Sie sich. Sie möchten
Herrn Clercy sprechen. Sie erfahren, daß Herr Clercy nicht da ist.
Sie möchten eine Nachricht hinterlassen.

Exercice 3

Relais St-Christophe
R. Kapfer
Route de Parniers
09500 Mirepoix
Tél. (68) 11.42.34

Rufen Sie Herrn Kapfer an. Melden Sie sich. Vergewissern Sie sich, daß
Sie die richtige Nummer haben. Sie haben sich verwählt und entschuldigen
sich für die Störung.

Exercice 4

Bar-Hôtel-Restaurant
Le Commerce
A. Puntis, propriétaire
Tel. (61) 68.10.29

Sie rufen den Besitzer des Hotels Le Commerce an. Vergewissern Sie sich,
daß Sie die richtige Nummer gewählt haben. Melden Sie sich. Sie möchten
mit Herrn Puntis sprechen. Er ist nicht da. Sie werden später anrufen.

Exercice 5

Coiffure Dames
Membre du Comité Artistique de la Coiffure
Elisabeth Cellier
Tél. (68) 17.79.24

Rufen Sie Frau Cellier an. Vergewissern Sie sich, daß Sie die richtige
Nummer gewählt haben. Melden Sie sich. Sie ist nicht da. Bitten Sie darum,
daß sie später anruft. Geben Sie Ihre eigene Telefonnummer an.

Le téléphone · Telefonieren

On vous téléphone

Dans les exercices suivants vous recevez des coups de téléphone. Prenez votre propre rôle, mais si vous voulez, prenez les deux rôles. Vérifiez vos réponses en écoutant la cassette.

In den folgenden Übungen werden Sie einige Telefonanrufe erhalten. Konzentrieren Sie sich auf ihre Rolle. Wenn Sie möchten, können Sie auch beide Rollen übernehmen. Überprüfen Sie Ihre Antworten mit Hilfe der Cassette.

Exercice 6

Das Telefon klingelt. Sie melden sich und fragen, wer spricht.
Der Anrufer möchte mit Gilles Deforge sprechen. Gilles Deforge ist nicht da.
Sie bitten den Anrufer, später zurückzurufen.

Exercice 7

Das Telefon klingelt. Sie melden sich und fragen, wer spricht.
Der Anrufer möchte mit Frau Lafargue sprechen. Frau Lafargue ist nicht da. Sie fragen, ob der Anrufer eine Nachricht hinterlassen möchte.

Exercice 8

Das Telefon klingelt. Sie melden sich. Der Anrufer möchte Herrn Petitpied sprechen, den Sie nicht kennen. Sie vermuten, daß er die falsche Nummer hat. Der Anrufer wiederholt die Nummer, die er gewählt hat. Sie wiederholen Ihre Telefonnummer' und sagen dem Anrufer, daß er sich verwählt hat.

Le téléphone · Telefonieren

Écoutez bien · Hören Sie zu

Hören Sie sich jetzt den 2. und 3. Teil (2ième et 3ième parties) des 4. Hörspiels (Scénette No. 4) so lange an, bis Sie die folgenden Fragen beantworten können.

Scénette No. 4

2ième et 3ième parties

Glaubt Madame Merac an fliegende Untertassen?
Was befindet sich nach Meinung Madame Martis auf anderen Planeten?
Warum kommen außerirdische Wesen ihrer Ansicht nach in fliegenden
Untertassen auf die Erde?
Warum hält Monsieur Blanc es für möglich, daß Wesen von anderen
Planeten auf die Erde kommen?

Les objets perdus · Verlust

In dieser Lektion lernen Sie

- einen Verlust oder Diebstahl zu melden
- zu sagen, wo oder wann Sie etwas verloren haben
- einen Gegenstand zu beschreiben

Dialogues · Dialoge

Dialogue 1 Sylvie Guillon (SG),
employé du service des objets trouvés (Fundbüro) (E)

SG:	Excusez-moi.	*Entschuldigen Sie.*
E:	Oui, Mademoiselle?	*Ja?*
SG:	J'ai perdu ma valise.	*Ich habe meinen Koffer verloren.*
E:	Vous pouvez la décrire?	*Können Sie ihn beschreiben?*
SG:	Elle est en cuir.	*Er ist aus Leder.*
E:	Oui. Et de quelle couleur?	*Ja. Welche Farbe?*
SG:	Elle est bleue.	*Er ist blau.*
E:	Elle est neuve?	*Ist er neu?*
SG:	Oui. Elle est toute neuve.	*Ja, er ist ganz neu.*
	Et elle a une fermeture éclair.	*Und er hat einen Reißverschluß.*
E:	C'est celle-ci?	*Ist er das?*
SG:	Oh oui. Merci beaucoup.	*Oh ja. Vielen Dank.*

> **!** Das Wort **valise** ist weiblich.
> Daher heißt es in Zeile 3: **ma** valise.
> In Zeile 4: Vous pouvez **la** décrire?
> In Zeile 5: **Elle** est en cuir.
> In Zeile 8: **Elle** est neu**ve**.
> Und in Zeile 9: **Elle** est tout**e** neu**ve**.

Dialogue 2 Frédéric Saunier (FS), garçon (G)

FS:	Excusez-moi.	*Entschuldigen Sie.*
	J'ai oublié mon appareil photo.	*Ich habe meinen Fotoapparat vergessen.*
G:	C'est quelle sorte d'appareil?	*Was für ein Apparat ist es?*
FS:	C'est un vieux Leica.	*Es ist eine alte Leica.*
G:	Il a un étui?	*Hat sie eine Tasche?*
FS:	Oui, il a un étui en cuir.	*Ja, sie hat eine Ledertasche.*
G:	De quelle couleur?	*Welche Farbe?*

Les objets perdus · Verlust

FS:	L'étui est brun.
G:	C'est celui-ci?
FS:	Oh oui. Merci beaucoup.

	Die Tasche ist braun.
	Ist sie das?
	Oh ja. Vielen Dank.

Dialogue 3 Thérèse Saunier (TS), un agent de police (AP)

TS:	Bonjour, Monsieur l'agent.	*Guten Tag, Herr Wachtmeister.*
	Vous pouvez m'aider,	*Können Sie mir helfen?*
	s'il vous plaît?	
AP:	Qu'est-ce qu'il y a, Madame?	*Was ist los?*
TS:	C'est mon chien, Monsieur	*Es ist mein Hund, Herr*
	l'agent.	*Wachtmeister.*
	J'ai perdu mon petit chien.	*Ich habe meinen kleinen Hund*
		verloren.
AP:	Votre chien, Madame?	*Ihren Hund?*
	Il s'appelle comment?	*Wie heißt er?*
TS:	Lénine. Il s'appelle Lénine.	*Lenin. Er heißt Lenin.*
AP:	Beaucoup de chiens s'appellent	*Viele Hunde heißen Lenin.*
	Lénine, Madame.	
	C'est quelle sorte de chien?	*Was für ein Hund ist es?*
TS:	C'est un caniche.	*Es ist ein Pudel.*
	Un caniche noir.	*Ein schwarzer Pudel.*
AP:	Nous avons plusieurs caniches,	*Wir haben mehrere Pudel,*
	Madame.	*gnädige Frau.*
TS:	Mais Lénine vient quand je	*Aber Lenin kommt, wenn ich ihn*
	l'appelle.	*rufe.*
AP:	C'est normal que les chiens	*Es ist normal, daß die Hunde*
	viennent quand on les	*kommen, wenn man sie ruft.*
	appelle.	
TS:	Mais, c'est seulement mon petit	*Aber nur mein kleiner Lenin*
	Lénine qui vient quand moi, je	*kommt, wenn ich ihn rufe.*
	l'appelle.	
AP:	D'accord, Madame.	*Ist schon recht.*
	Comme vous voulez.	*Wie Sie wollen.*
TS:	Lénine! Lénine!	*Lenin! Lenin!*
	Le voilà.	*Da ist er.*
	Merci, Monsieur l'agent.	*Danke, Herr Wachtmeister.*

Les objets perdus · Verlust

Comment ça se dit · Wie man's sagt

!

Einen Verlust oder Diebstahl geben folgende Verben an, die in der Infinitiv- und Partizipform aufgelistet werden:

Infinitiv	Partizip Perfekt
perdre *(verlieren)*	perdu
oublier *(vergessen)*	oublié
mettre *(hinstellen/legen)*	mis
voir *(sehen)*	vu
laisser *(zurück-lassen)*	laissé
avoir *(haben)*	eu

Beispiele: **J'ai perdu ma caméra/mon appareil photo.**
J'ai oublié ma valise.
J'ai mis ma caméra sous la table.
J'ai laissé ma montre aux toilettes.

Die oben aufgelisteten Sätze beschreiben, was Sie getan haben.

Die folgenden Sätze beschreiben, was Ihnen wiederfahren ist.

On m'a pris ma serviette.
(Man hat mir meine Mappe genommen.)
On m'a volé ma voiture. *(Man hat mir mein Auto gestohlen.)*

---

1. Comment signaler une perte ou un vol.

Wie Sie einen Verlust oder Diebstahl angeben.

J'ai	perdu oublié	mon	sac. passeport.
		ma	valise. montre.
On m'a	volé	mes	gants. lunettes. chèques de voyage.

Les objets perdus · Verlust

2. Comment dire où vous avez perdu quelque chose.

Wie Sie den Ort des Verlustes angeben.

Vous	l' les	avez	mis, mise (s) vu, vue (s) perdu, perdue (s)	où?

Je	l'	ai	perdu, perdue (s) laissé, laissée (s) oublié, oubliée (s)	à l'hôtel. dans le métro. devant la gare. dans le car.
Nous	les	avons		

3. Comment dire quand vous avez perdu quelque chose.

Wie Sie den Zeitpunkt des Verlustes angeben.

Vous avez	perdu laissé	votre vos	sac caméra gants	quand?

SUBJEKT OBJEKT HAUPTVERB PARTIZIP

Je Nous	l' les	ai avons		laissé, laissée (s) perdu, perdue (s)	tout à l'heure. il y a vingt minutes.
On On	nous me	les l'	a	pris, prise (s) volé, volée (s)	hier. vers huit heures.

SUBJEKT INDI- OBJEKT HAUPT- PARTIZIP
REKTES VERB
OBJEKT

Partizipformen

Wird das Partizip Perfekt mit **être** gebildet, wie z.B. die Verben
der Bewegung, dann richtet es sich in der Form nach dem Subjekt
des Satzes. Wird das Partizip Perfekt mit **avoir** gebildet, dann richtet
sich das Partizip in seiner Form nach dem vorangegangenen Objekt
des Satzes. Ist dieses männlich, bleibt das Partizip unverändert;
im Plural tritt ein **-s** an die Endung, sofern nicht schon eines vor-
handen ist (z.B. pris). Ist das Objekt weiblich, endet das Partizip auf
-e, bzw. auf **-es** im Plural.

Les objets perdus · Verlust

Allerdings gilt diese Regel wirklich nur, wenn das Objekt im Satz vor dem Hauptverb steht.

> Vergleichen Sie: J'ai perdu **mes gants.**
> Je **les** ai perdus.

> J'ai perdu **ma montre.**
> Je **l'**ai perdue.

Lieber Leser, liebe Leserin,
diese Regel ist eine der schwierigsten aller Regeln in der französischen Sprache. Sie ist aber nur in der Schriftsprache wirklich wichtig, denn in den meisten Fällen hört man kaum einen Unterschied in der gesprochenen Sprache.

Un pullover – je l'ai perdu	
Une montre – je l'ai perdue	Alle Partizipien haben genau die gleiche Aussprache!
Des gants – je les ai perdus	
Mes lunettes – je les ai perdues	

4. Comment décrire ce que vous avez perdu.

Wie Sie den verlorenen Gegenstand beschreiben.

Vous pouvez décrire	le manteau? le parapluie? le porte-monnaie?

			Material
Il Elle	est		plastique. laine. or.
Ils Elles	sont	en	argent. coton. nylon. cuir.

		Alter	Farbe	Größe	Form
Il Elle	est	tout(e)(s)	beige(s). vert(e)(s).		rond(e)(s). carré(e)(s).
Ils Elles	sont	neuf(ve)(s). assez vieux, vieille(s).	brun clair(e)(s). jaune foncé(e)(s).	grand(e)(s) assez petit(e)(s).	rectangulaire(s). long(ue)(s). court(e)(s).

Les objets perdus · Verlust

Il Elle	est	... (m. s.). ...e (f. s.).
Ils Elles	sont	...s (m. pl.). ...es (f. pl.).

Aber:

m.s.	f.s.	m.pl.	f.pl.
tout neuf	toute neuve	touts neufs	toutes neuves
vieux	vieille	vieux	vieilles
foncé	foncée	foncés	foncées
carré	carrée	carrés	carrées
long	longue	longs	longues

5. Comment dire ce qu'il y avait dedans.

Wie Sie sagen, was sich darin befand.

Qu'est-ce qu'il y avait	dans la valise? dedans? dans votre sac?

Il y avait	tout mon argent. mes papiers. nos vêtements.

Exercices · Übungen

Exercice 1

Dites que vous avez perdu les choses suivantes et vérifiez vos réponses en écoutant la cassette.

Sagen Sie, daß Sie die folgenden Gegenstände verloren haben, und überprüfen Sie Ihre Antworten mit Hilfe der Cassette.

1. votre passeport
2. une valise
3. un trousseau de clefs
4. votre porte-monnaie
5. vos chèques de voyage
6. votre parapluie
7. un briquet
8. votre montre

Exercice 2

Lisez et écoutez les conversations suivantes.

Lesen und hören Sie die folgenden Unterhaltungen.

Vous: Excusez-moi.
J'ai perdu ma valise.
Employé: Vous pouvez la décrire?

Vous: Excusez-moi.
J'ai perdu mes lunettes.
Employé: Vous pouvez les décrire?

Les objets perdus · Verlust

Vous:	Elle est toute neuve.	Vous:	Elles sont neuves.
Employé:	Vous l'avez perdue où?	Employé:	Vous les avez perdues où?
Vous:	Dans le métro.	Vous:	Dans un bus numéro 12.
Employé:	C'est celle-ci?	Employé:	C'est celles-ci?
Vous:	Oui. Merci beaucoup.	Vous:	Oui. Merci beaucoup.

Prenez votre rôle dans des conversations semblables; vous avez perdu les objets suivants:

Übernehmen Sie Ihre Rolle in ähnlichen Gesprächen. Sie haben die folgenden Gegenstände verloren:

Veste – neuve – bus numéro 13
Porte-monnaie – tout neuf – toilettes
Sac – cuir – café
Porte-monnaie – permis de conduire – bus numéro 47
Sac-à-dos – lunettes, argent, clefs de voiture – sur la plage
Lunettes – toutes neuves – chez le coiffeur
Gants – cuir – restaurant

Vérifiez vos réponses à la fin du livre.

Überprüfen Sie Ihre Äußerungen im Lösungsteil des Buches.

Exercice 3

	R.A.T.P. Bureau des Objets Trouvés			
	Lundi	Mardi	Mercredi	Jeudi
Objet trouvé	Sac	Porte-monnaie	Veste	Montre
Couleur	Brun	Blanc	Noire	Or
Âge	Vieux	Neuf	Neuve	Neuve
Contenu	Passeport Lunettes	250 F Carte d'Identité Photos		
Lieu	Musée d'Orsay	Louvre	Métro Monge	Toilettes Hôtel St-Jacques

Les objets perdus · Verlust

Écoutez la cassette:

Hören Sie sich das folgende Gespräch an:

Employé: Je peux vous aider?
Vous: Oui. J'ai perdu ma valise.
Employé: Elle est de quelle couleur?
Vous: Elle est brune.
Employé: Elle est neuve?
Vous: Oui. Elle est toute neuve.
Employé: Qu'est-ce qu'il y avait dedans?
Vous: Il y avait mes vêtements.
Employé: Vous l'avez perdue où?
Vous: À l'entrée du Panthéon.
Employé: C'est celle-ci?
Vous: Oui. Merci beaucoup.

Regardez les informations ci-dessus. Choisissez l'objet que vous avez perdu et répetez la conversation. Vérifiez vos réponses à la fin du livre.

Schauen Sie sich die Informationstafel an, und wählen Sie einen Gegenstand, den Sie verloren haben. Führen Sie ein ähnliches Gespräch. Überprüfen Sie ihre Äußerungen im Lösungsteil des Buches.

Écoutez bien · Hören Sie zu

Hören Sie sich nun den letzten Teil (4ième partie) – und wenn Sie möchten, auch noch einmal die ersten drei Teile (les trois premières parties) – des 4. Hörspiels (Scénette No. 4) an, und beantworten Sie die folgenden Fragen.

Scénette No. 4

4ième partie

Wie erklärt Madame Marti eine Begegnung des zweiten Typs?
Wie erklärt sie eine Begegnung des dritten Typs?
Welche Entscheidung trifft der Bürgermeister?

Les services · Dienstleistungen

In dieser Lektion lernen Sie

● Dinge zur Reparatur oder in die Reinigung zu geben

Dialogue · Dialog

Dialogue 1   Sylvie Guillon (SG), employé (E)

SG:	Bonjour.	*Guten Tag.*
E:	Bonjour, Mademoiselle.	*Guten Tag.*
SG:	Je voudrais faire réparer cette radio, s'il vous plaît.	*Ich möchte dieses Radio reparieren lassen.*
E:	Je peux la regarder?	*Kann ich es sehen?*
	Qu'est-ce qu'il y a qui ne marche pas?	*Was funktioniert nicht?*
SG:	Elle fait un drôle de bruit.	*Es macht ein komisches Geräusch.*
E:	Vous l'avez achetée où?	*Wo haben Sie es gekauft?*
SG:	Ici.	*Hier.*
E:	Vous avez la garantie?	*Haben Sie einen Garantieschein?*
SG:	Non. Je ne l'ai plus.	*Nein. Ich habe ihn nicht mehr.*
E:	Je vais faire de mon mieux.	*Ich werde mein Bestes tun.*
	Mais je ne peux rien promettre.	*Aber ich kann nichts versprechen.*
SG:	Bon.	*Ist schon gut.*
	Ça sera prêt quand?	*Wann wird es fertig sein?*
	J'en aurai besoin la semaine prochaine.	*Ich brauche es nächste Woche.*
E:	Je regrette.	*Es tut mir leid.*
	Pas avant la fin du mois.	*Nicht vor Ende des Monats.*
SG:	Ça fera combien?	*Wieviel wird es kosten?*
E:	Je ne sais pas exactement.	*Ich weiß es nicht genau.*
	Entre 100 F et 150 F.	*Zwischen 100 F und 150 F.*
SG:	Oh, mon Dieu!	*Oh, je!*
	Ça va.	*Ist gut.*

Les services · Dienstleistungen

Comment ça se dit · Wie man's sagt

1. Comment faire réparer ou nettoyer des objets.

Wie Sie Dinge reparieren oder reinigen lassen.

Je voudrais faire	réparer	cette radio. ce rasoir. cette montre. ces chaussures.
	nettoyer	ce pantalon. cette jupe. ce manteau.

2. Comment décrire les fautes.

Wie Sie Mängel/Defekte beschreiben.

Qu'est-ce qu'	il elle	a?
Qu'est-ce qu'il y a?		

C'est cassé – kaputt
Il/Elle ne marche plus – geht nicht mehr
Il/Elle ne va pas – funktioniert nicht
Il/Elle fait un drôle de bruit
       – macht ein komisches Geräusch
Il/Elle a une tâche – hat einen Flecken

3. Comment demander quand quelque chose sera prêt.

Wie Sie fragen, wann etwas fertig sein wird.

Ça sera prêt quand?
Ils/Elles seront prêt(e)s quand?
J'en aurai besoin demain. C'est possible?

Réponses possibles

Ça sera prêt Ils/Elles seront prêt(e)s	vers cinq heures. dans deux jours.
Je regrette, pas avant	mercredi. la semaine prochaine.

Les services · Dienstleistungen

Exercices · Übungen

Exercice 1

Ces phrases semblent être dans le mauvais ordre. Vous pouvez les remettre dans le bon ordre? La traduction allemande des verbes vous aidera peut-être.	*Diese Sätze scheinen ziemlich ungeordnet aufeinanderzufolgen. Können Sie sie in die richtige Reihenfolge bringen? Die deutsche Übersetzung der Verben hilft Ihnen vielleicht dabei.*

Je voudrais faire développer mon piano. (entwickeln)
Je voudrais faire réparer mon costume. (reparieren)
Je voudrais faire couper mes chaussures. (schneiden)
Je voudrais faire repasser cette pellicule. (bügeln)
Je voudrais faire réparer mes cheveux. (reparieren/ausbessern)
Je voudrais faire nettoyer à sec cette radio. (reinigen)
Je voudrais faire accorder cette chemise. (stimmen)

Vérifiez vos réponses en regardant à la fin du livre.	*Überprüfen Sie Ihre Antworten im Lösungsteil des Buches.*

Exercice 2

En route vers votre maison, vous avez eu un accident en tombant de votre bicyclette. Tous vos vêtements sont sales et toutes vos affaires sont cassées. Vous allez dans différents magasins. Qu'est-ce que vous dites?	*Auf dem Nachhauseweg hatten Sie einen Unfall und sind vom Rad gefallen. Ihre Kleidung ist schmutzig, und alle zerbrechlichen Sachen sind kaputt. Sie gehen in die verschiedenen Geschäfte. Was sagen Sie?*

1. Mon manteau est très sale. Je voudrais le faire...
2. Ma montre est cassée. Je voudrais la...
3. Mon chapeau a des tâches. Je voudrais le...
4. Mon appareil photo est cassé. Je voudrais le...
5. Ma chemise est sale. Je voudrais la...

Vérifiez vos réponses en écoutant la cassette.	*Überprüfen Sie Ihre Antworten, indem Sie sich die Cassette anhören.*

Les services · Dienstleistungen

Exercice 3

Imaginez que vous êtes une personne très paresseuse. Votre ami Serge par contre est très actif. Lui, il fait tout. Vous, vous préférez qu'on fasse tout pour vous.	*Stellen Sie sich vor, Sie sind wirklich faul. Ihr Freund Serge hingegen ist sehr aktiv und tut alles selbst. Sie ziehen es vor, daß man alles für Sie tut.*

Exemple: Je vais laver la voiture.
Vous: Je vais faire laver la voiture.

Écoutez la cassette pour entendre ce que Serge va faire. Ensuite vous faites faire les mêmes choses de votre manière paresseuse.	*Hören Sie sich auf der Cassette an, was Serge alles tun wird. Dann können Sie dieselben Dinge auf Ihre bequeme Art und Weise erledigen lassen.*

Serge: Je vais laver la voiture.
Je vais nettoyer les fenêtres.
Je vais laver ma chemise.
Je vais ranger ma chambre.
Je vais faire le lit.
Je vais repasser mon pantalon.
Je vais cirer mes chaussures.
Je vais brosser mon costume.
Je vais réparer la radio.
Je vais réparer le fusible.

Absichten

Je vais laver la voiture. (*wrtl.: Ich gehe waschen das Auto.*)

Was man in unmittelbarer Zukunft vorhat zu tun, wird mit dem Verb **aller** (je vais, il va, elle va, nous allons, vous allez, ils vont, elles vont) und dem **Infinitiv** ausgedrückt. Beachten Sie, daß die Wortstellung im Französischen anders ist. Der Infinitiv steht vor dem Objekt des Satzes.

Z.B.: **Je vais laver la voiture.**

Ich will das Auto waschen.

(*Ich will* im Sinne von: *ich habe vor...*)

Vérifiez vos réponses en écoutant la cassette.	*Überprüfen Sie Ihre Antworten mit Hilfe der Cassette.*

Les services · Dienstleistungen

Écoutez bien · Hören Sie zu

In dieser Lektion beginnt ein neues Hörspiel (Scénette No. 5). Hören Sie sich den 1. Teil (1ière partie) an, und beantworten Sie die folgenden Fragen.

Scénette No. 5

Déménager ou non?

1ière partie

Was ist Monsieur Escolier von Beruf?
Wo wohnt er mit seiner Familie?
Was lernt seine Frau Solange?
Wie alt ist Olivier?
Worin ist die Tochter Anne-France besonders begabt?

Les accidents · Unfälle UNITÉ 32

In dieser Lektion lernen Sie
- Unfälle zu melden
- Unfallvorgänge zu beschreiben

Dialogues · Dialoge

Dialogue 1 Agent de police (AP), un monsieur (M), une dame (D)

AP:	Cette voiture est à vous, Monsieur?	Gehört Ihnen das Auto?
M:	Oui.	Ja.
AP:	Cette voiture est à vous, Madame?	Gehört Ihnen dieses Auto?
D:	Oui.	Ja.
AP:	Vous pouvez me dire ce qui s'est passé?	Können Sie mir sagen, was passiert ist?
M:	Je voulais tourner à gauche. J'ai freiné...	Ich wollte nach links abbiegen. Ich bremste...
AP:	C'est tout?	Ist das alles?
M:	Cette voiture est rentrée dans ma voiture. Elle allait trop vite.	Dieses Auto ist mir hinten reingefahren. Es ist zu schnell gefahren.
D:	Ce n'est pas vrai. J'allais très doucement.	Das stimmt nicht. Ich bin sehr langsam gefahren.
AP:	Je peux voir votre permis de conduire?	Kann ich Ihren Führerschein sehen?
M:	Voilà.	Bitte.
AP:	Et votre police d'assurance?	Und Ihre Versicherung?
M:	Voilà.	Bitte.
AP:	Alors. Faisons le constat.	Dann machen wir mal das Protokoll.

Dialogue 2 Conducteur (C), cycliste (Cl)

C:	Vous êtes blessée?	Sind Sie verletzt?
Cl:	Non. Ce n'est pas grave.	Nein. Es ist nicht schlimm.
C:	Dieu merci!	Gott sei Dank!
Cl:	Ce n'était pas de ma faute, vous savez.	Es war nicht meine Schuld, wissen Sie.
C:	Comment?	Wie?

Les accidents · Unfälle

CI:	J'avais la priorité.	*Ich hatte Vorfahrt.*
C:	Mais vous êtes sortie devant moi.	*Aber Sie sind vor mir rausgefahren.*
CI:	Je voulais tourner à gauche.	*Ich wollte nach links abbiegen.*
C:	Vous n'avez pas signalé.	*Sie haben nicht geblinkt.*
CI:	Si, j'ai signalé.	*Doch, ich habe geblinkt.*
	Vous n'avez pas regardé.	*Sie haben nur nicht hingeschaut.*
C:	Ce n'est pas vrai.	*Das stimmt nicht.*
CI:	Vous rouliez trop vite.	*Sie sind zu schnell gefahren.*
C:	Non. Je ne suis pas d'accord.	*Nein. Das stimmt nicht.*
CI:	Alors, il faut appeler la police.	*Dann müssen wir die Polizei rufen.*
C:	Non. Ce n'est pas nécessaire.	*Nein. Das ist nicht nötig.*
	Il n'y a pas de blessés.	*Es gibt keine Verletzten.*
	Faisons le constat.	*Erledigen wir jetzt die Formalitäten.*
CI:	Bon. Je peux avoir votre nom et votre adresse?	*Gut. Kann ich Ihren Namen und Ihre Adresse haben?*

Comment ça se dit · Wie man's sagt

Comment décrire un accident

1. Wenn Sie einen Unfall melden, müssen Sie berichten, was in der Vergangenheit geschah. Sie werden zunächst schildern, was Sie oder andere gerade taten, bevor der Unfall plötzlich geschah.

   Beispiele:
   J'allais très doucement. – *Ich bin sehr langsam gefahren.*
   Vous rouliez trop vite. – *Sie sind zu schnell gefahren.*
   J'étais dans la rue Thorez. – *Ich war in der Thorezstraße.*

   Was Sie gerade taten oder wo Sie gerade waren, beschreiben Sie mit den folgenden Formen des Verbs:

ALLER *(gehen)*	ÊTRE *(sein)*	REGELMÄSSIGE VERBEN	
		Stamm	Endungen
J'allais	J'étais		ais
Tu allais	Tu étais		ais
Il/Elle allait	Il/Elle était	roul-	ait
Nous allions	Nous étions	sort-	ions
Vous alliez	Vous étiez		iez
Ils/Elles allaient	Ils/Elles étaient		aient

Les accidents · Unfälle

2. Wahrscheinlich werden Sie auch berichten müssen, was Sie gerade tun wollten, als der Unfall plötzlich geschah.

Beispiele:
Je voulais tourner à gauche. – *Ich wollte nach links abbiegen.*
Je voulais traverser la rue. – *Ich wollte über die Straße gehen.*

Was Sie gerade tun wollten, beschreiben Sie im Französischen wie folgt:

Je voulais	
Tu voulais	
Il/Elle voulait	aller tout droit.
Nous voulions Vous vouliez	traverser la rue.
Ils/Elles voulaient	tourner à gauche.

3. Ein Unfall geschieht plötzlich. Sie wollen also ein unerwartetes Ereignis in der Vergangenheit beschreiben.

Une voiture	s'est arrêté(e).
Un(e) cycliste	est sorti(e).
Un piéton	a tourné.

Die Vergangenheitsformen, die Sie brauchen, um diesen plötzlichen Unfall zu beschreiben, haben Sie bereits in Kapitel 23 gelernt.

1. Questions qu'un agent de police pourrait vous poser.

Fragen, die ein Polizist Ihnen stellen könnte.

Racontez-moi ce qui s'est passé.
Vous étiez où?
Où cela s'est-il passé?
Vous étiez dans un véhicule?
Vous étiez à pied?
Vous alliez où?
Vous rouliez à quelle vitesse?

Les accidents · Unfälle

2. Comment dire où vous étiez.

Wie Sie sagen, wo Sie gerade waren.

J'étais	dans la rue Maurice Thorez.
	au croisement de (zwei Straßen).
	sur le passage clouté.
	au passage à niveau.
Nous étions	sur le trottoir.
	devant les feux.

3. Comment décrire votre moyen de transport.

Wie Sie Ihr Transportmittel beschreiben.

J'étais	en voiture.
	à bicyclette.
Nous étions	sur ma mobylette.
	à pied.

4. Comment décrire ce que vous vouliez faire.

Wie Sie sagen, was Sie gerade tun wollten.

	aller	tout droit.
	tourner	à gauche.
		à droite.
Je voulais	traverser	le passage à niveau.
		la rue.
	doubler	une voiture.
		un vélo.

5. Comment décrire ce que vous faisiez.

Wie Sie sagen, was Sie gerade taten.

J'allais	chez moi.
	au cinéma.
	à mon bureau.
	en ville.

Les accidents · Unfälle

6. Comment décrire votre vitesse.

Wie Sie sagen, wie schnell Sie gerade fuhren.

Je roulais à 30 kilomètres à l'heure (à peu près).
Je n'allais pas vite.
J'allais très doucement.

7. Comment décrire ce qui s'est passé.

Wie Sie beschreiben, was passiert ist.

	s'est	arrêté(e) net.
Une voiture		arrivé(e) très vite.
Un camion	est	sorti(e) devant moi.
Une camionnette		tourné (sans signaler).
Un(e) piéton(ne)		démarré brusquement.
Une moto	a	traversé la rue (sans regarder).
		vacillé.

	est	rentré(e) dans ma voiture.
La moto		
La voiture		
La mobylette		renversé(e).
Le car	m'a	heurté(e).
Le vélo		accroché(e).
L'autobus		

Un(e) cycliste est tombé(e) devant moi.

Exercices · Übungen

Exercice 1

Imaginez que vous devez répondre aux questions d'un agent de police qui veut savoir où vous étiez quand un accident est arrivé. Utilisez les informations ci-dessous.

Stellen Sie sich vor, Sie sollen die Fragen eines Polizisten beantworten, der wissen möchte, wo Sie waren, als ein Unfall geschah. Benutzen Sie hierzu die folgenden Informationen.

Exemple: a) avenue Victor Hugo – trottoir (Bürgersteig).
J'étais sur le trottoir dans l'avenue Victor Hugo.

Les accidents · Unfälle

b) rue du Ranelagh/avenue Mozart.
J'étais au croisement de la rue du Ranelagh et de l'avenue Mozart.

a) rue Danielle Casanova/rue de la Paix.
b) rue du Quatre Septembre – trottoir.
c) rue des Grands Augustins/rue St-André des Arts.
d) boulevard St-Michel – trottoir.
e) rue Bayle/rue Vigarosy.
f) avenue Gabriel Favre – trottoir.

Vérifiez vos réponses en écoutant la cassette.

Überprüfen Sie Ihre Antworten mit Hilfe der Cassette.

Exercice 2

Maintenant imaginez que vous étiez dans votre voiture.

Stellen Sie sich jetzt vor, Sie waren mit dem Auto unterwegs.

Exemple: a) avenue Jean Jaurès.
Je roulais dans l'avenue Jean Jaurès.

b) rue de Révol/rue Adoué.
J'étais dans la rue de Révol et je voulais tourner dans la rue Adoué.

a) boulevard Gambetta.
b) rue des Chapeliers/rue du Rocher.
c) boulevard Carnot/place Lafayette.
d) rue du Général de Gaulle.
e) rue Caumartin.
f) avenue de l'Opéra/rue St-Roch.

Vérifiez vos réponses en écoutant la cassette.

Überprüfen Sie Ihre Antworten mit Hilfe der Cassette.

Les accidents · Unfälle   UNITÉ 32

Exercice 3

Ci-dessous vous trouverez les questions d'un agent de police. Ces questions sont enregistrées sur la cassette avec des silences pour vos réponses. Décidez ce que vous voulez dire, puis prenez votre rôle.

Sie lesen unten die Fragen eines Polizisten, die Sie auch auf der Cassette hören mit Lücken für Ihre Antworten. Entscheiden Sie sich, was Sie sagen möchten, und übernehmen Sie Ihre Rolle in dem Gespräch.

Agent de police	Vous

Vous pouvez me dire ce qui s'est passé?
Vous étiez où?

Sie waren auf dem Bürgersteig.

Vous alliez où?

Sie gingen zum Bahnhof.

Racontez-moi ce qui s'est passé.

Ein Radfahrer hat plötzlich gehalten.

Et alors?

Das Auto fuhr den Radfahrer um.

C'était quelle sorte de voiture?

Ein roter Porsche.

Vous avez vu le numéro?

Leider nein.

Vérifiez vos réponses en regardant à la fin du livre.

Überprüfen Sie Ihre Äußerungen im Lösungsteil des Buches.

Écoutez bien · Hören Sie zu

Hören Sie sich nun den 2. Teil (2ième partie) des 5. Hörspiels (Scénette No. 5) an, und beantworten Sie die folgenden Fragen.

Scénette No. 5

2ième partie

Wie viele Patienten hat das Krankenhaus von Lyon?
Ist Anne-France dafür oder dagegen, daß die Familie nach Lyon geht?
Welche Vorteile hat diese Stelle für Dr. Escolier?
Madame Escolier hat wegen Olivier einige Bedenken. Welche?
Ein großes Haus mit einem Garten zu bewohnen, hat auch Nachteile. Welche?
Welche finanziellen Vorteile hat die Stelle in Lyon?

Les vacances · Urlaub

In dieser Lektion lernen Sie

● über Geschehnisse in der Vergangenheit zu berichten

Dialogues · Dialoge

Dialogue 1 Thérèse Saunier (TS), Véronique (V)

TS:	Bonjour Véronique.	Guten Tag, Véronique.
V:	Bonjour Thérèse.	Guten Tag, Thérèse.
	Alors, les vacances, ça s'est bien passé?	Haben Sie einen schönen Urlaub gehabt?
TS:	Pas tellement.	Nicht besonders.
V:	Oh, dommage.	Oh, wie schade.
TS:	Il faisait un temps affreux.	Das Wetter war furchtbar.
V:	Quel dommage!	Wie schade!
TS:	La chambre était abominable.	Das Zimmer war fürchterlich.
V:	Quel dommage!	Wie schade!
TS:	C'était vraiment trop cher.	Es hat wirklich zu viel gekostet.
V:	Mon Dieu!	Um Gottes Willen!
TS:	L'ascenseur était en panne.	Der Lift war kaputt.
	Et l'escalier était très raide.	Und die Treppe war sehr steil.
V:	Je suis désolée pour vous.	Das tut mir aber leid.
TS:	Les autres clients n'étaient pas aimables.	Die anderen Gäste waren nicht freundlich.
V:	Quelle horreur!	Furchtbar!
	Ma pauvre amie.	Sie Arme.
	Entrez donc.	Kommen Sie doch herein.
	On va prendre une tasse de café ensemble.	Wir trinken eine Tasse Kaffee zusammen.
TS:	Merci.	Danke.

Dialogue 2 Jean-Pierre Teindas (JPT), Sylvie Guillon (SG)

JPT:	Sylvie. Alors, les vacances, ça s'est bien passé?	Sylvie. Hattest du einen schönen Urlaub?
SG:	Oui. C'était super.	Ja, er war großartig.
JPT:	Comment tu as trouvé l'hôtel?	Wie war das Hotel?
SG:	Nous avions une chambre excellente, avec un balcon.	Wir hatten ein ausgezeichnetes Zimmer mit Balkon.

Les vacances · Urlaub

JPT:	Il y avait une jolie vue?
SG:	Oui. Nous avions une vue sur la mer.
JPT:	Sylvie, tu es tellement bronzée. Il faisait beau temps?
SG:	Il faisait un temps splendide.
JPT:	Il faisait chaud?
SG:	Oh oui. À midi, il faisait trop chaud.
JPT:	Comment tu as trouvé les repas?
SG:	Les repas étaient excellents et pas chers du tout.

Hattest du eine hübsche Aussicht?
Ja. Wir hatten Blick auf's Meer.

Sylvie, du bist so braun.
War das Wetter gut?
Wir hatten sehr gutes Wetter.
War es heiß?
Ach ja. Mittags war es zu heiß.

Wie war das Essen?
Das Essen war ausgezeichnet und gar nicht teuer.

Comment ça se dit · Wie man's sagt

Comment décrire les vacances de l'année dernière.
Wie Sie Ihren letzten Urlaub beschreiben.

1. Comment dire où vous êtes allé(e)(s).
Wie Sie sagen, wo Sie hingefahren sind.

Je suis II/Elle est On est	allé(e)(s)	au bord de la mer. en France. en Haute-Savoie.
Nous sommes Ils/Elles sont	resté(e)(s)	à la montagne. à l'étranger. à la maison.

2. Comment décrire le logement.
Wie Sie Ihre Unterkunft beschreiben.

Comment vous avez trouvé	le gîte? l'hôtel? le camping?

Les vacances · Urlaub

L'hôtel Le camping La chambre	était	excellent(e)(s). assez bien. triste(s).
Les chambres Les emplacements	étaient	abominable(s). trop cher(s)/chère(s).

J'avais Nous avions	un hôtel une chambre un emplacement un gîte	confortable. excellent(e). spacieux, -euse. assez bien.

3. Comment décrire le temps.

Wie Sie das Wetter beschreiben.

Il faisait (assez)	chaud. beau. froid.

La mer était	chaude. froide. mauvaise.

Il faisait un temps	magnifique. splendide. extraordinaire. affreux. terrible.

Il a plu	tous les jours. chaque jour. tout le temps. de temps en temps.

4. Comment décrire les repas.

Wie Sie das Essen beschreiben.

Le restaurant La cuisine	était	excellent(e). mauvais(e). assez bien.
Les repas	étaient	copieux. insuffisants. (pas) chers.

Les vacances · Urlaub

Exercices · Übungen

Exercice 1

Imaginez que vous êtes allé(e)s dans les pays suivants.	*Stellen Sie sich vor, Sie sind in die folgenden Länder gereist.*

Exemple: Italie.
> Je suis allé(e) en Italie.
> Nous sommes allé(e)s en Italie.

a) Italie
b) France
c) Angleterre
d) Écosse

e) Grèce
f) Espagne
g) Paris (à Paris)
h) la Côte d'Azur (sur)

Vérifiez vos réponses en écoutant la cassette.	*Überprüfen Sie Ihre Antworten mit Hilfe der Cassette.*

Exercice 2

Maintenant répondez à la question suivante:	*Antworten Sie jetzt auf die folgende Frage:*

Vous avez eu beau temps?

Exemple: Das Wetter war schön.
> Il faisait beau.

a) Das Wetter war herrlich.
b) Es hat jeden Tag geregnet.
c) Das Meer war kalt.

d) Das Wetter war heiß.
e) Es hat von Zeit zu Zeit geregnet.
f) Das Wetter war schön.

Vérifiez vos réponses en écoutant la cassette.	*Überprüfen Sie Ihre Antworten mit Hilfe der Cassette*

Exercice 3

Écoutez la conversation suivante. Pouvez-vous poser les questions de Sylvie?	*Hören Sie sich das folgende Lückengespräch an. Welche Fragen stellt Sylvie?*

Sylvie: ...
Vous: Les vacances, ça s'est bien passé?
Sylvie: ...

Les vacances · Urlaub

Vous: L'hôtel n'était pas mal du tout.
Sylvie: …
Vous: Nous avions une vue sur les montagnes.
Sylvie: …
Vous: Ah oui. Il faisait un temps splendide.
Sylvie: …
Vous: Il faisait très chaud.
Sylvie: …
Vous: La cuisine était excellente.

Vérifiez vos réponses en écoutant la cassette.

Überprüfen Sie Ihre Antworten mit Hilfe der Cassette.

Exercice 4

Écoutez les questions suivantes au sujet de vos vacances de l'année dernière. Imaginez que vous êtes les personnes ci-dessous, et répondez pour elles.

Hören Sie sich folgende Fragen, die Ihren Urlaub im vergangenen Jahr betreffen, auf der Cassette an. Versetzen Sie sich in die Lage der unten aufgeführten Personen, und antworten Sie an ihrer Stelle.

1. Vous êtes allé(e)s où en vacances?
2. Comment avez-vous trouvé l'hôtel?
3. Il faisait beau temps?
4. Comment avez-vous trouvé les repas?

a) M. Tandry
   Italien – schönes Zimmer – heiß – ausgezeichnet

b) Mme Joly
   Schottland – bequemes Hotel – gelegentlich Regen – kalt

c) Mlle Joigny
   France – Selbstversorger-Appartement – warm – billig

d) M. Leconte
   Haute-Savoie – ganz gut – schön – ausgezeichnet

Vérifiez vos réponses en écoutant la cassette.

Überprüfen Sie Ihre Antworten mit Hilfe der Cassette.

Les vacances · Urlaub

Écoutez bien · Hören Sie zu

*Hören Sie sich jetzt den letzten Teil (3ième partie) des 5. Hörspiels
(Scenette No. 5) an – am besten auch noch einmal die beiden ersten Teile
(1ière et 2ième partie) –, und beantworten Sie die folgenden Fragen.*

Scenette No. 5

3ième partie

Was muß Madame Escolier aufgeben, wenn die Familie nach Lyon zieht?
Warum ist Olivier dafür?
Welche Nachteile sieht Anne-France?
Olivier glaubt, daß der Umzug sich vorteilhaft auf die Freizeit-
beschäftigungen der Familie auswirken könnte. Wieso?

Le ménage · Die Hausarbeit

In dieser Lektion lernen Sie

- einige Begriffe aus dem Haushalt kennen
- auszudrücken, daß Sie gerade dabei sind, etwas zu tun oder daß Sie soeben etwas getan haben

Dialogue · Dialog

Dialogue Josephine Chevalier (JC) et son mari André Chevalier (AC)

JC:	Tiens! Il est une heure. Mes parents vont arriver dans deux heures.	*Hör mal! Es ist ein Uhr. Meine Eltern werden in zwei Stunden ankommen.*
AC:	Il y a encore beaucoup de choses à faire. On fait le ménage ensemble?	*Es gibt noch so viel zu tun. Machen wir die Hausarbeit zusammen?*
JC:	On peut *continuer* à faire le ménage ensemble – parce que j'ai déjà commencé.	*Wir können die Hausarbeit zusammen weitermachen – weil ich schon längst damit angefangen habe.*
AC:	Moi, j'aimerais faire la vaisselle.	*Ich würde gerne das Geschirr spülen.*
JC:	Ce n'est plus la peine, je l'ai déjà faite.	*Brauchst du nicht! Das habe ich schon getan.*
AC:	Alors je voudrais bien passer l'aspirateur.	*Dann würde ich gern staubsaugen.*
JC:	Ce n'est plus nécessaire. Tu ne vois pas que je viens de nettoyer les tapis?	*Das ist nicht mehr nötig. Siehst du nicht, daß ich die Teppiche gerade gereinigt habe?*
AC:	C'est bien, ça. Et moi, qu'est-ce que je pourrais faire alors? Tu veux que je balaie la cuisine? Je crois qu'elle en a bien besoin.	*Das ist gut. Und ich, was könnte ich denn machen? Willst du, daß ich die Küche fege? Ich finde, die hat es ganz schön nötig.*
JC:	Ah bon, peut-être. Si tu trouves que la cuisine est sale, tu peux la nettoyer, n'est-ce pas, chéri?	*Na ja, das kann schon sein. Wenn du findest, daß die Küche schmutzig ist, kannst du sie ja saubermachen, nicht wahr, Schatz?*
AC:	D'accord. Alors je vais ranger la cuisine maintenant.	*Einverstanden. Also werde ich jetzt die Küche aufräumen.*
JC:	En ce moment, tu es plutôt en train de faire un discours. Tu n'as pas l'air de travailler.	*Im Moment bist du eher dabei, eine Rede zu halten. Du siehst nicht so aus, als würdest du arbeiten.*
AC:	Toi non plus.	*Du aber auch nicht.*

Le ménage · Die Hausarbeit

JC: Je réfléchis encore. En plus, je viens de laver la nappe que tu as salie ce matin.

Ich überlege noch. Außerdem habe ich gerade die Tischdecke gewaschen, die du heute morgen schmutzig gemacht hast.

AC: Oui, je sais que tu fais bien le ménage et que tu laves très bien le linge.

Ja, ich weiß, daß du die Hausarbeit gut machst und die Wäsche sehr gut wäschst.

JC: Je ne fais ni l'un ni l'autre avec plaisir mais j'aime que la maison soit propre.

Ich tue weder das eine noch das andere besonders gern, aber ich habe das Haus gerne sauber.

'venir de faire qqch'/'être en train de faire qqch'

*mit der Wendung ‚je viens de faire qqch' drücken Sie aus, daß Sie kurz zuvor etwas getan bzw. erledigt haben.

*Mit ‚je suis en train de faire qqch' geben Sie an, daß Sie in diesem Moment noch im Begriff sind, etwas zu tun.

Exercices · Übungen

Exercice 1

Complétez les phrases ci-dessous en employant la forme convenable de 'venir de faire qqch' ou 'être en train de faire qqch'.

Vervollständigen Sie die unten aufgeführten Sätze unter Verwendung von ‚venir de faire qqch' oder ‚être en train de faire qqch'.

(a) On sonne. Josephine ne peut pas aller à la porte parce qu'elle ... de prendre une douche.

(b) Sabine et Jean-Pierre sont très bronzés. Ils ... de rentrer d'un week-end dans le Sud de la France.

(c) «André, tu ne peux pas faire la vaisselle, s'il te plaît?»
«Pas maintenant, Josephine. Je ... de regarder la télé.»

(d) La maison est très propre parce que nous ... de la nettoyer.

(e) Chez le médecin. «M Lacroix, vous ne pouvez pas encore partir en vacances. Vous ... d'être très malade.»

(f) Aujourd'hui, Josephine et son mari sont très occupés. Ils ... faire la vaisselle, et maintenant, ils ... de repasser le linge.

(g) D'habitude, Jean donne une grande fête à l'occasion de son anniversaire. Cette fois(-ci), il ne fait rien parce qu'il ... refaire son appartement.

Au bureau · Im Büro

In dieser Lektion lernen Sie

- einige Begriffe aus dem Büroalltag kennen
- in einen Bericht über Vergangenes noch weiter Zurückliegendes einzufügen

Dialogue · Dialog

Dialogue   Josephine Chevalier (JC), sa collègue, une secrétaire (S)

JC:	Bonjour, Madame Dormier. J'ai quelque chose à vous dire, quelque chose de désagréable. Hier, M Lavallier était très mécontent de vous. Vous étiez déjà partie, et il a vu que vous n'aviez pas tapé les lettres qu'il vous avait données.	*Guten Morgen Frau Dormier. Ich muß Ihnen etwas sagen, etwas Unangenehmes. Gestern war Herr Lavallier sehr unzufrieden mit Ihnen. Sie waren schon gegangen, und er hat gesehen, daß Sie die Briefe nicht getippt hatten, die er Ihnen gegeben hatte.*
S:	Mais ce n'est pas vrai. Je les lui avais déjà données avant-hier.	*Aber das ist nicht wahr. Die hatte ich ihm doch vorgestern schon gegeben.*
JC:	De toute façon, à moi, il a dit que vous n'aviez pas tapé ses lettres. Et en plus, il s'est rendu compte que vous n'aviez pas éteint l'ordinateur.	*Mir hat er jedenfalls gesagt, daß Sie seine Briefe nicht getippt hätten. Außerdem ist ihm aufgefallen, daß Sie den Computer nicht ausgemacht hatten.*
S:	Oui, c'est vrai. Je ne l'ai pas éteint parce que lui, il m'avait demandé de le laisser en marche – il en avait encore besoin.	*Ja, das stimmt. Ich habe ihn nicht ausgemacht, weil er selbst mich gebeten hatte, ihn anzulassen. Er brauchte ihn noch.*
JC:	Ça m'étonne. Pourtant – il y a encore un autre problème: En plus, vous n'avez pas lu le courrier que le facteur avait apporté vers 9 heures du matin. De toute façon ce que le chef a trouvé le plus gênant, c'était que vous étiez déjà partie alors qu'il avait encore besoin de vous. Je regrette mais je ne pouvais plus prendre votre défense. Je voulais simplement vous prévenir qu'il a l'intention de vous en parler personnellement.	*Das wundert mich aber. Trotzdem – es gibt da noch ein anderes Problem: Außerdem haben Sie die Post nicht gelesen, die der Briefträger gegen 9 Uhr morgens gebracht hatte. Was den Chef allerdings am meisten gestört hat, war, daß Sie schon gegangen waren, als er Sie noch brauchte. Es tut mir leid, aber ich konnte Sie nicht mehr verteidigen. Ich wollte Sie nur vorwarnen, daß er noch ein ernstes Wort mit Ihnen reden will.*

Au bureau · Im Büro | UNITÉ 35

Le plus-que-parfait · Das Plusquamperfekt

Wenn man in einen Bericht oder eine Erzählung über Vergangenes Ereignisse einfügen möchte, die noch weiter zurückliegen und bereits abgeschlossen sind, verwendet man das **plus-que-parfait** (deutsch: Plusquamperfekt bzw. vollendete Vergangenheit).

Das plus-que-parfait bildet man wie auch das passé composé aus einer Form von *être* oder *avoir* und dem Partizip Perfekt des Verbs.

Die Formen von *être* und *avoir* müssen aber jetzt, anders als beim passé composé (siehe Unité 23) im imparfait (Imperfekt) stehen.

Für die Angleichung der Partizipform bei der Konjugation mit *être* (z. B. bei Reflexivverben) in bezug auf das Geschlecht (Genus) und die Zahl (Numerus) gelten die gleichen Regeln wie beim passé composé. Das heißt:

– mit être:	– bei Reflexivverben:
j'étais parti(e)	je m'étais lavé(e)
tu étais parti(e)	tu t'étais lavé(e)
il/elle était parti(e)	il/elle s'était lavé(e)
nous étions parti(e)s	nous nous étions lavé(e)s
vous étiez parti(e)s	vous vous étiez lavé(e)(s)
ils/elles étaient parti(e)s	ils/elles s'étaient lavé(e)s

Exercices · Übungen

Exercice 1

Maintenant c'est à vous de mettre les formes des verbes au plus-que-parfait. N'oubliez pas d'accorder le participe si nécessaire.

Jetzt ist es an Ihnen, die Formen der Verben im Plusquamperfekt einzusetzen. Vergessen Sie nicht die Angleichung des Partizips, falls nötig.

(a) Lorsque M Lacroix s'est levé ce matin, sa femme ... (déjà préparer) le petit déjeuner.

(b) Quand M Lavallier est rentré au bureau, sa secrétaire ... (déjà partir) depuis quelques heures.

(c) Comme le chef ... (décider de) travailler à l'ordinateur, sa secrétaire ne l'a pas éteint.

(d) Après que les deux actrices les plus populaires de France ... (entrer) dans le foyer du théâtre, les journalistes ont commencé à prendre des photos sans arrêt.

Exercice 2

| Complétez le texte en utilisant le | *Vervollständigen Sie den Text unter* |
| plus-que-parfait. | *Verwendung des Plusquamperfekts.* |

Il y a deux semaines, Josephine est arrivée au bureau une demi-heure en retard parce que ce matin-là tout avait mal tourné:

- (a) Le reveil ... (ne pas sonner) à temps.
- (b) Pendant le petit déjeuner, Josephine ... (renverser) du café sur la nappe.
- (c) Deux grosses gouttes de café ... (tomber) sur sa robe.
- (d) Josephine ... (essayer) d'enlever les taches mais elle ... (ne pas/y/arriver).
- (e) Donc elle ... (vite/changer).
- (f) Puis, elle ... (chercher) son sac à main partout.
- (g) Enfin, elle l' ... (retrouver) derrière un fauteuil.
- (h) Dans la rue, elle ... (se rendre compte) qu'elle ... (oublier) ses clefs de voiture.
- (i) Elle ... (remonter) à son appartement pour les prendre.
- (j) En cours de route, tous les feux ... (passer) au rouge.

Faut-il s'ètonner que Josephine soit arrivée trop tard ce jour-là?

Exercice 3

| Mettez au plus-que-parfait les | *Setzen Sie die folgenden Ausdrücke* |
| expressions ci-dessous. | *ins Plusquamperfekt.* |

- (a) tu as faim
- (b) il s'ennuie
- (c) elles ne veulent pas
- (d) vous travaillez
- (e) nous ne faisons rien
- (f) ils sont là
- (g) je ne vais pas chez moi
- (h) nous ne finissons pas

Un cambriolage · Ein Einbruch

In dieser Lektion lernen Sie

- wie Sie angeben können, daß jemandem etwas gehört
- wie Sie sich mit der Determinante 'tout' präziser ausdrücken können

Dialogue · Dialog

Dialogue   Martine (ML) et François Lacroix (FL)

ML:	Mon Dieu, François! Qu'est-ce qui s'est passé ici? Notre maison est en désordre!	Mein Gott, François! Was ist hier passiert? Unser Haus ist völlig durcheinander!
FL:	Un cambriolage! Nous avons été cambriolés!	Ein Einbruch! Bei uns ist eingebrochen worden!
ML:	Allons regarder dans toutes les pièces pour voir s'il manque quelque chose!	Laß uns in allen Zimmern nachsehen, ob irgend etwas fehlt.
FL:	Commençons par la salle de séjour! Tiens – où est la chaîne stéréo? Elle n'est plus là. Et tous mes disques ont été volés.	Fangen wir mit dem Wohnzimmer an! Moment – wo ist die Stereoanlage? Sie ist nicht mehr da. Und all meine Schallplatten sind gestohlen worden.
ML:	Je ne trouve pas ton casque. Il a également disparu …	Und deinen Kopfhörer finde ich nicht. Der ist auch verschwunden …
FL:	Les cambrioleurs ont ouvert les tiroirs. J'espère qu'ils n'ont pas trouvé mon coffre-fort avec tes bijoux. *(Il ouvre son coffre-fort.)* Zut! Ce n'est pas vrai! Les voleurs ont pris tous mes papiers mais ils ont laissé tes bijoux.	Die Einbrecher haben die Schubladen geöffnet. Ich hoffe nur, daß sie meinen Safe mit deinem Schmuck nicht gefunden haben. *(Er öffnet seinen Safe.)* Oh nein, das ist nicht wahr! Die Einbrecher haben all meine Papiere mitgenommen, aber deinen Schmuck dagelassen.
ML:	Quelle chance! C'est-à-dire … c'est dommage pour toi. Mais je cherche encore mon stylo en or. Il n'est plus dans son étui.	So ein Glück! Das heißt … es ist bedauerlich für dich. Aber ich suche noch meinen goldenen Stift. Er ist nicht mehr in seinem Etui.
FL:	Je sais pourquoi. Je me souviens que tu l'as mis dans ton sac samedi.	Ich kann dir sagen, warum. Ich weiß noch, daß du ihn am Samstag in deine Tasche gesteckt hast.
ML:	Le voilà! Tu as raison. – Qu'est-ce qui manque encore?	Da ist er ja! Du hast recht. – Fehlt sonst noch was?
FL:	C'est tout, je crois. Heureusement que j'ai déposé notre argent liquide à la banque vendredi matin. On a eu de la chance. Maintenant, on va appeler la police.	Das ist alles, glaube ich. Zum Glück habe ich unser Bargeld Freitag morgen zur Bank gebracht. Wir haben nochmal Glück gehabt. Und jetzt rufen wir die Polizei.

Un cambriolage · Ein Einbruch

! Unten erhalten Sie eine Übersicht über die **besitzanzeigenden Fürwörter (Possessivpronomen).** Einige davon kennen Sie bereits.

*Singular, 1., 2. und 3. Person

(1) je →→ **mon** livre   →→ **ma** sœur   →→ **mon** ami(e)   →→ **mes** ami(e)s
(2) tu →→ **ton** livre   →→ **ta** sœur   →→ **ton** ami(e)   →→ **tes** ami(e)s
(3) il →→ **son** livre   →→ **sa** sœur   →→ **son** ami(e)   →→ **ses** ami(e)s
    elle

*Plural, 1., 2. und 3. Person

(1) nous   →→ **notre** livre   →→ **notre** sœur   →→ **nos** ami(e)s
                                                     nos sœurs

(2) vous   →→ **votre** livre   →→ **votre** sœur   →→ **vos** ami(e)s
                                                     vos sœurs

(3) ils   →→ **leur** livre   →→ **leur** sœur   →→ **leurs** ami(e)s
    elles   **leurs** sœurs

Das Possessivpronomen richtet sich im Französischen – anders als im Deutschen – in Geschlecht und Zahl nur nach dem nachfolgenden Substantiv und nicht nach dem Besitzer. Vergleichen Sie selbst:

– André besucht **seine** Schwester.   André va voir **sa** sœur.
  [Er]   [Il]
– Josephine besucht **ihre** Schwester.   Josephine va voir **sa** sœur.
  [Sie]   [Elle]
– André besucht **ihre** Schwester.   André va voir **sa** sœur.
  [Er]   [Josephines Schwester]   [Il]   [seine eigene
                                                  oder Josephines]
– Josephine besucht **seine** Schwester.   Josephine va voir **sa** sœur.
  [Sie]   [Andrés Schwester]   [Elle]   [ihre eigene
                                                  oder Andrés]

---

* **mon/ma, ton/ta** und **son/sa, notre, votre** und **leur** stehen vor Substantiven im Singular.
* **mes, tes, ses, nos, vos** und **leurs** stehen vor Substantiven im Plural.

Achten Sie bei **mon, ton, son** und **mes, tes, ses** sowie bei **nos, vos, leurs** auf die **gebundene** Aussprache, wenn das darauffolgende Substantiv mit einem Vokal beginnt.
Im Singular können vor Substantiven mit Vokal nur **mon, ton** oder **son** stehen, niemals **ma, ta** oder **sa,** selbst wenn das Substantiv weiblich ist, z. B.:   **mon** amie   (alle femininum)
                ton épouse
                son usine

Votre und **vos** stehen sowohl für mehrere Personen (**votre** sac/**vos** amis = eure Tasche/eure Freunde) als auch für eine Person, die man siezt (**votre** sac/**vos** amis = Ihre Tasche/Ihre Freunde).

Un cambriolage · Ein Einbruch

Exercices · Übungen

Exercice 1

Employez le pronom possessif qui convient.	*Verwenden Sie das passende Possessivpronomen.*

(a) Ce sont les livres de Monique. Ce sont ... livres.
(b) C'est la maison des Lacroix. C'est ... maison.
(c) «M Dubois, vous cherchez ... clés?»
(d) Je vais vous présenter ... amies: Michelle, Anne et Jeanne.
(e) Notre voiture ne marche pas mais ... vélos sont en bon état.
(f) M et Mme Leroc ont perdu ... chèques de voyage à Paris.
(g) «M et Mme Leroc, est-ce que ce sont ... chèques de voyage?»
(h) «Merci bien, Madame. Oui, ce sont ... chèques de voyage.»
(i) J'ai mis mon stylo en or dans ... sac.
(j) «Mme Dubois, vous avez déjà garé ... voiture?»

Exercice 2

Formez des phrases en utilisant le pronom possessif qui convient.	*Bilden Sie Sätze unter Verwendung des passenden Possessivpronomens.*

Exemple: propriétaire: mon père
objet: pipe *C'est sa pipe.*

(a) propriétaire: Monique
objets: disques/parapluie
(b) propriétaires: mes parents
objet: voiture

(e) propriétaires: toi et tes amis
objets: valises
(f) propriétaire: une vieille femme
objet: portemonnaie

(c) propriétaires: nous-mêmes
objets: trois paquets de cigarettes
(d) "propriétaires": les Français
"objet": civilisation
(g) propriétaires: les membres d'une communauté religieuse
objet: église
(h) propriétaires: ma femme et moi-même
objet: appartement

! **'Tout'** kennen Sie bereits alleinstehend in der Bedeutung von ‚alles' (c'est tout) oder unveränderlich in der Kombination 'tout de suite' (sofort/gleich) oder 'tout droit' (geradeaus) sowie veränderlich vor einem Adjektiv (toute(s) neuve(s)).

Un cambriolage · Ein Einbruch

'**Tout**' in Verbindung mit einem Substantiv und dessen Artikel 'le', 'la' oder 'les' paßt sich in seiner Form (Genus: weibl./männl. und Numerus: Singular/Plural) dem Substantiv an, zu dem es gehört; 'tout' verhält sich dabei wie ein Adjektiv.
* männlich/Singular: **tout** le temps   = *die ganze Zeit*
* weiblich/Singular: **toute** la maison   = *das ganze Haus*
* männlich/Plural: **tous** les gens   = *alle Menschen*
* weiblich/Plural: **toutes** les chambres   = *alle Zimmer*
Im Singular wird 'tout'/'toute' also mit *,der/die/das ganze ...'* übersetzt.
Im Plural gibt man 'tous'/'toutes' hingegen mit *,alle ...'* wieder.

Statt des Artikels kann das Substantiv, das durch 'tout' näher bestimmt wird, ein Possessivpronomen (s. vorangehende Lektion) oder ein Demonstrativpronomen ('ce'/'cette'/'cet'/'ces' = *diese(-r)(-s)*) bei sich haben:
* männlich/Singular: **tout** mon cœur   = *mein ganzes Herz*
* weiblich/Singular: **toute** sa vie   = *sein/ihr ganzes Leben*
* männlich/Plural: **tous** les disques   = *all deine Schallplatten*
* weiblich/Plural: **toutes** mes idées   = *all meine Ideen*

Exercice 3

Essayez maintenant d'employer 'tout'/'toute'/'tous' et 'toutes'.

Versuchen Sie nun, ,tout'/,toute'/,tous' und ,toutes' anzuwenden.

(a) Un cambrioleur n'a pas beaucoup de temps. Il ne peut pas chercher ... (nuit) pour trouver qqch à emporter. Il ne peut pas chercher toute la nuit ... (b) Il cherche dans ... (tiroirs), sous ... (tables), derrière ... (cadres), dans ... (boîtes) et aussi entre ... (papiers). (c) Il entre dans ... (pièces) et regarde dans ... (coins). (d) Puis, il ouvre ... (sacs) et cherche sous ... (lits). (e) Il prend ... (argent liquide) et ... (chèques) et emporte ... (colliers) et ... (bijoux). (f) Ensuite, il nettoie ... (meubles) et ... (portes) dans ... (maison) pour ne pas laisser de traces. (g) Enfin, il referme ... (portes) et ... (fenêtres). (h) Il laisse (choses) dans un grand désordre.

Exercice 4

Appliquez ici ce que vous venez d'apprendre en construisant des phrases selon les modèles suivants:

Wenden Sie hier an, was Sie soeben gelernt haben, indem Sie Sätze konstruieren nach den folgenden Vorlagen:

(1) Monique a 120 livres. Elle a lu 120 livres. →→ Monique a lu tous ses livres.
(2) Pascal a 20 disques. Il en a écouté trois. →→ Pascal n'a pas écouté tous ses disques.
(a) Sabine a un appartement de trois pièces. Elle vient de nettoyer deux pièces. La salle de séjour est encore sale.
(b) J'ai mangé trois oranges. Il ne m'en reste plus.
(c) Tu fais tes devoirs. Le téléphone sonne. Tu ne les finis pas.
(d) Josephine a perdu son argent. Elle n'a plus un centime.
(e) Monsieur Dubois a trois voitures. Il en a lavé une.
(f) Monsieur Dubois a invité sa grande famille: ses frères, ses sœurs, ses oncles, ses tantes, sa grand-mère. ... Personne ne manque.

La candidature · Die Bewerbung

In dieser Lektion lernen Sie

- einige Vokabeln im Zusammenhang mit einer Bewerbung
- wie man Verben mit der Endung '-être' konjugiert

Dialogue · Dialog

Dialogue André Chevalier (AC), une directrice d'entreprise (DE)

DE:	Bonjour, Monsieur ... eh ... Chevalier. Prenez place, s.v.p.!	Guten Tag, Herr ... äh ... Chevalier. Nehmen Sie doch Platz!
AC:	Bonjour, Madame.	Guten Tag [, meine Dame].
DE:	Vous avez sollicité le poste de chef de service dans notre firme, Monsieur Chevalier. Si vous me le permettez, j'aimerais, pour commencer vous poser quelques questions générales.	Sie haben sich um die Stelle als Sachbearbeiter in unserer Firma beworben, Herr Chevalier. Wenn Sie erlauben, möchte ich Ihnen zunächst ein paar allgemeine Fragen stellen.
AC:	Oui, bien sûr.	Ja, selbstverständlich.
DE:	J'ai lu dans votre dossier de candidature que vous êtes employé depuis deux ans dans la firme *Coditex* à Paris. D'ailleurs, je la connais bien. Pourquoi voulez-vous obtenir un changement de situation?	Ich habe Ihren Bewerbungsunterlagen entnommen, daß Sie seit zwei Jahren bei der Firma Coditex in Paris beschäftigt sind. Übrigens, die kenne ich gut. Warum möchten Sie denn überhaupt die Stelle wechseln?
AC:	Dans la firme Coditex, je suis responsable des factures et des réclamations. Mais comme ma firme actuelle n'a que des clients français, je ne peux pas du tout appliquer mes connaissances en allemand commercial et en espagnol. J'ai appris que votre maison était en train d'élargir sa clientèle en vue de l'Europe entière. Par conséquent, je suppose que votre entreprise serait en mesure de m'offrir un poste qui me permettrait d'utiliser mes connaissances linguistiques de façon plus intense.	In der Firma Coditex bin ich für die Rechnungen und für die Reklamationen verantwortlich. Da meine derzeitige Firma aber nur französische Kunden hat, kann ich meine Kenntnisse in Handelsdeutsch und Spanisch überhaupt nicht einsetzen. Ich habe erfahren, daß Ihr Haus den Kundenstamm gerade im Hinblick auf Gesamteuropa erweitert. Deshalb gehe ich davon aus, daß Ihr Unternehmen in der Lage wäre, mir eine Stelle anzubieten, die es mir erlauben würde, meine sprachlichen Kenntnisse intensiver einzusetzen.
DE:	Avez-vous d'autres connaissances commerciales?	Haben Sie weitere kaufmännische Kenntnisse?
AC:	Oui. J'ai obtenu un diplôme d'études commerciales en 1989. Le certificat se trouve dans mon dossier.	Ich habe 1989 ein kaufmännisches Diplom erworben. Das Zeugnis finden Sie in meinen Unterlagen.

La candidature · Die Bewerbung

(La directrice feuillette.)

DE: Ah, oui, le voilà. – Si vous pensez pouvoir assurer la rédaction de notre courrier en français, en allemand et en espagnol, je peux vous offrir un poste qui vous donnera certainement satisfaction.

AC: J'espère que ma qualification convient. Je vous serais très reconnaissant de m'informer plus amplement sur la place vacante.

DE: Avec plaisir. Il s'agit d'un poste qui vous offrirait beaucoup de possibilités d'avancement et un salaire approprié ...

(Die Direktorin blättert.)

Ah ja, da ist es. Wenn Sie glauben, die Abwicklung unserer Korrespondenz auf französisch, deutsch und spanisch zusichern zu können, kann ich Ihnen eine Stelle anbieten, die Ihnen bestimmt zusagen würde.

Ich hoffe, daß meine Qualifikation dem gerecht wird. Ich wäre Ihnen sehr dankbar, wenn Sie mich ausführlicher über die freie Stelle informieren würden.

Sehr gern. Es handelt sich um eine Stelle, die Ihnen zahlreiche Aufstiegsmöglichkeiten bieten würde und ein angemessenes Gehalt ...

! Die Konjugation des unregelmäßigen Verbs '**connaître**' weicht von den Ihnen bisher bekannten Konjugationen ab. Gleiches gilt für das Verb '**paraître**' und für alle zusammengesetzten Formen, die 'connaître' oder 'paraître' enthalten (z. B. 'disparaître' = *verschwinden* und 'reconnaître' = *wiedererkennen*):

Präsens:	**passé composé:**	**Imperfekt:**
je connais	j'ai **connu**	je connaissais
tu connais	tu as connu	tu connaissais
il/elle connaît	etc.	il/elle connaissait
nous connaissons		nous connaissions
vous connaissez		vous connaissiez
ils/elles connaissent		ils/elles connaissaient

Exercices · Übungen

Exercice 1

Complétez le texte en utilisant les formes convenables des verbes 'paraître' et 'connaître'.

Vervollständigen Sie den Text unter Verwendung der passenden Formen der Verben ,paraître' und ,connaître'.

(a) Sabine ... (connaître) bien son ami. C'est à dire: Elle sait ce qu'il aime et ce qu'il n'aime pas.

(b) «Vous ... (connaître) la France, Mesdames et Messieurs?» «Non, pas encore. Nous ne ... (connaître) pas la France.»

(c) Le jeune auteur est très content parce que son premier livre ... (paraître) la semaine dernière.

(d) Monique n'est pas heureuse. Elle me ... (paraître) mécontente.

(e) Nicole ne peut pas jouer aux cartes avec ses amis parce qu'ils ne ... (connaître) pas les règles du jeu.

(f) Après une longue absence à l'étranger, Pascal ne ... (reconnaître) pas son ami tout de suite.

Chez le coiffeur · Beim Friseur

In dieser Lektion lernen Sie
● dem Friseur zu sagen, wie er Ihre Haare schneiden soll
● wie man Vergleiche ziehen kann

Dialogue · Dialog

Dialogue   Josephine Chevalier (JC), la coiffeuse (C)

JC:	Bonjour, Madame. J'ai rendez-vous à dix heures.	*Guten Tag [, meine Dame]. Ich habe einen Termin um 10 Uhr.*
C:	Bonjour, Madame. Oui, bien sûr. Voilà: Mme Chevalier: 10 h. Aujourd'hui, j'ai beaucoup de travail …	*Guten Tag [, meine Dame]. Ja, sicher. Hier steht's: Frau Chevalier, 10 Uhr. Heute habe ich wirklich viel zu tun …*
JC:	Ça ne m'étonne pas. Le vendredi, il y a toujours plus de clients chez le coiffeur que les autres jours.	*Kein Wunder. Freitags sind doch immer mehr Kunden beim Friseur als an den anderen Tagen.*
C:	Oui, là, vous avez raison. C'est le vendredi que j'ai le plus de clients. – On va commencer dans un instant. Voulez-vous prendre un café en attendant?	*Ja, da haben Sie recht. Freitags habe ich die meisten Kunden. – Wir fangen gleich an. Möchten Sie inzwischen einen Kaffee trinken?*
JC:	Non, merci, Madame, c'est très gentil mais j'ai décidé de boire moins de café parce que je ne le supporte pas bien.	*Nein, danke, das ist sehr nett, aber ich habe beschlossen, weniger Kaffee zu trinken, denn ich vertrage ihn nicht so gut.*
C:	Ah bon? Moi non plus. Depuis que je bois moins de café, je me sens mieux. Je trouve qu'il faut toujours penser à la santé.	*Ach wirklich? Ich auch nicht. Seitdem ich weniger Kaffee trinke, fühle ich mich viel wohler. Ich finde, man sollte immer an seine Gesundheit denken.*
JC:	Il n'est pas facile de renoncer à ses habitudes mais chacun fait ce qu'il peut.	*Es ist gar nicht so einfach, auf seine Gewohnheiten zu verzichten, aber man tut, was man kann.*
C:	Bon, commençons la coupe maintenant! Qu'est-ce qu'on vous fait aujourd'hui?	*So, dann fangen wir jetzt mit dem Schnitt an. Was darf's denn heute sein?*
JC:	Je ne sais pas encore. Je voudrais une coiffure plus moderne.	*Ich weiß noch nicht. Ich hätte gern eine moderne Frisur.*
C:	Je pourrais vous faire une permanente, une mise en plis ou bien une teinture.	*Ich könnte Ihnen eine Dauerwelle, eine Wasserwelle oder eine Färbung machen.*
JC:	Je crois que, pour l'instant, une mise en plis est moins moderne qu'une permanente, n'est-ce pas? Et une teinture est plus compliquée.	*Ich glaube, im Moment ist eine Wasserwelle nicht so modern wie eine Dauerwelle, oder? Und das Färben ist komplizierter.*

Chez le coiffeur · Beim Friseur

C: Mais non. Pour moi, teinture ou permanente, c'est la même chose. Et en plus, je peux vous recommander la meilleure permanente du monde. Elle a été créée à Paris.

Aber nein. Für mich ist es dasselbe, ob Färben oder Dauerwelle. Übrigens kann ich Ihnen die beste Dauerwelle der Welt empfehlen. Sie ist in Paris entwickelt worden.

JC: Croyez-moi, c'est plus compliqué de se faire couper les cheveux que d'acheter une voiture.

Glauben Sie mir, es ist komplizierter, sich die Haare schneiden zu lassen als ein Auto zu kaufen.

C: En effet, là, vous avez raison. Quelquefois je crois même que, pour beaucoup de femmes, c'est la décision la plus importante qui soit.

Da haben Sie wirklich recht. Manchmal glaube ich sogar, daß das für viele Frauen die wichtigste Entscheidung ist, die es gibt.

JC: Là, vous exagérez un peu. Mais je dois dire que pour moi, cette décision est vraiment plus importante que pour mon mari.

Da übertreiben Sie wohl ein bißchen. Aber ich muß sagen, daß diese Entscheidung für mich wirklich wichtiger ist als für meinen Mann.

C: Comme la plupart des hommes, il est peut-être moins coquet qu'une femme.

Wie die meisten Männer ist er vielleicht nicht so eitel wie eine Frau.

JC: Mais non, c'est l'homme le plus coquet du monde. Quoi qu'il en soit, j'ai pris une décision: cette fois-ci, je voudrais des cheveux plus courts et une teinture choquante.

Aber nein, er ist der eitelste Mensch der Welt. – Wie dem auch sei, ich habe mich entschieden: diesmal möchte ich kürzere Haare und eine schockierende Färbung.

! **Vergleiche beim Substantiv** drücken folgende Vergleichsadverbien aus:

* **autant de ... que** (= *genauso viele ... wie*)
* **plus de ... que** (= *mehr ... als*)
* **moins de ... que** (= *weniger ... als*).

Das Substantiv nach **de** steht im Plural, wenn es zählbar ist (z.B.: **autant de clients que/plus de voitures que/moins d'employés que**) und im Singular, wenn es nicht zählbar bzw. ein Stoffname ist (z.B.: **plus d'argent/moins de plaisir**).

Nach **plus** oder **moins** werden Zahlen durch **de** angeschlossen:
z.B.: En ce moment, je gagne **moins de 3000** Francs par mois.
Hier, j'ai perdu **plus de 100** Francs.

Der Superlativ, d.h. die höchste Steigerungsform, wird ausgedrückt durch:

* **le plus de** (= *das meiste ...*) z.B.: **le plus d'**argent
  (= *die meisten ...*) **le plus de** livres
* **le moins de** (= *das wenigste ...*) z.B.: **le moins d'**argent
  (= *die wenigsten ...*) **le moins de** livres

Chez le coiffeur · Beim Friseur

UNITÉ 38

Exercices · Übungen

Exercice 1

Complétez le texte en utilisant 'autant de', 'plus de' (2x), 'moins de' et 'le plus de'.	*Vervollständigen Sie den Text. Verwenden Sie ,autant de', ,plus de' (2x), ,moins de' und ,le plus de'.*

(a) Le jeudi, il y a ... clients chez le coiffeur que le vendredi.
(b) La patronne d'un grand salon de coiffure en ville a besoin de ... employées que la patronne d'un petit salon à la campagne.
(c) La coiffeuse de Josephine n'a pas beaucoup d'employeés mais son salon marche très bien. C'est pourquoi elle gagne ... argent que la patronne du grand salon d'en face.
(d) Dans le quartier où Josephine habite, il y a trois salons de coiffure. La patronne du grand salon d'en face a, des trois salons, ... employées.
(e) Au centre de Paris, il y a certainement ... salons de coiffure que dans la banlieue.

! **Die Steigerung des Adjektivs – Der Vergleich · La comparaison**

Man steigert die Adjektive im Französischen durch das Voranstellen der Adverbien **plus** (mehr) oder **moins** (weniger) z. B.: **plus moderne** <=> **moins moderne** (wörtl.: mehr modern <=> weniger modern)

Das Adjektiv muß dem Substantiv in Geschlecht (Genus) und Zahl (Numerus) angeglichen werden. Das heißt:

* Il est	**plus grand**	**/moins grand**	que son frère.
* Elle est	**plus grande**	**/moins grande**	que son frère.
* Ils sont	**plus riches**	**/moins riches**	que nous.
* Elles sont	**plus intelligentes/moins intelligentes**		que leurs amis.

Bei Gleichheit verwendet man **aussi ... que:**
* Il est **aussi grand** que sa sœur. *(= genauso groß wie)*
* Le cinéma n'est pas **aussi cher** que le théâtre. *(= nicht so teuer wie)*

Der Superlativ · Le superlatif

Man bildet ihn, indem man den bestimmten Artikel (le/la/les) nach dem Substantiv und vor der Komparativform mit *plus* oder *moins* noch einmal wiederholt. Denken Sie auch hier an die Angleichung des Adjektivs. Also:

* Le "Grand Hôtel" est **l'hôtel le plus cher** de la ville.
  (= das teuerste Hotel)
* "La vie en rose" est **la chanson la plus connue** d'Edith Piaf.
  (= das bekannteste Lied)

219

* On dit que les étudiants sont **les gens les plus paresseux** de la nation: ce n'est pas vrai.   (= *die faulsten Leute*)
* Les vedettes connues ne sont pas toujours **les femmes les plus charmantes** de la scène. (= *die charmantesten Frauen*)

Ausnahme: Wenn das Adjektiv normalerweise vor dem Substantiv steht (wie z. B. bei *grand* oder *vieux*),ist das auch im Superlativ der Fall, z. B.:
- un vieux quartier   ⇢ le   plus vieux   quartier
- une grande tour   ⇢ la   plus grande   tour

Aus dem Rahmen fallen folgende Steigerungsformen:

| bon | – meilleur(e)(s) | – le meilleur/la meilleure/les meilleures |
| mauvais | – pire(s) | – le pire/la pire/les pires |

Exercice 2

Maintenant vous savez comment il faut employer le comparatif et le superlatif. Voici vous avez la possibilité de vérifier si vous avez tout compris. N'oubliez pas d'accorder les adjectifs.

Jetzt wissen Sie, wie man den Komparativ und den Superlativ anwendet. Hier haben Sie die Gelegenheit zu überprüfen, ob Sie alles verstanden haben. Vergessen Sie nicht, die Adjektive anzugleichen.

   (a) Ma grande sœur a été chez le coiffeur. Ses cheveux sont maintenant ... (court) qu'avant.
   (b) Elle a été chez le ... (bon/coiffeur) de la ville.
   (c) C'est en même temps le ... (cher/coiffeur) de la région.
   (d) Ses cheveux sont maintenant beaucoup ... (volumineux) qu'hier.
   (e) En plus, ils ont un(e) ... (beau/couleur).
   (f) Ma sœur a l'air ... (jeune) et ... (moderne) qu'avant.
   (g) C'est pourquoi elle se sent ... (beau).

Exercice 3

Josephine et Sabine ne sont pas d'accord. Josephine aime mieux "La pomme verte" qui est une grande discothèque au centre-ville tandis que Sabine préfère "L'Hippodrome" qui se trouve dans la banlieue de Paris. Formez des phrases en utilisant les informations ci-dessous.

Josephine und Sabine sind sich nicht einig. Josephine mag lieber den „Grünen Apfel", eine große Diskothek im Zentrum, während Sabine das „Hippodrom" am Stadtrand von Paris vorzieht.
Bilden Sie Sätze unter Verwendung der unten gegebenen Informationen.

Chez le coiffeur · Beim Friseur

(a) La musique à la "Pomme verte": très forte.
    à l'"Hippodrome": pas tellement forte.

Sabine: "La musique à l'"Hippodrome" est moins forte que la musique à la "Pomme verte".

Ou bien:

Josephine: "La musique à la "Pomme verte" est plus forte que la musique à l'"Hippodrome".

(b) Les garçons à la "Pomme verte": très gentils.
    à l'"Hippodrome": pas très gentils.

Josephine: "Les garçons …"

(c) Les boissons à la "Pomme verte": très chères/pas très froides.
    à l'"Hippodrome": très chères/toujours bien froides.

Sabine: "Les boissons … qu'à … mais elles sont … qu'à

(d) Le chemin pour la "Pomme verte": pas trop long.
    pour l'"Hippodrome": un peu long.

Josephine: "Le chemin …"

(e) L'ambiance à la "Pomme verte": assez gaie.
    à l'"Hippodrome": très gaie.

Sabine: "L'ambiance …"

(f) La piste de l'"Hippodrome": bien petite.
    La piste de la "Pomme verte": très grande.

Josephine: "La piste …"

(g) Les gens à la "Pomme verte": assez sages.
    à l'"Hippodrome": un peu sauvages.

Josephine: "Les gens …"

Elles n'arrivent pas à une conclusion.

Sabine: " "L'Hippodrome" est la … (bonne discothèque) de Paris."

Josephine: " "L'Hippodrome" est peut-être la … (bonne discothèque) de la banlieue de Paris mais "La pomme verte" est encore … (bon) que "L'Hippodrome". Elle est la … (bonne discothèque) du centre de Paris et du monde entier."

À la banque · In der Bank

In dieser Lektion lernen Sie

● einige Redewendungen zum Einlösen von Schecks
● wie man Relativsätze und indirekte Fragen bildet

Dialogue · Dialog

Dialogue François Lacroix (FL), une employée de banque (EB), le directeur de la banque (DB)

EB:	Bonjour, Monsieur. Qu'est-ce que vous désirez?
	Guten Tag. Was kann ich für Sie tun?
FL:	Voilà un chèque que je voudrais encaisser, s.v.p.
	Ich habe hier einen Scheck, den ich gerne einlösen würde.
EB:	Je suis désolée, Monsieur, mais ce n'est pas possible. C'est un chèque barré que nous ne pouvons pas vous payer. Vous n'avez pas de chèque payable au comptant? Ou bien une carte de crédit?
	Es tut mir leid, aber das ist nicht möglich. Das ist ein Verrechnungs-scheck, den wir Ihnen nicht auszahlen können. Haben Sie denn keinen Barscheck? Oder eine Kreditkarte?
FL:	Non, je regrette. Je n'ai que ce chèque-là, et je n'ai pas ma carte de crédit sur moi. Y-a-t-il une autre solution?
	Nein, leider nicht. Ich habe nur diesen Scheck hier, und meine Kreditkarte habe ich nicht mit. Gibt es denn keine andere Lösung?
EB:	Veuillez m'excuser un instant? Je vais demander au directeur ce qu'on peut faire.
	Würden Sie mich einen Moment entschuldigen? Ich werde den Filial-leiter fragen, was man da tun kann.
	(Pause.)
	(Pause.)
	Excusez-moi, M Forestier. Il y a un problème avec un client qui voudrait encaisser un chèque barré. Pourriez-vous lui parler, s.v.p.?
	Verzeihen Sie bitte, Herr Forestier. Es gibt da ein Problem mit einem Kunden, der einen Verrechnungs-scheck einlösen will, Könnten Sie bitte mal mit ihm sprechen?
DB:	Oui, bien sûr. Qui est-ce?
	Ja sicher. Wer ist es denn?
EB:	C'est ce grand monsieur qui porte un costume gris.
	Es ist dieser große Herr, der einen grauen Anzug trägt.
DB:	Celui avec la moustache?
	Der mit dem Schnurrbart?
EB:	Oui, c'est ça.
	Ja, genau.
DB:	D'accord. Ne vous inquiétéz pas. Je m'en occupe.
	In Ordnung. Machen Sie sich keine Sorgen. Ich kümmere mich darum.

(Pause.)

(Pause.)

Je comprends bien votre problème. Ma collègue vous a probablement dit que nous n'acceptons pas de chèques barrés. Mais vous pourriez verser la somme en question à votre propre compte, et ensuite, vous pourriez tirer un chèque payable au comptant à votre nom pour disposer de l'argent.

Ich verstehe das Problem. Meine Kollegin hat Ihnen wahrscheinlich gesagt, daß wir keinen Verrechnungsscheck akzeptieren. Aber Sie könnten die betreffende Summe auf Ihr eigenes Konto überweisen, und dann könnten Sie einen Barscheck auf Ihren eigenen Namen ausstellen, damit Sie über das Geld verfügen können.

FL: Bon, s'il n'y a pas d'autre solution, c'est ce que je vais faire alors. Mais d'abord, il faut que je rentre chez moi pour prendre mon carnet de chèques. Heureusement, ce n'est pas trop loin pour aller chez moi.

Na gut, wenn es keine andere Lösung gibt, dann mache ich das so. Aber erstmal muß ich nach Hause gehen, um mein Scheckheft zu holen. Zum Glück habe ich es nicht so weit nach Hause.

DB: D'accord. Quand vous serez de retour, il faudra signer le chèque au verso.

In Ordnung. Wenn Sie zurück sind, müßten Sie nur noch den Scheck auf der Rückseite unterschreiben.

FL: Oui, bien sûr. Je dois me dépêcher pour régler ce problème avant la fermeture. Merci bien quand même, Monsieur.

Ja, sicher. Ich muß mich beeilen, damit ich die Sache noch regeln kann bevor Sie schließen. Trotzdem vielen Dank.

! **Qui et que** werden nicht nur als Fragewörter (Interrogativpronomen) gebraucht, sondern auch als Relativpronomen. Als solche beziehen sie sich sowohl auf männliche als auch auf weibliche Substantive im Singular (Einzahl) und im Plural (Mehrzahl), z. B!:

Mes parents **qui** viennent de la campagne ne sont pas heureux à Paris. (männl./Plural)

Ma sœur **qui** a dix-huit ans est déjà mariée. (weibl./Singular)

Je vais te montrer la voiture **que** je voudrais acheter. (weibl./Singular)

Je ne peux pas trouver les photos **que** je veux montrer à mon ami. (weibl./Plural)

À la banque · In der Bank

Beachten Sie den folgenden Unterschied:

*Qui ist innerhalb des Relativsatzes, den es einleitet, das Subjekt:

(1) Ma sœur (qui a dix-huit ans) est déjà mariée.

Hauptsatz: Ma sœur est déjà mariée. – Qui est marié?   – Ma sœur.
Nebensatz: … qui a dix-huit ans.   – Qui a dix-huit ans? – Ma sœur.

* Que hingegen ist das Objekt des Relativsatzes:

(2) Jean-Pierre va acheter la voiture (que je voudrais vendre).
Hauptsatz: Jean-Pierre va acheter la voiture.
        – Qui va acheter la voiture?   – Jean-Pierre.
Nebensatz: … que je voudrais vendre.
        – Qui voudrait vendre quelque chose?   – Moi.

Exercices · Übungen

Exercice 1

Formez des phrases en utilisant 'qui' et 'que'.

Bilden Sie Sätze unter Verwendung von ,qui' und ,que'.

Exemple: Yves voudrait bien visiter l'Arc de Triomphe.
L'Arc de Triomphe se trouve au centre de Paris.
→ Yves voudrait bien visiter l'Arc de Triomphe **qui** se trouve au centre de Paris.

(a) Michelle veut acheter une jupe blanche.
Elle a vu une jupe blanche dans une boutique.
(b) Voilà ma voisine.
Elle a été piquée par une abeille.
(c) Hier j'ai vu mon ami Pierre.
Pierre habite en face.
(d) Mon amie a acheté une robe noire.
La robe noire me plaît beaucoup.
(e) La nouvelle voiture de mon cousin est très rapide.
Mon cousin l'a achetée hier.

> **!** **Die indirekte Frage mit ‚ce qui' (nach dem Subjekt) und ‚ce que'**
> **(nach dem Objekt).**
>
> ‚Qui' verwenden Sie in der indirekten Frage, wenn Sie nach einer
> Person fragen:
>
> Dis-moi **qui** est ton ami.
>
> > indirekte Frage nach dem Subjekt: *Sag mir, wer ...*
>
> Dis-moi **qui** tu aimes.
>
> > indirekte Frage nach dem Objekt: *Sag mir, wen du ...*
>
> ‚Ce qui' verwenden Sie in der indirekten Frage, wenn Sie nach einer
> Sache fragen, die Subjekt ist: ‚ce que' verwenden Sie hingegen,
> wenn Sie nach einer Sache fragen, die Objekt ist:
>
> Dis-moi **ce qui** t'intéresse.
>
> > indirekte Frage nach dem Subjekt: *Sag mir, was ...*
>
> Dis-moi **ce que** tu veux faire à l'avenir.
>
> > indirekte Frage nach dem Objekt: *Sag mir, was du ...*

Exercice 2

Donnez la question indirecte. *Geben Sie die indirekte Frage an.*

(a) Qu'est-ce qui se passe?
  Je veux savoir ...

Continuez! *Fahren Sie fort!*

(b) Qu'est-ce que tu fais? →→ Je veux savoir ...
(c) Qui est mon ami?
(d) Qui est là?
(e) Qu'est-ce qui ne te plaît pas?
(f) Qu'est-ce que tu ne comprends pas?
(g) Que veux-tu?

Leçon de conduite · Fahrstunde

In dieser Lektion lernen Sie

- einige Ausdrücke rund ums Autofahren
- mehr darüber, wie man die Befehlsform (impératif) gebraucht (s. Unité 15)
- wie man sich bei einer Verneinung präziser ausdrücken kann

Dialogue · Dialog

Dialogue   André Chevalier (AC), un moniteur d'auto-école (M)

M:	C'est votre première leçon de conduite, n'est-ce pas, Monsieur Chevalier?
AC:	Oui, c'est exact. J'avoue que je suis assez nerveux.
M:	Détendez-vous. D'abord, prenez place et gardez votre calme! Attendez, pas ici! Aujourd'hui, c'est vous qui prenez le volant.
AC:	Oui, bien sûr.

(Pause. On ferme les portes.)

M:	Quand avez-vous décidé d'apprendre à conduire?
AC:	À vrai dire, je n'y tiens pas du tout mais ma femme me l'a demandé.
M:	Eh bien, quoi qu'il en soit, commençons, d'accord? Regardez, sur votre droite, vous trouvez le levier de vitesse. Pour changer de vitesse, enfoncez la pédale d'embrayage à gauche avec le pied gauche. Pour freiner, enfoncez la pédale de frein au milieu avec le pied droit! Et pour accélérer, mettez le pied droit sur la pédale d'accélération! Maintenant le moteur est au point mort.

Das ist Ihre erste Fahrstunde, nicht wahr, Herr Chevalier?

Ja, das stimmt. Ich gebe zu, daß ich ziemlich nervös bin.

Entspannen Sie sich. Setzen Sie sich erst mal, und bleiben Sie ganz ruhig! Warten Sie, nicht hierhin! Heute sind Sie es, der das Steuer übernimmt.

Ja, natürlich.

(Pause. Die Türen werden geschlossen.)
Wann haben Sie beschlossen, fahren zu lernen?

Ehrlich gesagt, halte ich gar nichts davon, aber meine Frau hat mich darum gebeten.

Na ja, wie dem auch sei, fangen wir an, einverstanden? Schauen Sie, zu Ihrer Rechten finden Sie den Schalthebel. Um einen anderen Gang einzulegen, treten Sie mit dem linken Fuß links auf das Kupplungspedal! Um zu bremsen, treten Sie mit dem rechten Fuß auf das Bremspedal in der Mitte! Und um Gas zu geben, stellen Sie den rechten Fuß auf das Gaspedal! Jetzt ist der Motor im Leerlauf.

Leçon de conduite · Fahrstunde

Donc tournez la clef de contact dans le sens des aiguilles d'une montre pour allumer! Vous êtes prêt?

Drehen Sie also den Zündschlüssel im Uhrzeigersinn, um die Zündung einzuschalten! Sind Sie bereit?

(Le moteur se met en marche.)
AC: Qu'est-ce que je dois faire maintenant? Et qu'est-ce que tous les voyants lumineux veulent dire? Et qu'est-ce que c'est, le compteur de vitesse?

(Der Motor geht an.)
Was soll ich jetzt machen? Was bedeuten all diese (Leucht-) Anzeigen? Und was ist das? Der Tachometer?

M: Calmez-vous, voyons! Oui, c'est ça. Et voilà la jauge d'essence. À droite, à côté du volant, il y a l'avertisseur. Mettez le clignotant avant de démarrer! Regardez d'abord dans les rétroviseurs! Non seulement dans le rétroviseur intérieur mais aussi dans le rétroviseur extérieur! O.K. Si la rue est libre, mettez le clignotant à gauche. Embrayez et en même temps, accélérez!

Beruhigen Sie sich doch! Ja, genau. Und dort ist der Benzinanzeiger. Rechts neben dem Steuer ist die Hupe. Bevor Sie losfahren, müssen Sie den Blinker setzen. Sehen Sie zuerst in die Rückspiegel! Nicht nur in den inneren Rückspiegel, sondern auch in den Außenspiegel! Okay. Falls die Straße frei ist, setzen Sie links den Blinker! Lassen Sie die Kupplung kommen, und geben Sie gleichzeitig Gas!

AC: Comme ça?
M: Oui, très bien. Mais n'oubliez pas que vous êtes au volant! O.K., bien. Allons-y!

So?
Ja, sehr gut. Aber vergessen Sie nicht, daß Sie am Steuer sitzen! Okay, gut. Los geht's!

(La voiture démarre.)

(Das Auto fährt los.)

L'impératif · Die Befehlsform

Man unterscheidet zwischen drei Formen:
der Befehl oder die Aufforderung kann entweder
(1) an eine Person gerichtet sein oder
(2) an mehrere Personen oder
(3) an eine Gruppe, zu der der Sprecher selbst gehört.

Außerdem müssen Sie wieder auf die Endungen der Verben im Infinitiv achten (s. Unité 23).

!

Verbtyp **-er**	Verbtyp **-re**	Verbtyp **-ir**
z. B.: manger	z. B.: attendre	z. B.: partir

(1) Mange!	– *Iß!*	Attends!	– *Warte!*	Pars!	– *Geh!*
Mangez!	– *Essen Sie!*	Attendez!	– *Warten Sie!*	Partez!	– *Gehen Sie!*
(2) Mangez!	– *Eßt!*	Attendez!	– *Wartet!*	Partez!	– *Geht!*
	– *Essen Sie!*		– *Warten Sie!*		– *Gehen Sie!*
(3) Mangeons!	– *Laßt uns essen!*	Attendons!	– *Laßt uns warten!*	Partons!	– *Laßt uns gehen!*

Verben auf **-er** haben im Imperativ Singular die Endung **-e**, genau wie die 1. Person Singular auch: **Mange!** = *Iß!*; Je **mange.** = *Ich esse.*   (1)
Verben auf **-re/-ir** haben im Imperativ Singular als Endung ein stummes **-s**, genau wie in der 2. Person Singular auch: **Attends!/Pars!** = *Warte/Geh!*; Tu attend**s**./Tu par**s**. = *Du wartest./Du gehst.*   (1)

Im Plural hat der Imperativ die Formen der 2. Person Plural (z. B. mangez/attendez/partez/...) (s. (2)) oder – wenn eine Gruppe angesprochen ist, zu der der Sprecher selbst gehört (s. (3)) – die Formen der 1. Person Plural (z. B. mangeons/attendons/partons/...).

Beachten Sie bitte die abweichende Formenbildung von:

-être:	**Sois!**	= *Sei ...!*
	Soyez!	= *Seien Sie .../Seid ...!*
	Soyons!	= *Laßt uns ... sein!*

-aller *(gehen):*	**Va! (Allez!/Allons!)**
-savoir *(wissen):*	**Sache! (Sachez!/Sachons!)**

Exercices · Übungen

Exercice 1

Utilisez les formes de l'impératif.   *Verwenden Sie die Imperativformen.*

M Lacroix n'est pas content de son fils qui est un peu paresseux.
Il lui demande de ...

M Lacroix ist unzufrieden mit seinem Sohn, der ein bißchen faul ist. Er bittet ihn, folgendes zu tun:

(a) ... ranger ses affaires.
(b) ... faire ses devoirs.
(c) ... lire plus de livres.
(d) ... aller à l'école regulièrement.
(e) ... acheter un nouveau pantalon.

Il dit: ⟶ «Range tes affaires!»
Il dit: ⟶ «...!»
⟶ «...!»

Leçon de conduite · Fahrstunde

(f) ... laver ses mains.
(g) ... rester à la maison plus souvent.
(h) ... être gentil avec sa sœur.
(i) ... apprendre ses leçons.

Exercice 2

Imaginez que vous travaillez dans un hôtel. Votre chef vous demande de ...

Stellen Sie sich vor, in einem Hotel zu arbeiten. Ihr Chef bittet Sie, folgendes zu tun:

(a) ... faire les courses. Il dit: ⇢ «Faites les courses!»
(b) ... ranger les chambres. Il dit: ⇢ «...!»
(c) ... noter des messages. ⇢ «...!»
(d) ... répondre à quelques lettres. (g) ... vérifier des réservations.
(e) ... garer les voitures des clients. (h) ... nettoyer les tapis.
(f) ... servir des boissons au bar. (i) ... rester à la réception.

! **Der verneinte Imperativ und die Verneinungsadverbien (adverbes de négation)**

Eine Imperativform zu verneinen ist ganz einfach: Sie umschließen das Verb im Imperativ mit **ne ... pas** und achten wie immer darauf, daß Sie **ne** vor einem Vokal mit **n'** abkürzen. Also:

Ne mange **pas!** *Iß nicht!*
N' attendez **pas!** *Warten Sie/Wartet nicht!*
Ne partons **pas!** *Laßt uns nicht weggehen!*

Natürlich können Sie anstelle von **ne ... pas** auch andere Verneinungs-adverbien verwenden, z. B.:

ne ... pas encore	(= *noch nicht*):	**Ne** commence **pas encore!** Fang noch nicht an!
ne ... plus	(= *nicht mehr*):	**Ne** venez **plus!** Kommen Sie/Kommt nicht mehr!
ne ... rien	(= *nichts*):	**Ne** disons **rien!** Laßt uns nichts sagen! Sagen wir nichts!
ne ... plus rien	(= *nichts mehr*):	**Ne** dites **plus rien!** Sagen Sie/Sagt nichts mehr!
ne ... jamais	(= *niemals*):	**Ne** reviens **jamais!** Komm niemals wieder!
ne ... plus jamais	(= *niemals wieder*):	**Ne** partez **plus jamais!** Gehen Sie/Geht niemals wieder weg!

Leçon de conduite · Fahrstunde

Exercice 3

Employez l'impératif (positif ou négatif). Utilisez l'adverbe de négation convenable – si nécessaire.

Wenden Sie den Imperativ (bejaht oder verneint) an. Benutzen Sie das passende Verneinungsadverb, falls notwendig.

(1) Jean-Pierre Tardieu (JPT) voudrait bien sortir ce soir mais Sabine Gautier (SG) aimerait mieux rester à la maison.
   →→ SG: **Ne sortons pas** ce soir! **Restons** à la maison!
(2) Jean-Pierre veut regarder la télé mais Sabine a encore beaucoup de travail à faire.
   JP: (ne ... travailler), Sabine! (regarder la télé) avec moi!
   →→ **Ne travaille plus,** Sabine! **Regarde** la télé avec moi!
(a) Sabine est chez Jean-Pierre. Elle téléphone à sa copine Mireille qui est en vacances à l'étranger.
JP: (arrêter), Sabine, c'est trop cher!
S: Jean-Pierre, (ne ... parler) pendant que je téléphone.
   Tu vois bien que je suis occupée. Et (ne ... être) si avare!
   Mireille? Mireille? Allô, tu es encore là? (ne ... quitter)!
   J'ai parlé à Jean-Pierre mais maintenant je t'écoute.
(b) Jean-Pierre et Sabine sont au café pour prendre un pot ensemble. Jean-Pierre n'a plus envie de rester mais Sabine voudrait bien boire encore quelque chose.
S: (ne ... partir) encore, Jean-Pierre.
   J'ai encore soif. (Rester) encore quelques minutes!
(c) JP: J'ai encore beaucoup de choses à faire, Sabine. Je voudrais bien partir.
   S: D'accord, (partir) si tu veux. Moi, je vais rester (ne ... attendre)!
   Et à l'avenir, (ne ... sortir) avec moi si tu n'as pas envie de passer un peu de temps au café.
(d) Sabine et Jean-Pierre ne savent pas que faire. Partir ensemble? Rester encore un peu? Le garçon arrive.
   Garçon: Bonjour, Mademoiselle. Bonjour, Monsieur. Le café va fermer dans quelques minutes, (prendre) vos affaires, s'il vous plaît! Et (ne ... oublier) de payer l'addition.
(e) JP: (ne ... être) impertinent, jeune homme. On n'oublie jamais de payer. Et toi, Sabine, (ne ... être) triste! Ce café ne me plaît pas. À l'avenir, (prendre) notre café ailleurs!

Horoscope · Horoskop

In dieser Lektion lernen Sie

● wie man die Sternzeichen auf französisch nennt
● wie man sich in Frankreich unter Freunden begrüßt
● und wiederholen Sie den Imperativ und die Vergleiche

Dialogue · Dialog

Dialogue André Chevalier (AC) et Sabine Gautier (SG)

(On sonne.)	*(Es klingelt.)*
AC: Bonjour, Sabine, ça va?	*Hallo, Sabine. Wie geht's?*
SG: Oui, ça va. Et toi?	*Danke, gut. Und dir?*
AC: Oui, ça va. On se fait la bise?	*Danke, gut. Geben wir uns ein Küßchen (auf die Wange)?*
(Il se font la bise.)	*(Sie geben sich ein Begrüßungsküßchen.)*
SG: J'ai rendez-vous avec Josephine. Elle n'est pas là?	*Ich bin mit Josephine verabredet. Ist sie nicht da?*
AC: Non, pas encore. Elle ne va pas tarder.	*Nein, noch nicht. Sie kommt aber bestimmt jeden Moment.*
SG: Je peux l'attendre?	*Kann ich auf sie warten?*
AC: Oui, bien sûr.	*Ja, sicher.*
SG: Je vais lire mon ParisMatch en attendant.	*Ich werde meine ParisMatch lesen, während ich warte.*
(Elle feuillette.)	*(Sie blättert.)*
Voilà mon horoscope!	*Da ist ja mein Horoskop!*
AC: Tu crois aux horoscopes? Moi, je ne m'intéresse pas beaucoup aux signes du zodiaque et les astrologues, je ne les prends pas au sérieux.	*Glaubst du an Horoskope? Ich interessiere mich nicht für Sternzeichen, und die Astrologen nehme ich nicht ernst.*
SG: Quel est ton signe du zodiaque, André?	*Welches Sternzeichen bist du, André?*
AC: Bélier.	*Widder.*
SG: C'est pourquoi tu ne crois pas aux horoscopes. Les Béliers se méfient de tout.	*Deshalb glaubst du nicht an Horoskope. Die Widder mißtrauen allem.*
AC: Ah bon? Et quel est ton signe?	*Ah ja? Und was bist du?*
SG: Balance. Les Balances de septembre sont très équilibrés.	*Waage. Die September-Waagen sind sehr ausgeglichen.*

Horoscope · Horoskop

AC: Montre-moi ton magazine!
J'aimerais quand même
connaître "le ciel de mes
amours d'été ..."

SG: Ne te moque pas de moi!
Attends. Je vais te montrer
quelles influences ont les
astres sur la destinée.

*(Elle tourne les pages de son
magazine.)*
Taureau, Gémeaux, Cancer,
Lion, Vierge, Balance,
Scorpion, Sagittaire,
Capricorne, Verseau,
Poissons --- Bélier! Voilà.

AC: Et alors – qu'est-ce qui
m'attend?

SG: "Ne changez surtout pas votre
style ... vous avez de
l'énergie à déplacer des
montagnes ... Vous avez la
terre entière à vos pieds ...
Profitez de cette période de
haute tension ... mais pensez
à votre santé ... Tout est
possible avec les Cancers et
avec les Gémeaux. Marriez-
vous si vous êtes encore
célibataire. Évitez les
Balances qui n'ont rien
à vous dire ..." --- Alors ça!

AC: Ah bon? Maintenant je
commence à croire aux
horoscopes ...

*Zeig mir mal deine Zeitschrift!
Ich möchte ja doch gern wissen,
was der Himmel an Sommeraffären
für mich bereithält.*
Mach dich nicht lustig über mich.
*Warte, ich werde dir zeigen, welchen
Einfluß die Sterne auf dein Schicksal
haben.*

(Sie blättert in ihrer Zeitschrift.)
*Stier, Zwilling, Krebs, Löwe, Jungfrau,
Waage, Skorpion, Schütze, Stein-
bock, Wassermann, Fische ---
Widder! Da ist er.*

Und – was habe ich zu erwarten?

*„Verändern Sie bloß nicht Ihren Stil ...
Sie haben die Kraft, Berge zu
versetzen ... Die ganze Erde liegt
Ihnen zu Füßen ... Nutzen Sie diese
Phase höchster Spannung ... aber
denken Sie an Ihre Gesundheit ...
Alles ist möglich mit den Krebsen
oder mit den Zwillingen. Heiraten Sie,
falls Sie noch ledig sind. Meiden Sie
Waagen, die Ihnen nichts zu sagen
haben ... --- Na sowas!"*

*Aha! Jetzt fange ich an, an Horoskope
zu glauben.*

Horoscope · Horoskop

> **!**
> **■**
>
> **Les signes du zodiaque · Die Sternzeichen**
>
> | 22 décembre | – 20 janvier: | **Capricorne** | *(Steinbock)* |
> |---|---|---|---|
> | 21 janvier | – 19 février: | **Verseau** | *(Wassermann)* |
> | 20 février | – 20 mars | **Poissons** | *(Fische)* |
> | 21 mars | – 20 avril: | **Bélier** | *(Widder)* |
> | 21 avril | – 20 mai: | **Taureau** | *(Stier)* |
> | 21 mai | – 21 juin: | **Gémeaux** | *(Zwillinge)* |
> | 22 juin | – 22 juillet: | **Cancer** | *(Krebs)* |
> | 23 juillet | – 22 août: | **Lion** | *(Löwe)* |
> | 23 août | – 23 septembre: | **Vierge** | *(Jungfrau)* |
> | 24 septembre | – 23 octobre: | **Balance** | *(Waage)* |
> | 24 octobre | – 22 novembre: | **Scorpion** | *(Skorpion)* |
> | 23 novembre | – 21 décembre: | **Sagittaire** | *(Schütze)* |

Exercices · Übungen

Exercice 1

Comparez en utilisant 'autant de',
'moins de' et 'plus de'.

*Vergleichen Sie, und verwenden Sie
‚autant de‘, ‚moins de‘ und ‚plus de‘.*

Les Verseaux: beaucoup d'énergie/les Vierges: peu d'énergie
Les Verseaux ont plus d'énergie que les Vierges.
ou bien: Les Vierges ont moins d'énergie que les Verseaux.

(a) les Lions: très sauvages/les Taureaux: un peu sauvages
(b) les Sagittaires: peu de passion/les Cancers: beaucoup de passion
(c) les Balances: bien équilibrés/les Poissons: bien équilibrés
(d) la vie des Capricornes: assez troublée/la vie des Scorpions: calme
(e) les Vierges: beaucoup de problèmes/les Lions:
beaucoup de problèmes
(f) les Gémeaux: très patients/les Verseaux: impatients
(g) les Taureaux: pas généreux/les Poissons: assez généreux

In dieser Lektion lernen Sie

● mit welchen Vokabeln Sie übers Krankenhaus sprechen können
● wie man rückbezügliche (reflexive) Verben (les verbes prominaux) gebraucht

Dialogue · Dialog

Dialogue   Sabine Gautier (SG), son copain Jean-Pierre Tardieu (JPT)

JPT:	Salut, chérie. Comment vas-tu?	*Hallo, Schatz. Wie geht's dir?*
SG:	Bof! Ça va, mais je m'ennuie beaucoup. C'est affreux quand on ne peut même pas se promener. On va m'enlever mon plâtre dans six semaines.	*Ach! Es geht, aber ich langweile mich so! Es ist schrecklich, wenn man noch nicht einmal spazieren gehen kann. In sechs Wochen bekomme ich den Gips abgenommen.*
JPT:	Dans six semaines? C'est encore loin! Mais qu'est-ce que tu fais toute la journée? Tu te reposes bien?	*In sechs Wochen? Das ist noch lang hin. Aber was machst du den ganzen Tag. Erholst du dich gut?*
SG:	Bah – – – tu en as des idées! Aujourd'hui, je me suis réveillée vers 5 heures du matin parce qu'une infirmière m'a fait une piqûre contre une thrombose. Je me suis levée vers 6 heures 30 et j'ai boité vers la salle de bains. Puis je me suis lavée. J'ai pris le petit déjeuner, et depuis, je m'ennuie.	*Ach was – – – du hast Vorstellungen! Heute bin ich gegen 5 Uhr morgens aufgewacht, weil eine Kranken- schwester mir eine Thrombose- Spritze gegeben hat. Ich bin gegen 6 Uhr 30 aufgestanden und zum Badezimmer gehumpelt. Dann habe ich mich gewaschen. Ich habe gefrühstückt, und seitdem langweile ich mich.*
JPT:	Calme-toi, Sabine! Oui, c'est moche, ça. Mais dis donc, pourquoi tu ne t'occupes pas de qqch qui t'intéresse? Tu pourrais lire, par exemple.	*Beruhige dich, Sabine! Ja, das ist übel. Aber sag mal: Warum beschäftigst du dich nicht mit etwas, das dich interessiert? Du könntest zum Beispiel lesen.*
SG:	Oh non, je n'arrive pas à me concentrer.	*Ach nein, ich bringe es nicht fertig, mich zu konzentrieren.*
JPT:	Alors tu préfères te plaindre?	*Also beklagst du dich lieber?*
SG:	Je ne me plains pas! J'ai seule- ment raconté ce qui s'est passé aujourd'hui ... ou plutôt: ce qui se passe tous les jours.	*Ich beklage mich nicht! Ich habe nur erzählt, was heute passiert ist ... besser gesagt: was jeden Tag passiert.*
JPT:	Voilà! Tu te plains!	*Na bitte! Du beklagst dich!*

À l'hôpital · Im Krankenhaus (1)

SG: Ce n'est pas vrai. Mais je ne veux pas me quereller avec toi. J'aimerais mieux parler un peu.

Das ist nicht wahr. Aber ich will mich nicht mit dir streiten. Ich würde lieber ein bißchen reden.

JPT: À mon avis, nous ne nous sommes pas querellés. Nous avons bien discuté.

Ich finde nicht, daß wir uns gestritten haben. Wir haben uns gut unterhalten.

SG: Pas moi.

Ich mich nicht.

JPT: Eh bien ... moi, je me suis bien entretenu. Mais écoute, Sabine, aujourd'hui, ça ne sert à rien. Toi, tu es de mauvaise humeur, et moi, je suis assez pressé. Tu sais quoi: je vais m'en aller maintenant et je reviens après-demain. Qu'est-ce que tu en penses?

Na ja, ich habe mich gut unterhalten. Aber hör mal, Sabine, heute bringt das nichts. Du hast schlechte Laune, und ich bin ziemlich in Eile. Weißt du was? Ich werde jetzt gehen – und übermorgen komme ich wieder. Was hältst du davon?

SG: Bon, d'accord. Alors je vais essayer de dormir un peu avant la visite du médecin-chef. À la prochaine!

Gut, einverstanden. Dann werde ich jetzt versuchen, vor der Visite des Chefarztes noch ein wenig zu schlafen. Bis demnächst!

JPT: À bientôt.

Bis bald!

! **Die Reflexivverben (rückbezügliche Verben) (les verbes prominaux)** bestehen immer aus (mindestens) zwei Teilen (z. B. ‚se passer'): dem **Reflexivpronomen** (me/te/se/nous/vous/se) und dem **Verb**. Wie im Deutschen können manche Reflexivverben sowohl mit als auch ohne Reflexivpronomen gebildet werden, die Bedeutung ist dann allerdings verschieden, z. B.:

– J'ai trouvé la rue tout de suite. *[= finden]*
– Le Louvre se trouve à Paris. *[= sich befinden]*

Das **Reflexivpronomen** (me/te/se/nous/vous/se) steht im Französischen immer vor dem Verb (anders als im Deutschen!):

– Je   me lave. →→ *Ich* wasche mich.
– Tu   t'ennuies. →→ *Du* langweilst dich.
– Vous vous amusez. →→ *Ihr* amüsiert euch.

Bei der Verwendung von 'ne ... pas' u. ä. **Verneinungsformen** werden Reflexivpronomen und Verb nicht voneinander getrennt:

– Il ne se lève   pas avant 10 heures.
– Nous ne nous entretenons jamais pendant le repas.
– Elles ne s'entendent   plus.

In der **Grundform (Infinitiv)** muß 'ne ... pas' u. ä. vor dem Reflexiv-pronomen und dem Verb stehen:

ne pas s'amuser	⟵⟶ deutsch: *sich nicht amüsieren*
ne pas se réveiller	⟵⟶ deutsch: *nicht aufwachen*
ne pas se lever	⟵⟶ deutsch: *nicht aufstehen*

Nicht jedes Verb, das im Französischen reflexiv ist, muß auch im Deutschen reflexiv sein – und umgekehrt:

sich verlieben	⟵⟶ französisch: *tomber amoureux*
sich beteiligen	⟵⟶ französisch: *participer*
sich fürchten	⟵⟶ französisch: *avoir peur/craindre*

Die **Befehlsform (Imperativ)** bildet man

* bejaht:
– mit nachgestelltem '-toi!'/'-vous'/'-nous' (mit Bindestrich):

– lève-toi!	⤳ *Steh auf!*
– Calmez-vous!	⤳ *Beruhigt euch!/Beruhigen Sie sich!*
– Baignons-nous!	⤳ *Gehen wir baden! (Laßt uns baden gehen!)*

* verneint:
– mit 'ne ... pas' u. ä., die das Reflexivpronomen und das Verb umschließen:

– Ne te baigne pas ici!	⤳ *Bade nicht hier!*
– Ne vous excusez pas!	⤳ *Entschuldigt euch nicht!/Entschuldigen Sie sich nicht!*
– Ne nous querellons pas!	⤳ *Streiten wir uns nicht! (Laßt uns nicht streiten!)*

Bei der nahen **Zukunft (aller faire qqch)** und der **Vergangenheit (Imperfekt)** gibt es kaum Probleme mit dem Reflexivverb. Einige Beispiele:

* Bei der nahen Zukunft:

– Je (ne) vais (pas) me lever tôt.	⤳ *Ich werde (nicht) früh aufstehen.*
– Tu (ne) vas (pas) te lever tôt.	⤳ *Du wirst (nicht) früh aufstehen.*

* Beim Imperfekt:
– il se levait
– ils ne se promenaient pas
– elle se baignait
– vous vous baigniez
  etc.

À l'hôpital · Im Krankenhaus (1)

Exercices · Übungen

Exercice 1

Construisez des phrases en utilisant tous les verbes ci-dessous.	*Konstruieren Sie Sätze unter Verwendung aller unten angegebenen Verben.*
Chaque verbe ne peut être utilisisé qu'une seule fois! L'ordre des verbes ne correspond pas à l'ordre des phrases.	*Jedes Verb darf nur einmal verwendet werden! Die Reihenfolge der Verben entspricht nicht der Reihenfolge der Sätze.*

- se concentrer
- s'occuper
- ne pas se coucher
- ne pas s'amuser
- ne pas se lever

- s'ennuyer
- se laver
- s'entretenir
- se promener

(a) À la campagne, nous n'avons rien à faire. C'est pourquoi nous ... sans arrêt.

(b) Aujourd'hui, Josephine n'a pas le temps. Elle ne peut pas ... la tête.

(c) Ce matin, André a beaucoup de choses à faire. Qu'est-ce qu'il va faire d'abord? D'abord, il va ... sur son travail, ensuite, il va ... de ses loisirs.

(d) Quelqu'un qui s'ennuie tout le temps est une personne triste qui ...

(e) Aujourd'hui, Josephine et André veulent rester au lit toute la journée. Ils ...

(f) Sabine et Josephine n'ont pas envie de prendre la voiture. Elles ... au Bois de Boulogne, un grand parc à Paris.

(g) «Vous avez beaucoup de choses à dire à votre petite amie, donc vous ... très bien, n'est-ce pas?»

(h) Il est déjà 23 heures mais les enfants regardent encore la télé. Quand les parents ne sont pas à la maison, ils ...

Exercice 2

Employez l'impératif des verbes pronominaux. Dites aux personnes suivantes ce qu'il y a à faire. Donnez l'ordre ou le conseil de ...	*Verwenden Sie den Imperativ der Reflexivverben. Sagen Sie den folgenden Personen, was es zu tun gibt. Geben Sie die Anweisung oder den Rat, folgendes zu tun:*

(a) ... se lever ⟶ à Pascal
⟶ Lève-toi!

(b) ... ne pas se baigner ici ⟶ aux touristes

(c) ... ne pas se coucher si tard ⟶ à un enfant

(d) ... ne pas se quereller ⟶ à vous-même et à votre femme/mari

(e) ... se promener plus souvent ⟶ à deux employés de bureau

(f) ... s'habiller plus chic ⟶ à deux jeunes filles

In dieser Lektion lernen Sie

● die Reflexivverben im ‚passé composé' zu gebrauchen

Dialogue · Dialog

Dialogue   Jean-Pierre (JP), Gilles (G), son ami

JP:	Je viens de rentrer de l'hôpital où je me suis entretenu avec Sabine.	Ich komme gerade aus dem Krankenhaus zurück, wo ich mich mit Sabine unterhalten habe.
G:	Sabine est à l'hôpital? Qu'est-ce qui s'est donc passé?	Sabine ist im Krankenhaus? Was ist denn passiert?
JP:	Ce n'est pas si grave. Elle s'est cassé la jambe.	Es ist nicht so schlimm. Sie hat sich das Bein gebrochen.
G:	Ça alors. Pauvre Sabine … Qu'est-ce que tu as fait pour la distraire un peu? Vous vous êtes promenés ensemble?	Na sowas. Arme Sabine … Was hast du unternommen, um sie ein bißchen zu zerstreuen? Seid ihr miteinander spazieren gegangen?
JP:	Espèce d'idiot! Nous ne nous sommes pas promenés parce que Sabine ne peut pas marcher.	Du Dummkopf! Wir sind nicht spazieren gegangen, weil Sabine nicht laufen kann.
G:	Donc vous avez discuté?	Also habt ihr nur geredet?
JP:	Oui, mais Sabine n'était pas contente. Elle s'est plainte de moi et aussi de la journée à l'hôpital. Aujourd'hui, elle s'est levée très tôt …	Ja, aber Sabine war nicht zufrieden. Sie hat sich über mich beklagt und über den Tagesablauf im Krankenhaus. Heute ist sie sehr früh aufgestanden …
G:	Mais à l'hôpital, on se lève tôt. C'est normal.	Aber im Krankenhaus steht man nun mal früh auf. Das ist normal.
JP:	Pas pour ma petite amie! Je suis parti au bout de quelques minutes. Et Sabine s'est recouchée. D'ailleurs, je vais aller la voir encore une fois après-demain. Tu ne veux pas m'accompagner?	Nicht für meine Freundin! Ich bin nach einigen Minuten gegangen. Und Sabine hat sich noch einmal hingelegt. Übrigens, ich gehe sie übermorgen nochmal besuchen. Willst du nicht mitkommen?

À l'hôpital · Im Krankenhaus (2)

!

■ Der Gebrauch der **Reflexivverben im ,passé composé'** ist relativ kompliziert.

* Eine der wichtigsten Regeln: alle Reflexivverben bilden das passé composé mit ,être'. (Schlagen Sie doch noch einmal nach in Unité 23, S. 141 (Die Vergangenheitsform) und vor allem auch in Unité 30, S. 183 f. (Partizipformen)!) Beachten Sie bei der Formenbildung die Angleichung des Partizips an das Geschlecht und die Zahl (Genus und Numerus) des Subjekts:

Il	s'est	couché.	(Maskulinum, Singular → keine Veränderung)
Elle	s'est	couché**e**.	(Femininum, Singular → -e)
Ils	se sont	couché**s**.	(Maskulinum, Plural → -s)
Elles	se sont	couché**es**.	(Femininum, Plural → -es)

* Bei **Verneiung:**

Nous	ne nous	sommes	pas amusés.
Vous	ne vous	êtes	pas amusé(s).

I I I I I

Subjekt ne Reflexiv- Form von pas Verb im
pronomen être u. ä. Partizip

Obwohl alle Reflexivverben ihr passé composé mit ,être' bilden, verhalten sie sich bei der **Angleichung des Partizips** wie die Verben, die ihr passé composé mit ,avoir' bilden. (Vgl. hierzu Unité 30).

Dazu ein Beispiel: ,se farder' = sich schminken.

(1) Elle s' est fardé**e**.

I I I I

Sub- Reflexiv- Form Vollverb
jekt pronomen von im Partizip
als direktes être
Objekt
vorangestellt

Hier ist das Reflexivpronomen selbst das direkte Objekt. ,Wen oder was' hat sie geschminkt? Antwort: -'s(e)' *[= sich]*. Deshalb bezieht sich das Relativpronomen auf das Subjekt und wird diesem in Genus und Numerus (Geschlecht und Zahl) angeglichen.
,Elle' ist 1. weiblich und 2. Singular. Daraus folgt: **-e** wird an die Partizipform (hier: ,fardé') angehängt: fardé**e'**

(2) Elle s'est fardé les yeux.
Frage: ,Wen oder was' hat sie geschminkt? Antwort: 'les yeux'.
Frage: ,Wem hat sie die Augen geschminkt? Antwort: 's(e)' *[= sich]*
Das direkte Objekt ist hier also das nachgestellte 'les yeux', und das Reflexivpronomen ist indirektes Objekt. Deshalb entfällt die Angleichung des Partizips (hier: ,fardé').

(3) Regarde les yeux qu'elle s'est fardé**s**.

Frage: ‚Wen oder was' hat sie geschminkt? Antwort: 'les yeux'.
Frage: ‚We**m** hat sie die Augen geschminkt? Antwort: 's(e)' *[= sich]*

Das direkte Objekt ist hier wieder ‚les yeux', diesmal allerdings der Verbform im passé composé vorangestellt. Deshalb richtet sich das passé composé nach diesem vorangestellten direkten Objekt, und das Partizip wird angeglichen. ‚Les yeux' ist 1. männlich und steht 2. im Plural. Angehängt wird deshalb -**s**: ‚fardé**s**'.

Exercices · Übungen

Exercice 1

Essayez maintenant d'employer les verbes pronominaux au passé composé.

Versuchen Sie nun, die Reflexivverben im ‚passé composé' anzuwenden.

(a) Lundi à l'hôpital, Sabine n'a pas dormi longtemps. Elle ... (se réveiller) vers 5 heures du matin.
(b) Elle ... (ne pas se lever) tout de suite.
(c) Vers 7 heures, elle ... (se laver), et elle a mis son peignoir.
(d) À 7 heures et demie, elle a pris le petit déjeuner. Ensuite, elle ... (se laver) les mains.
(e) Puis, elle ... (se farder). Elle ... (se farder) les lèvres et les yeux.
(f) Elle ... (se remettre) au lit pour se reposer mais au bout de quelques minutes, elle ... (s'ennuyer).
(g) Un peu plus tard, Jean-Pierre est arrivé. Sabine et Jean-Pierre ... (ne pas s'entendre/bien). Ils ... (ne pas se concentrer) sur la maladie de Sabine. Ils ... (ne pas se promener) parce que Sabine avait mal à la jambe.
(h) Sabine ... (se plaindre) sans arrêt. Elle ... (ne pas se calmer).
(i) C'est pourquoi Jean-Pierre ... (s'en aller) tôt. Ils ... (ne même pas se dire) «au revoir».
(j) Sabine ... (se coucher) tout de suite.
(k) Un peu plus tard, elle ... (se relever). Elle a réfléchi, et puis elle a téléphoné à Jean-Pierre. Elle ... (s'excuser) au téléphone.

Au musée · Im Museum

In dieser Lektion lernen Sie

- was es im Kunstmuseum zu sehen gibt
- wie Sie einzelne Personen anderen gegenüber hervorheben können

Dialogue · Dialog

Dialogue Sabine Gautier (SG) et Jean-Pierre Tardieu (JPT)

SG:	Qu'est-ce que tu veux voir d'abord? Moi, j'aimerais voir les sculptures grecques au deuxième étage.	*Was möchtest du zuerst sehen? Ich möchte gern die griechischen Skulpturen im 2. Stock sehen.*
JPT:	Toi, tu veux toujours voir ces trucs antiques. Moi, j'aime mieux la peinture moderne que l'art grec.	*Du möchtest immer dieses antike Zeug sehen. Ich ziehe die moderne Malerei der griechischen Kunst vor.*
SG:	En tout cas, ce sont les Grecs qui ont créé une magnifique civilisation.	*Immerhin waren es die Griechen, die eine herausragende Kultur geschaffen haben.*
JPT:	… et c'est Picasso qui a créé de vraies œuvres d'art.	*… und es ist Picasso, der wahre Kunstwerke geschaffen hat.*
SG:	Tu crois que nous sommes capables d'en juger …?	*Glaubst du, daß wir in der Lage sind, darüber zu urteilen?*
JPT:	C'est toi qui dis que les Grecs ont créé des œuvres plus importantes que d'autres artistes.	*Du bist es, die sagt, daß die Griechen wichtigere Werke geschaffen haben als andere Künstler.*
SG:	Moi, je n'ai jamais dit ça! J'ai seulement dit que j'aimerais bien commencer notre visite par les sculptures grecques.	*Das habe ich nie gesagt! Ich habe nur gesagt, daß ich unseren Museumsbesuch gern mit den griechischen Skulpturen beginnen würde.*
JPT:	Mais les sculptures ne m'intéressent pas du tout.	*Aber die Skulpturen interessieren mich überhaupt nicht.*
SG:	D'accord. Pas de problème. Moi, je vais regarder les sculptures, et toi, tu vas regarder les tableaux de Picasso.	*Einverstanden. Kein Problem. Ich gehe mir die Skulpturen ansehen, und du gehst dir die Bilder von Picasso ansehen.*
JPT:	Très bien. On se retrouve au foyer dans deux heures?	*Einverstanden. Treffen wir uns in zwei Stunden im Foyer?*
SG:	C'est une bonne idée! Mais espérons que tu ne va pas tomber sur trop de sculptures de Picasso.	*Das ist eine gute Idee! Aber hoffen wir bloß, daß du nicht auf allzu viele Skulpturen von Picasso stoßen wirst.*

Au musée · Im Museum

! **Die betonten, unverbundenen Personalpronomen (les pronoms personnels toniques et disjoints)** geben Ihnen unter anderem die Möglichkeit, eine bestimmte Person innerhalb eines Satzes hervorzuheben. Es gibt die folgenden betonten, unverbundenen Personalpronomen:

moi	**nous**
toi	**vous**
lui/elle	**eux/elles**

Die unverbundenen Personalpronomen kann man nicht deklinieren. Als Subjekt und als Objekt haben sie die gleiche Form.

(1) In Verbindung mit dem jeweils dazugehörigen unbetonten Personalpronomen (je/tu/etc.) wird die betreffende Person innerhalb des Satzes gegenüber anderen besonders hervorgehoben, z. B.:

Moi, je	ne veux pas aller au musée d'art.
Toi, tu	es fou/folle de peinture.
Nous, on	va au musée.
Vous, vous	restez ici.
Eux, ils	n'aiment pas les musées.

(2) Anders als die verbundenen Personalpronomen (je/tu/etc.) können die unverbundenen Personalpronomen ohne Verb erscheinen, z. B.:

«Sabine, tu sors ce soir?» «Non, je n'ai pas envie.» «**Moi** non plus.»

(3) Die unverbundenen Personalpronomen findet man immer nach Präpositionen:

On va	**chez moi** ou **chez toi?**
Nous venons de parler	**de toi.**
Elle ne peut pas vivre	**sans lui.**
Je pense	**à elle** tout le temps.
On va au centre-ville ou on va	**chez nous?**
Il a préparé qqch	**pour eux.**
Je ne veux plus sortir	**avec elles.**

Beachten Sie auch das Sprichwort: Chacun pour **soi** et Dieu pour tous. ‚soi' steht für ein unbestimmtes Subjekt oder für ein unbestimmtes ‚on'.

Sie wissen ja, daß ‚on' häufig anstelle von ‚nous' verwendet wird. (Z. B.: On va au musée? <⟶> Nous allons au musée?) Ist dies der Fall, wird als betonte, unverbundene Form des Personalpronomens ‚nous' benutzt (und nicht etwa ‚soi') (s. o.).

Au musée · Im Museum

Exercices · Übungen

Exercice 1

Complétez les phrases suivantes en utilisant la forme convenable des pronoms personnels toniques ou disjoints.	*Vervollständigen Sie die folgenden Sätze unter Verwendung der passenden Form der betonten, unverbundenen Pronomen.*

  (a) Christine n'arrive pas à oublier son ami. Elle pense à ... (il) tout le temps.
  (b) Pascal et Gilles veulent passer le week-end à la maison. Leurs amis François et Michel ne sont pas d'accord ... (ils), ils veulent aller en ville pour s'amuser.
  (c) «Ne pars pas sans ... (je)!» – «Mais non, je ne vais pas partir sans ... (tu).»
  (d) «Ou sont Monique et sa sœur? J'ai apporté qqch pour ... (elles).»
  (e) «Monsieur Dubois, je ne veux plus sortir avec ... (vous).»
  (f) «Qu'est-ce qu'on fait ce soir? On reste chez ... (on) ou on sort?»
  (g) «... (on), on va rester à la maison. Si vous voulez absolument sortir, sortez donc sans ... (nous).»
  (h) «Qu'est-ce que tu fais ce soir, Luc?» – «... (il), il ne veut jamais sortir.» «Ce n'est pas vrai. Je voudrais bien sortir, mais je ne veux pas du tout sortir avec ... (tu).»

Exercice 2

Utilisez la mise en relief 'c'est ... qui'.	*Verwenden Sie die Hervorhebung ‚c'est ... qui'.*

Exemple: Ils ont froid. ⇢ Ce sont eux qui ont froid.

  (a) Je veux y aller.   (b) Tu ne sais rien.
  (c) Il s'ennuie.   (d) Nous avons soif.
  (e) Vous prenez le volant. (f) On s'amuse bien.

243

Au théâtre · Im Theater

In dieser Lektion lernen Sie

● einige Begriffe aus der Theaterwelt kennen
● wie Sie sich über Dinge unterhalten können, die geschehen *könnten,* aber noch nicht geschehen sind

Dialogue · Dialog

Dialogue   Sabine Gautier (SG) et Jean-Pierre Tardieu (JPT)

SG: On ne peut pas rester au foyer longtemps, Jean-Pierre. La représentation va commencer dans quelques minutes.

Wir können nicht mehr lange im Foyer bleiben, Jean-Pierre. In ein paar Minuten fängt die Vorstellung an.

(Ils entrent dans la loge.)
JPT: Moi, je n'aime que les comédies. De toute façon, j'aimerais mieux passer cette soirée au cinéma.

(Sie betreten die Loge.)
Ich mag nur Komödien. Ich würde diesen Abend jedenfalls lieber im Kino verbringen.

SG: Tu es vraiment un homme sans culture! Moi, je suis folle de théâtre. Je ne pourrais plus m'en passer.

Du bist wirklich ein Kulturbanause! Ich bin verrückt nach dem Theater. Ich könnte nicht mehr darauf verzichten.

JPT: Ne dramatise pas! À mon avis, il y a assez de tragédies et assez de drames dans la vie quotidienne. Ce n'est pas la peine d'acheter un billet pour suivre, en outre, des actions tragiques au théâtre. Je n'aimerais pas non plus être acteur. Et toi?

Nun dramatisiere nicht! Meiner Meinung nach gibt es genug Tragödien und genug Dramen im alltäglichen Leben. Es ist nicht der Mühe wert, eine Eintrittskarte zu kaufen, um tragische Handlungen obendrein noch im Theater zu verfolgen. Und Schauspieler wäre ich auch nicht gern. Du etwa?

SG: Moi oui! J'aimerais bien être une vedette de théâtre. Je n'aurais que les rôles principaux et je ne jouerais que des tragédies. Je travaillerais avec les meilleurs metteurs en scène ...

Aber ja! Ich wäre gern ein Theaterstar. Ich hätte nur die Hauptrollen und würde nur Tragödien spielen ... Ich würde mit den besten Regisseuren zusammenarbeiten ...

Au théâtre · Im Theater

JPT: Sabine – ça suffit! Si tu étais une vedette, tu ferais encore plus de bêtises que d'habitude …

Sabine – das genügt! Wenn du ein Star wärst, würdest du noch mehr Dummheiten machen als sonst …

SG: Une vedette sans allure n'est pas une vraie vedette … et je ne voudrais pas decevoir mon public.

Ein Star ohne Allüren ist doch gar kein richtiger Star, … und ich würde meine Zuschauer nicht gerne enttäuschen.

JPT: Et en plus, j'aurais enfin une bonne raison d'aller au théâtre!

Und außerdem hätte ich dann endlich einen guten Grund, ins Theater zu gehen.

SG: Ça m'étonnerait! Chut! Le rideau se lève.

Das würde mich wundern! Psst. Der Vorhang geht auf.

! **Le conditionnel présent · Das Konditional Präsens (Konditional I)**

Einige Verben im Konditional Präsens sind Ihnen schon längst begegnet, z. B. 'j'aimerais'/'tu ferais'/'je voudrais'. Wie der Name schon sagt, handelt es sich beim Konditional um eine Zeitform, die ausdrückt, daß etwas von bestimmten Bedingungen (Konditionen) abhängt und deshalb zu dem Zeitpunkt, an dem es ausgesprochen wird, (noch) nicht den Tatsachen entspricht. 'J'aimerais …' drückt somit aus, daß der Sprecher etwas haben oder machen möchte, das er in diesem Moment (noch) nicht hat oder macht.

Die **regelmäßige Bildung** des **conditionnel présent** ist sehr unkompliziert: An den Infinitiv des Verbs hängt man folgende Endungen:

1. Pers. Sg.:	**-ais**	1. Pers. Pl.:	**-ions**
2. Pers. Sg.:	**-ais**	2. Pers. Pl.:	**-iez**
3. Pers. Sg.:	**-ait**	3. Pers. Pl.:	**-aient**

Bei Verben aus '-re' fällt das '-e' am Ende weg, z. B.: je répondrais
il dirait etc.

Probleme macht die Bildung des **conditionnel présent** eigentlich nur, weil so viele Verben unregelmäßige Formen haben. Beachten Sie also die folgenden Sonderformen:

-aller:	**j'irais**	-avoir:	**j'aurais**
-devoir:	**je devrais**	-être:	**je serais**
-faire:	**je ferais**	-pleuvoir:	**il pleuvrait**
-pouvoir:	**je pourrais**	-savoir:	**je saurais**
-tenir:	**je tiendrais**	-venir:	**je viendrais**
-voir:	**je verrais**	-vouloir:	**je voudrais**

Au théâtre · Im Theater

Exercices · Übungen

Exercice 1

Mettez au conditionnel présent les verbes entre parenthèses.	*Setzen Sie die Verben in Klammern ins Konditional Präsens.*

(a) À ta place, je ... (s'acheter) une autre voiture. Ta voiture consomme trop d'essence.

(b) Ça vous ... (faire) plaisir d'aller au théâtre ce soir?

(c) Vous n'avez pas envie de venir chez moi? Alors qu'est-ce que vous ... (aimer) mieux faire ce soir?

(d) Si nous savions danser, nous ... (aller) à la discothèque plus souvent.

(e) Josephine et Sabine savent bien qu'elles ... (devoir) travailler plus mais elles aiment mieux s'amuser que travailler.

(f) S'il faisait beau, nous ... (pouvoir) aller à la piscine.

(g) Mme Lacroix est à la boulangerie. Elle demande au boulanger «... (pouvoir)-vous me donner deux croissants et une baguette?»

(h) Sabine ... (aimer) bien être une vedette de théâtre. Si elle était une vedette de théâtre, elle ... (se préparer) bien. Elle ... (savoir) son rôle.

(i) Je ne ... (dire) pas que la France est plus belle que l'Italie mais moi, j'... (aimer) mieux passer mes vacances dans le Sud de la France qu'en Italie.

Exercice 2

Conjuguez les verbes ci-dessous (au conditionnel présent). Vérifiez la conjugaison en écoutant la cassette.	*Konjugieren Sie die unten angegebenen Verben (im Konditional Präsens). Überprüfen Sie die Konjugation mit Hilfe der Cassette.*

   (a) savoir   (b) aller   (c) venir

Projets d'avenir · Zukunftspläne

In dieser Lektion lernen Sie

● wie man über Zukünftiges spricht

Dialogue · Dialog

Dialogue   Jean-Pierre Tardieu (JPT) et son amie, Sabine Gautier (SG)

JPT:	Dis donc, Sabine, tu as l'air triste. À quoi tu penses?	*Sag mal, Sabine, du siehst traurig aus. Woran denkst du?*
SG:	Mais non, je ne suis pas triste. Je suis en train de penser à l'avenir. J'aimerais bien savoir ce qu'il me réserve …	*Aber nein, ich bin nicht traurig. Ich denke gerade an die Zukunft. Ich wüßte ja zu gerne, was sie für mich bereithält.*
JPT:	Qui vivra verra.	*[Wörtl.:] Wer leben wird, wird sehen.*
SG:	Mais toi aussi, de temps en temps, tu fais des projets d'avenir, n'est-ce pas?	*Aber du machst doch sicher auch von Zeit zu Zeit Zukunftspläne, oder?*
JPT:	Bien sûr. Dans quelques années, j'aurai certainement une grande maison et une belle voiture …	*Ja, natürlich. In einigen Jahren werde ich bestimmt ein großes Haus und ein schönes Auto haben …*
SG:	… et comme tes parents, nous habiterons à la campagne. Et nous aurons deux enfants et un grand chien …	*… und wie deine Eltern werden wir auf dem Lande leben. Und wir werden zwei Kinder haben und einen großen Hund …*
JPT:	Je n'aime pas les enfants …	*Ich mag keine Kinder …*
SG:	On verra. Si, peut-être un jour, nous sommes mariés …	*Das wird sich zeigen. Wenn wir vielleicht eines Tages verheiratet sind …*
JPT:	Ça, je ne le sais pas encore.	*Das weiß ich ja noch nicht.*
SG:	Qu'est-ce que ça veux dire? Tu ne veux pas te marier?	*Was soll das heißen? Willst du nicht heiraten?*
JPT:	Non, pas forcément. Peut-être à l'âge de soixante ans. Aucune idée … L'avenir nous le dira.	*Nein, nicht unbedingt. Vielleicht mit sechzig Jahren. Aber ich habe keine Ahnung. Das wird die Zukunft zeigen.*
SG:	Tu n'as vraiment pas d'idée concrète en ce qui concerne ta vie future?	*Hast du wirklich keine konkrete Vorstellung von deinem späteren Leben?*
JPT:	Mais si! Je passerai mes vacances à Juan-les-Pins. J'achèterai mes vêtements chez Cardin et j'abandonnerai mon travail.	*Aber ja! Ich werde meine Ferien in Juan-les-Pins verbringen und meine Kleidung bei Cardin kaufen, und ich werde meine Arbeit aufgeben.*
SG:	Tu es bien matérialiste, toi. En plus, tu ne me prends pas au sérieux.	*Du bist ganz schön materialistisch. Außerdem nimmst du mich nicht ernst.*
JPT:	De toute façon, tu auras tout oublié dans cent ans, Sabine.	*Das hast du in hundert Jahren sowieso alles vergessen, Sabine.*
SG:	Si tu continues à te moquer de moi, toi, je t'oublierai tout de suite.	*Wenn du nicht aufhörst, dich über mich lustig zu machen, bist du es, den ich sofort vergesse.*

247

Projets d'avenir · Zukunftspläne

> ## Le futur simple · Das Futur I
>
> Bisher haben Sie das **'futur composé' (aller + Infinitiv)** verwendet, wenn Sie ausdrücken wollten, daß Ereignisse aus der Sicht des Sprechers in der Zukunft liegen. Insbesondere in der Schriftsprache werden Sie allerdings häufig auf das **'futur simple'** stoßen, durch das zukünftige Ereignisse in einer ‚einfachen‘, d. h. nicht zusammengesetzten Zeitform wiedergegeben werden. Wie das **'conditionnel présent'** bildet man auch das **Futur** aus dem **Infinitiv**. Die Endungen sind hier jedoch:
>
> | | | | **avoir** |
> |---|---|---|---|
> | je: | **-ai** | | j'ai |
> | tu: | **-as** | Die Endungen sind | tu as |
> | il/elle: | **-a** | genau dieselben wie | il/elle a |
> | nous: | **-ons** | bei ‚avoir‘ im Präsens! | nous avons |
> | vous: | **-ez** | | vous avez |
> | ils/elles: | **-ont** | | ils/elles ont |
>
> **Unregelmäßig** sind die Formen des 'futur simple' bei genau denselben Verben wie beim 'conditionnel présent' (vgl. Unité 45). Der einzige Unterschied ist die jeweilige Endung:
>
> | | **'conditionnel présent':** | **'futur simple':** |
> |---|---|---|
> | aller: | j'ir**ais** etc. | j'ir**ai** etc. |
> | avoir: | j'aur**ais** etc. | j'aur**ai** etc. |
> | devoir: | je devr**ais** etc. | je devr**ai** etc. |
> | être: | je ser**ais** etc. | je ser**ai** etc. |

Exercices · Übungen

Exercice 1

Complétez le texte en employant la forme convenable du futur simple.

Vervollständigen Sie den Text unter Verwendung der passenden Form des ‚futur simple‘.

(a) Cette année, Josephine et André ont passé leurs vacances en Italie. L'été prochain , ils … (aller) ailleurs.

(b) Ils … (passer) leurs vacances dans le Sud de la France où ils … (se baigner) tous les jours au bord de la mer.

(c) Ils … (faire) connaissance avec d'autres touristes. Le soir, ils … (sortir) avec eux.

(d) Josephine … (prendre) des bains de soleil pour bronzer.

(e) André … (jouer) au tennis.

(f) Ils … (manger) au restaurant où ils … (goûter) des mets exotiques.

(g) Ils … (être) très occupés toute la journée. Ils n'… (avoir) pas le temps d'écrire à leurs amis. Ils ne … (se reposer) pas du tout.

(h) Josephine … (lire) beaucoup de livres. André … (oublier) ses soucis.

La fête · Die Party

In dieser Lektion lernen Sie

● wie man erfüllbare Bedingungen aufstellt

Dialogue · Dialog

Dialogue   Martine Lacroix (ML) et son mari François (FL)

ML: Dans trois semaines, ce sera mon anniversaire. J'aimerais bien donner une fête.	*In drei Wochen habe ich Geburtstag. Ich würde ja gern eine Party machen.*
FL: C'est une bonne idée, Martine. S'il fait beau, nous dresserons la table dehors dans le jardin.	*Das ist eine gute Idee, Martine. Wenn das Wetter schön ist, decken wir den Tisch draußen im Garten.*
ML: Oui, si tu tonds la pelouse, nous pourrons la dresser dehors sans problème.	*Ja, falls du den Rasen mähst, können wir ihn problemlos draußen decken.*
FL: D'accord, moi, je tondrai la pelouse, si toi, tu prépares un grand plat de salade niçoise.	*Einverstanden, ich werde den Rasen mähen, wenn du eine große Schüssel ‚Salade Niçoise' zubereitest.*
ML: Si ta mère me donne la recette, je t'en préparerai trois, si tu veux.	*Falls deine Mutter mir das Rezept gibt, mache ich dir drei Schüsseln, wenn du möchtest.*
FL: Très bien, je vais lui téléphoner de suite. Si elle n'est pas là, je téléphonerai à ma tante. Et si elle ne connaît pas la recette, alors personne ne la connaît.	*Prima, ich rufe sie gleich an. Falls sie nicht da ist, rufe ich eben meine Tante an. Wenn sie das Rezept nicht kennt, kennt es niemand.*
ML: Au fait, il nous faudra combien de bouteilles de vin?	*Übrigens: Wie viele Flaschen Wein werden wir wohl brauchen?*
FL: Eh bien, si ton frère vient aussi, il nous faudra au moins douze bouteilles.	*Na ja, wenn dein Bruder auch kommt, brauchen wir mindestens zwölf Flaschen.*
ML: Ne sois pas si méchant! Si mon frère se sent bien, il ne boira pas trop.	*Sei nicht so gemein! Wenn es meinem Bruder gut geht, trinkt er nicht zuviel.*
FL: Bon, d'accord. Ce n'était pas gentil de ma part. Dis donc, combien de personnes veux-tu inviter?	*Gut, einverstanden. Das war nicht nett von mir. Sag mal, wie viele Leute willst du einladen?*

La fête · Die Party

ML: Si nous pouvons dresser la table dehors, j'inviterai au moins cinquante personnes. Sinon, nous n'aurons pas assez de place pour inviter tant de gens.

Falls wir den Tisch draußen decken können, werde ich mindestens fünfzig Personen einladen. Wenn nicht, haben wir wohl nicht genug Platz, um so viele Leute einzuladen.

FL: Tu veux vraiment inviter cinquante personnes, s'il fait beau? N'oubliez pas qu'il faudra s'occuper de trouver beaucoup de chaises de jardin. À vrai dire, je n'en ai pas envie.

Willst du bei schönem Wetter wirklich fünfzig Leute einladen? Vergiß nicht, daß wir uns darum kümmern müssen, viele Gartenstühle zu besorgen. Ehrlich gesagt, habe ich dazu keine Lust.

ML: Ne me dis pas que tu as changé d'avis!

Jetzt sag mir bloß nicht, daß du deine Meinung geändert hast!

FL: À mon avis, ce n'est pas la peine d'organiser une si grande fête. C'est vraiment trop de travail ... Pourquoi ne fais-tu pas une petite fête? Tu peux éventuellement inviter tes parents, tes frères et tes sœurs.

Meiner Meinung nach lohnt es sich nicht, eine so große Party zu organisieren. Es ist wirklich zu viel Arbeit ... Warum machst du denn keine kleine Party? Du kannst ja vielleicht deine Eltern und deine Geschwister einladen.

ML: Hm, je ne sais pas. Je vais y réfléchir.

Hm, ich weiß nicht recht. Ich werde darüber nachdenken.

!
La proposition conditionnelle · Der Bedingungssatz (1)

Mit der Konjunktion 'si' können Sie einen Nebensatz einleiten, der eine Bedingung enthält (z. B.: S'il fait beau ...). Der Hauptsatz drückt dann die Folge aus, die eine Erfüllung der Bedingung mit sich bringt.

Im **realen Bedingungssatz,** der eine erfüllbare und wahrscheinlich eintretende Bedingung ausdrückt, steht
* im Nebensatz mit 'si' das présent
* und im Hauptsatz das futur simple oder ein Hilfsverb (z. B.: pouvoir) im présent.

Die **Reihenfolge** des 'si'-Satzes und des Hauptsatzes ist **umkehrbar**:

S'il fait beau, nous dresserons la table dans le jardin.
Nous dresserons la table dans le jardin s'il fait beau.

Im 'si'-Satz darf jedoch kein futur simple erscheinen!

Bei den bisherigen Beispielen (und im Normalfall) beziehen sich Bedingungen (Nebensatz mit 'si') und Folge (Hauptsatz) jeweils auf die Gegenwart oder die Zukunft.

La fête · Die Party   UNITÉ 47

Eine Bedingung kann sich aber auch auf die Vergangenheit beziehen:
S'il a oublié son passeport, il aura des problèmes à la frontière.
dt.: *Falls er seinen Paß vergessen hat, wird er an der Grenze Probleme haben.*

In diesem Falle *weiß* der Sprecher nicht genau, ob die Bedingung bereits eingetreten ist, hält dies aber für wahrscheinlich.

Exercices · Übungen

Exercice 1

Mettez au temps convenable les verbes entre parenthèses.

Setzen Sie die Verben in Klammern in die richtige Zeit.

(a) Si tu ... (vouloir), je viendrai te voir demain soir.

(b) S'il fait beau, nous ... (aller) à la piscine.

(c) Moi, je ... (s'installer) à la terrasse d'un café s'il fait beau.

(d) S'il a volé une voiture, la police le ... (chercher) toute la journée dans tous les quartiers.

(e) Vous ... (louer) un plus grand appartement si vous épousez votre copine l'année prochaine.

(f) Si Christine ... (passer) son permis, elle s'achètera une petite voiture d'occasion.

(g) André et Josephine ... (partir) en vacances si Josephine ne travaille pas au mois de juillet.

(h) Si Sabine et Jean-Pierre continuent à se quereller tout le temps, ils ne ... (se marier) jamais.

La fête · Die Party

Exercices · Übungen

Exercice 2

Formez des propositions conditionnelles en utilisant les informations
ci-dessous.

*Bilden Sie Bedingungssätze unter
Verwendung der unten angegebenen
Informationen.*

Exemple: Il ne fait pas beau.
Josephine ne sort pas.
⟶ S'il ne fait pas beau, Josephine ne sortira pas.

(a) Mon café préféré est encore fermé.
Je vais au café au coin de la rue.

(b) Didier et Thierry écoutent la radio. [⟶ Präsens]
La télévision ne marche pas.

(c) Tu n'aimes pas le café.
Tu peux boire du lait.

(d) Vous n'apprenez pas le français.
Vous ne vous donnez pas de mal.

(e) Tu peux rester ici.
Tu ne veux pas encore rentrer chez toi.

(f) Guillaume ne s'intéresse pas au tennis.
Il s'ennuie au stade.

(g) Mme Lacroix ne peut pas préparer une salade niçoise.
Elle ne connaît pas la recette.

(h) Vous ne savez pas encore ce que vous voulez manger.
Vous pouvez demander au garçon de vous recommander quelque
chose.

Au régime · Auf Diät \boxed{\textbf{UNITÉ 48}}

In dieser Lektion lernen Sie
- wie man (wahrscheinlich) unerfüllbare Bedingungen aufstellt
- wie man somit Zweifel ausdrücken kann

Dialogue · Dialog

Dialogue   Josephine Chevalier (JC) et Sabine, son amie (SG)

SG:	Salut, Josephine. Tu as l'air un peu triste. Qu'est-ce qu'il y a?	*Hallo, Josephine. Du siehst ein bißchen traurig aus. Was gibt's denn?*
JC:	Non, je ne suis pas triste. Je suis fâchée, c'est tout. Comme d'habitude, je me suis pesée ce matin. Imagine-toi que j'ai grossi.	*Nein, ich bin nicht traurig. Ich ärgere mich, das ist alles. Wie immer, habe ich mich heute morgen gewogen. Stell dir vor, ich habe zugenommen!*
SG:	Tu en es sûre? En tout cas, ça ne se voit pas.	*Bist du sicher? Man sieht es jedenfalls nicht.*
JC:	Si je n'en étais pas sûre, je n'en parlerais pas du tout. Je vais suivre un régime!	*Wenn ich nicht sicher wäre, würde ich überhaupt nicht darüber reden. Ich werde eine Diät machen!*
SG:	Ne t'inquiète pas! Si tu bougeais plus, tu perdrais quelques kilos très facilement.	*Mach dir mal keine Sorgen! Wenn du mehr Bewegung hättest, würdest du ganz leicht ein paar Kilo verlieren.*
JC:	Là, tu as raison. Si je ne m'ennuyais pas à la maison, je ne mangerais pas de chocolat tout le temps. De toute façon, il faut que je maigrisse.	*Da hast du recht. Wenn mir nicht zu Hause immer so langweilig wäre, würde ich nicht dauernd Schokolade essen. Auf jeden Fall muß ich abnehmen.*
SG:	Tu devrais essayer de te limiter à 1200 calories par jour.	*Du müßtest versuchen, mit 1200 Kalorien pro Tag auszukommen.*
JC:	Dans ce cas, j'aurais faim toute la journée.	*Dann hätte ich aber den ganzen Tag über Hunger.*
SG:	Écoute, Josephine, qu'est-ce que tu veux? Mincir ou non? Si tu le voulais vraiment, tu te donnerais plus de mal!	*Hör mal, Josephine, was willst du denn? Abnehmen oder nicht? Wenn du es wirklich willst, mußt du dir mehr Mühe geben!*
JC:	Je vais te prouver que je peux y arriver. Je commence demain.	*Ich werde dir beweisen, daß ich es schaffe. Morgen fange ich an.*
SG:	Ça serait mieux, si tu commençais tout de suite.	*Noch besser wäre es, wenn du jetzt gleich anfingst.*
JC:	Tu es vraiment sévère, Sabine. Mais tu as raison. On se prépare une salade légère sans mayonnaise et sans graisse?	*Du bist wirklich streng, Sabine. Aber du hast recht. Machen wir uns einen leichten Salat ohne Mayonnaise und ohne Fett?*

Au régime · Auf Diät

! **La proposition conditionell · Der Bedingungssatz (2)**

Mit der Konjunktion 'si' können Sie nicht nur – wie bekannt – einen
Bedingungssatz einleiten, der eine eher erfüllbare Annahme oder
Bedingung enthält, sondern auch einen Bedingungssatz, der eine wahr-
scheinlich nicht erfüllbare Bedingung oder Annahme enthält. Auf diese
Weise läßt sich zugleich verdeutlichen, daß der Sprecher Zweifel an der
Erfüllung der im 'si'-Satz geäußerten Bedingung hat. Diese Form des
Bedingungssatzes nennt man auch den **irrealen Bedingungssatz**.

Wie auch im realen Bedingungssatz formuliert der 'si'-(Neben-)Satz die
Bedingung, die hier allerdings eher unerfüllbar ist, und der Hauptsatz
gibt die Folge an, die eine Erfüllung der Bedingung mit sich bringen
würde. Auch in diesem Falle ist die **Reihenfolge** ('si'-Satz/Hauptsatz)
umkehrbar. Beachten Sie jedoch die verschiedenen Zeiten:

	'si'-(Neben-)Satz:	Hauptsatz:
real:	**présent**	**futur simple/evtl. Hilfsverb im présent**
irreal:	**imparfait**	**conditionnel présent**

Im 'si'-Satz darf kein 'conditionnel' stehen!

Exercices · Übungen

Exercice 1

Mettez la forme convenable des
verbes entre parenthèses.

*Setzen Sie die passende Form der
Verben in Klammern ein.*

(a) Il pleut depuis quinze jours. S'il … (faire) beau, nous organiserions
une fête dans le jardin.
(b) Les Lacroix ont décidé de se mettre au régime. S'ils se limitaient à
1200 calories par jour, ils … (maigrir) vite.
(c) Si tu te … (donner) du mal, tu aurais plus de résultats.
(d) Mon père n'aime pas le vin rouge. Il … (changer d'avis) s'il connaissait
le Beaujolais primeur.
(e) Si vous … (travailler) moins, vous seriez plus content.
(f) Sabine Gautier et Jean-Pierre Tardieu restent en France pendant
leurs vacances. S'ils avaient plus d'argent, ils … (partir) à l'étranger.
(g) Cette femme-là porte une robe affreuse. Si elle … (porter) une robe
plus chic, elle serait bien habillée.

Au régime · Auf Diät

Exercice 2

Construisez des propositions conditionnelles. Il n'est pas probable que la condition soit remplie. Donc n'oubliez pas la règle suivante:
Proposition subordonnée ('si'):
⤳ imparfait
Proposition principale:
⤳ conditionnel présent.

Bilden Sie Bedingungssätze. Es ist nicht wahrscheinlich, daß die Bedingung erfüllt wird. Vergessen Sie also die folgende Regel nicht:
Nebensatz (wenn/falls):
⤳ Imperfekt
Hauptsatz:
⤳ Konditional Präsens

Exemple: (Il pleut sans arrêt.) Il fait beau.
Je vais au marché aux puces.
⤳ S'il faisait beau, j'irais au marché aux puces.

(a) André est végétarien.
Il n'aime pas la viande.
(b) Josephine et André Chevalier ne sont pas malades.
Ils viennent nous voir cet après-midi.
(c) Nous arrivons trop tard.
Tu ne te dépêches pas.
(d) Les touristes connaissent mieux la région.
Ils se renseignent au syndicat d'initiative.
(e) Qu'est-ce qui se passe?
Tu ne viens pas tout de suite.

Exercice 3

Traduisez.   *Übersetzen Sie.*

(a) Wenn das Wetter schön wäre, würde ich Tennis spielen.
(b) Wenn es kalt ist, bleibe ich zu Hause.
(c) Ich bliebe hier, wenn du es wolltest.
(d) Was würdest du tun, wenn ich keine Zeit hätte?
(e) Wenn du keine Zeit hast, sehe ich fern.
(f) Falls der Fernseher nicht funktionierte, würde ich Radio hören.
(g) Ihr könnt ein belegtes Brot [un sandwich] essen, wenn ihr Hunger habt.

Les magazines · Die Illustrierten

In dieser Lektion lernen Sie

● wie man ausdrückt, daß etwas in der Vergangenheit nicht geschehen ist, aber hätte geschehen können

Dialogue · Dialog

Dialogue   Josephine Chevalier (JC) et Sabine Gautier (SG)

SG:	Écoute, Josephine, sais-tu que ton actrice préférée est morte la semaine dernière?	Hör mal, Josephine, weißt du, daß deine Lieblingsschauspielerin letzte Woche gestorben ist?
JC:	Oui, je l'ai lu. Mais ça ne m'étonne pas.	Ja, ich hab's gelesen. Aber es wundert mich auch nicht.
SG:	Ça ne t'étonne pas? Elle était pourtant encore jeune. Elle avait toute la vie devant elle.	Das wundert dich nicht? Sie war noch recht jung, sie hatte das ganze Leben noch vor sich.
JC:	Oui, peut-être. Mais quelle vie!	Kann schon sein. Aber was denn für ein Leben!
SG:	Si je ne me trompe pas, elle avait un amant qui aurait pu être son fils …	Wenn ich mich nicht irre, hatte sie einen Liebhaber, der ihr Sohn hätte sein können…
JC:	… et un mari qui aurait pu être son père. Elle avait encore beaucoup de projets: Je suis sûre qu'elle aurait tourné des films avec les meilleurs acteurs du monde entier.	… und einen Ehemann, der ihr Vater hätte sein können. Sie hatte noch viele Pläne: Ich bin sicher, daß sie Filme mit den besten Schauspielern der ganzen Welt gedreht hätte.
SG:	Moi aussi, je pense qu'elle était une actrice très douée.	Ich finde auch, daß sie eine sehr begabte Schauspielerin war.
JC:	Elle aura certainement un enterrement pompeux et un grand cortège funèbre.	Sie wird bestimmt eine pompöse Beerdigung haben und einen großen Beerdigungszug.
SG:	Oui, tu verras que même après sa mort, elle sera à la une des journaux. Les magazines auraient eu encore beaucoup de choses à dire au sujet de cette personnalité extraordinaire.	Ja, du wirst sehen, daß sie sogar noch nach ihrem Tod Schlagzeilen machen wird. Die Illustrierten hätten noch viel zu sagen gehabt über diese außergewöhnliche Persönlichkeit.
JC:	Et moi, j'aurais dépensé beaucoup d'argent pour voir ses films au cinéma.	Und ich hätte viel Geld ausgegeben, um ihre Filme im Kino zu sehen.
SG:	Tu n'es pas trop triste, alors?	Also bist du nicht allzu traurig?
JC:	Eh bien, je ne porterai pas le deuil mais ça ne me laisse pas indifférente.	Na ja, ich werde nicht gleich Trauerkleidung tragen, aber es ist mir auch nicht gleichgültig.

Les magazines · Die Illustrierten UNITÉ 49

Le conditionnel passé · Das Konditional der Vergangenheit

Das 'conditionnel passé' ist eine zusammengesetzte Zeit, die aus einer Form von 'avoir' oder 'être' im 'conditionnel présent' gebildet wird und aus dem Partizip des Verbs.

In bezug auf das Problem, ob ein Verb sein 'conditionnel passé' mit 'avoir' oder 'être' bildet, gelten genau dieselben Regeln wie für das 'passé composé': Ein Verb, das sein 'passé composé' mit 'être' bildet, wird auch im 'conditionnel passé' mit der entsprechenden Form von 'être' konjugiert. Was die Angleichung des Partizips oder auch die Stellung der Pronomen vor der Verbform angeht, bleiben ebenfalls dieselben Regeln gültig wie für das 'passé composé'.

Exercices · Übungen

Exercice 1

Conjuguez les verbes suivants
(au conditionnel passé):

Konjugieren Sie die folgenden Verben
(im Konditional der Vergangenheit):

    (a) visiter   (b) aller   (c) se laver

Durch den Gebrauch des 'conditionnel passé' drücken Sie aus, daß Dinge in der Vergangenheit ('passé') nicht geschehen sind, daß sie aber hätten geschehen können, falls bestimmte Bedingungen ('conditions') eingetreten wären. Dies gilt sowohl für das Französische als auch für die deutsche Sprache:

Elle aurait eu beaucoup de succès.
(... mais elle est morte.)

– *dt.: Sie hätte Erfolg gehabt.*

(... aber sie ist gestorben.)

Les magazines · Die Illustrierten

Exercice 2

Mettez les verbes entre parenthèses au conditionnel passé.

Setzen Sie die Verben in Klammern ins Konditional der Vergangenheit.

Un accident de voiture a mis fin à la carrière d'un jeune acteur. Il avait toute la vie devant lui.

(a) Il ... (tourner) des films intéressants avec les meilleurs metteurs en scène.
(b) Vous ... (voir) son visage sur toutes les affiches de cinéma.
(c) Les journalistes ... (essayer) de le persuader de donner des interviews.
(d) Il ... (s'établir) à Monte Carlo pour ne pas payer d'impôts.
(e) Il ... (quitter) sa femme. Ensuite, il ... (avoir) beaucoup d'affaires avec de jeunes filles.
(f) Ses films ... (gagner) beaucoup de prix. Un de ses films ... (avoir) la Palme d'or à Cannes.
(g) Il ... (se reposer) sur la Côte d'Azur pendant les vacances d'été. Pendant les vacances d'hiver, il ... (faire du ski) en Suisse.
(h) Ses fans ... (dépenser) beaucoup d'argent pour voir ses films au cinéma.

Exercice 3

Traduisez en utilisant le conditionnel passé.

Übersetzen Sie unter Verwendung des Konditionals der Vergangenheit.

(a) Ich hätte Hunger gehabt.
(b) Du wärst gegangen.
(c) Er hätte etwas getan.
(d) Sie hätte sich erholt.
(e) Wir wären angekommen.
(f) Sie hätten es [= le] gewollt.
(g) Ihr hättet es beendet.
(h) Sie [weibl.] wären zufrieden gewesen.

La télévision · Das Fernsehen

In dieser Lektion lernen Sie

● wie Sie die drei verschiedenen Typen von Bedingungssätzen anwenden

Dialogue · Dialog

Dialogue   Sabine Gautier (SG) et Jean-Pierre Tardieu (JPT)

JPT:	Qu'est-ce que tu veux regarder ce soir? Il y a un film avec Humphrey Bogart sur TF 1. Antenne 2 montre un vieux film en noir et blanc.	*Was möchtest du heute abend sehen? Es gibt einen Film mit Humphrey Bogart im 1. Programm. Antenne 2 zeigt einen alten Schwarz-Weiß-Film.*
SG:	Comment s'appelle celui avec Bogart?	*Wie heißt denn der mit Bogart?*
JPT:	"Le Grand Sommeil".	*„Der große Schlaf".*
SG:	Tu sais bien que je n'aime pas les films policiers. D'habitude, je les zappe.	*Du weißt genau, daß ich keine Kriminalfilme mag. Normalerweise schalte ich sie immer aus.*
JPT:	"Le Grand Sommeil" n'est pas un vrai film policier.	*„Der große Schlaf" ist kein richtiger Kriminalfilm.*
SG:	D'accord. S'il n'y a rien sur les autres chaînes, on le regardera. Quel est l'autre film sur Antenne 2?	*Einverstanden. Wenn es in den anderen Programmen nichts gibt, können wir uns den ja ansehen. Welcher Film ist denn das auf Antenne 2?*
JPT:	"L'Etranger".	*„Der Fremde".*
SG:	Ah bon, "L'Etranger". Je viens de lire le livre d'Albert Camus. Ça m'étonnerait que le film soit mieux que le roman.	*Aha, „Der Fremde". Ich habe gerade das Buch von Albert Camus gelesen. Es würde mich wundern, wenn der Film besser wäre als der Roman.*
JPT:	Si le film avait été mieux que le roman, j'en aurais certainement entendu parler. – Dis donc, Sabine, il n'y a rien à grignoter?	*Wenn der Film besser gewesen wäre als der Roman, hätte ich bestimmt davon gehört. – Sag mal, Sabine, haben wir nichts zu knabbern?*
SG:	Je n'ai pas eu le temps d'aller au supermarché après le travail. Si j'avais eu plus de temps, j'aurais acheté un paquet de cacahuètes.	*Ich hatte keine Zeit, nach der Arbeit zum Supermarkt zu gehen. Wenn ich mehr Zeit gehabt hätte, hätte ich ein Päckchen Erdnüsse gekauft.*
JPT:	Ce n'est pas grave. Qu'est-ce qu'on fait alors? Tu ne m'en voudras pas si je regarde ce film avec Bogey?	*Nicht schlimm. Was machen wir denn nun? Bist du nicht sauer auf mich, wenn ich diesen Film mit Bogey gucke?*

La télévision · Das Fernsehen

SG: Mais non, pas du tout. Si tu me laisses voir les actualités, je te laisserai voir ton film. Et je ne veux pas rater la météo.

Aber nein, überhaupt nicht. Wenn du mich die Nachrichten sehen läßt, lasse ich dich deinen Film sehen. Und ich möchte die Wettervorhersage nicht verpassen.

JPT: S'il était possible de prévoir le temps, moi aussi, je m'intéresserais à la météo. À l'écran, il y a un tas de bêtises mais la météo, c'est le comble!

Wenn es möglich wäre, das Wetter vorherzusagen, würde ich mich auch für die Wettervorhersage interessieren. Auf dem Bildschirm gibt es eine Menge Blödsinn, aber der Wetterbericht ist ja wohl die Höhe!

SG: Écoute, si hier, nous n'avions pas écouté la météo, nous serions allés nous promener et nous aurions été trempés jusqu'aux os.

Hör mal, wenn wir gestern den Wetterbericht nicht gehört hätten, wären wir spazierengegangen und wären naßgeworden bis auf die Knochen.

JPT: En plus, nous aurions raté la finale de tennis à la télé.

Außerdem hätten wir das Tennis-Finale im Fernsehen versäumt.

! **La proposition · Der Bedingungssatz (3)**

In dieser Lektion lernen Sie einen weiteren Typ des Bedingungssatzes kennen, den auf die Vergangenheit bezogenen, durch den eine nicht erfüllte Möglichkeit ausgedrückt wird. In diesem Falle steht

● im 'si'-Nebensatz, der die Bedingung formuliert, das 'plus-que-parfait' und

● im Hauptsatz, der die Folge(n) angibt, das 'conditionnel passé', das Sie in der vorangehenden Lektion kennengelernt haben.

Weil sich dieser Typ des **irrealen Bedingungssatzes** auf die Vergangenheit bezieht, ist die im 'si'-Satz formulierte Bedingung nicht mehr erfüllbar, deshalb sind auch die möglichen Folgen ihrer Erfüllung hinfällig. Der Sprecher weiß ja bereits, daß sich die Dinge anders entwickelt haben als im Bedingungssatz angenommen.

Die folgenden drei Haupttypen des Bedingungssatzes sind Ihnen nun bekannt:

	'si'-(Neben-)Satz:	Hauptsatz:
I. real →→ Gegenwart/Zukunft:		
	présent	futur simple
II. irreal →→ Gegenwart/Zukunft:		
	imparfait	conditionnel présent
III. irreal →→ Vergangenheit:		
	plus-que-parfait	conditionnel passé

La télévision · Das Fernsehen UNITÉ 50

Exercices · Übungen

Exercice 1

Mettez les verbes entre parenthèses au temps qui convient.

Setzen Sie die Verben in Klammern in die passende Zeit.

(a) Si tu n'as pas froid, on ... (s'installer) à la terrasse d'un café.
(b) S'il ... (faire) beau, nous organiserions une fête dans le jardin.
(c) Nous serions déjà à l'hôtel si tu ... (avoir) une voiture plus rapide.
(d) Si vous ... (arriver) plus tôt, vous n'auriez pas raté le début de la réprésentation.
(e) S'il y avait moins de circulation dans les rues, il y ... (avoir) moins d'accidents.
(f) Ma mère ... (s'occuper) de moi plus souvent si elle avait eu moins de travail.
(g) Si Paris n'... (être) pas si loin d'ici, je m'y rendrais plus souvent.
(h) Si Jean-Pierre et Sabine ne regardent pas la télé ce soir, ils ... (venir) nous voir.

Exercice 2

Construisez des propositions conditionnelles en utilisant les informations ci-dessous.

Bilden Sie Bedingungssätze unter Verwendung der unten angegebenen Informationen.

Exemple: Il est possible de prévoir le temps.
Je voudrais être météorologiste.

(Es ist nur sehr bedingt möglich, das Wetter vorherzusagen.
Deshalb empfiehlt es sich, einen irrealen Bedingungssatz der Gegenwart zu verwenden.)

→ S'il était possible de prévoir le temps, je voudrais être météorologiste.

(a) Il fait chaud sur la Côte d'Azur. Nous bronzons vite.
(An der Côte d'Azur ist es meistens heiß.)
(b) Tu as beaucoup d'argent. Tu pars en vacances cinq fois par an.
(Leider hast du nicht so viel Geld.)
(c) La Bastille n'a pas été prise par les Parisiens. La Révolution Française n'a pas eu lieu.
(Im Jahre 1789 haben die Pariser die Bastille gestürmt.)
(d) Hier, le programme de télévision n'était pas mauvais. Je suis resté(e) à la maison.
(Das Programm war aber schlecht.)
(e) On n'a pas construit de tunnel sous la Manche. Il faut prendre un bateau pour la traverser.
(Der Tunnel existiert aber schon!)
(g) Tu ne manges pas trop de sucreries. Tu mincis.
(Du bist fest entschlossen, weniger Süßigkeiten zu essen.)
(h) Les étudiants paresseux se donnent plus de mal. Ils ont plus de résultats.
(... aber faul bleibt faul!)

Hörtexte

Un aller simple
(Unités 15 – 19)

1ière partie
Gare de Lyon

Personnages

Annick, Employé de la SNCF

Annick:	Un aller simple pour Voiron, s'il vous plaît.
Employé:	Pour où?
Annick:	Pour Voiron.
Employé:	Comment ça s'écrit?
Annick:	V-o-i-r-o-n.
Employé:	Ah oui. V-o-i-r-o-n. Vous passez par Lyon?
Annick:	Oui, c'est ça. Je crois que je passe par Lyon.
Employé:	Bon. Un aller simple pour Voiron.
	Ça fait quatre-vingt cinq francs.
	Vous voulez réserver une place?
Annick:	Oui, je veux bien.
Employé:	Alors, ça fait dix francs de plus.
	Vous voulez une place fumeurs ou non-fumeurs?
Annick:	Ah, non-fumeurs, s'il vous plaît.
	Le train part à quelle heure?
Employé:	Le prochain train pour Lyon part dans vingt minutes, à onze heures trente.
	Il vous faut changer à Lyon et à Grenoble.
Annick:	Merci, Monsieur.
Employé:	De rien, Mademoiselle. Au revoir.

2ième partie
Au guichet

Personnages

Jacques, Employé de la SNCF

Jacques:	Un aller-retour, deuxième classe pour Voiron, s'il vous plaît.
Employé:	Oui, Monsieur. Ça vous fait cent soixante dix francs.
Jacques:	D'accord. Je peux réserver une place?
Employé:	Oui, Monsieur. Fumeurs ou non-fumeurs?
Jacques:	Non-fumeurs, s'il vous plaît.
	Je change à Lyon et Grenoble. C'est bien ça?
Employé:	Oui, Monsieur.
Jacques:	Le train part à onze heures et demie, n'est-ce pas?
Employé:	Oui, Monsieur. À onze heures et demie.
Jacques:	Merci bien.
Employé:	Je vous en prie. Au revoir, Monsieur.

3ième partie
À la Papeterie

Personnages

Annick, Vendeuse

Annick:	Vous avez Le Monde?
Vendeuse:	Non, Mademoiselle. Le Monde n'est pas encore arrivé.
Annick:	Alors, je prends Le Figaro.
Vendeuse:	D'accord. Voilà, Mademoiselle.
Annick:	Merci bien.
Vendeuse:	Au revoir, Mademoiselle.
Annick:	Au revoir, Messieurs, dames.

4ième partie
À la Papeterie

Personnages
Jacques, Vendeuse

Jacques: Pardon. Excusez-moi. Je ne trouve pas Paris Match.
Vendeuse: Il est là-bas. À côté de Marie-Claire.
Jacques: Ah oui, je vois. Merci.
            Alors, je vous dois combien?
Vendeuse: Vous prenez cette carte postale également?
Jacques: Ah oui. Excusez-moi. Je prends la carte postale aussi.
            Ça me fait combien?
Vendeuse: Ça vous fait vingt et un francs cinquante, Monsieur.
Jacques: Merci. Au revoir.
Vendeuse: Au revoir, Monsieur.

5ième partie
Dans le train

Personnages
Jacques, Annick

Annick: Excusez-moi, Monsieur.
Jacques: Oui?
Annick: Excusez-moi, je crois que vous avez ma place.
Jacques: Mais, non, je n'ai pas votre place.
Annick: Mais si, Monsieur. Regardez, j'ai la place 23.
Jacques: Ah ben, oui. C'est vrai.
            Où est mon billet? Ah oui, c'est vrai. Moi, j'ai la vingt-quatre.
            Excusez-moi, Mademoiselle.
Annick: De rien, Monsieur.
Jacques: Je peux laisser ma valise là?
Annick: Mais certainement, Monsieur.

Jacques: Enfin, on part.
Annick: Oui. C'est juste à l'heure. Regardez, onze heures et demie.
Jacques: Oui. Vous avez raison. Il est onze heures et demie. Il nous faut deux heures jusqu'à Lyon, je
            crois.
Annick: Oui, vous avez raison.
Jacques: Vous allez à Lyon?
Annick: Oui, à Lyon.
Jacques: J'aime beaucoup Lyon.
Annick: Ah, moi, je ne sais pas. C'est la première fois que j'y vais.
Jacques: Vous allez visiter Lyon?
Annick: Non, je change de train.
Jacques: Ah, ça c'est intéressant. Moi aussi je change de train. Je vais à Grenoble.
Annick: Tenez, quelle coincidence! Moi aussi, je vais à Grenoble.
Jacques: Je m'appelle Berthoud. Jacques Berthoud.
Annick: Annick Escolier.
Jacques: Très heureux de faire votre connaissance.
            Je suis pharmacien.
Annick: Ah, vous êtes pharmacien à Grenoble?
Jacques: Non. Je ne reste pas à Grenoble. Je change de train encore une fois et je vais à Voiron.
Annick: Qu'est-ce que vous allez faire là?
Jacques: il y a une pharmacie à Voiron qui a besoin d'un pharmacien pour un remplacement pendant
            un mois. Je vais travailler là. Et vous, qu'est-ce que vous faites, si j'ose vous demander?
Annick: Je suis étudiante.
Jacques: Vous êtes dans quelle faculté?
Annick: En médecine. Je suis étudiante en médecine.
Jacques: Et vous habitez Paris?
Annick: Oui. J'ai une chambre dans le Quartier Latin.
Jacques: Ah, bon. C'est un quartier très intéressant.

Annick:	Oui, c'est vrai. J'ai une chambre dans la rue Mouffetard.
Jacques:	Ah, je connais la rue Mouffetard. Il y a un nouveau théâtre dans cette rue?
Annick:	Oui, c'est vrai. C'est le théâtre Mouffetard. Je le connais bien. Il est très moderne, très confortable.
Jacques:	Oui, en effet.
	J'adore le théâtre. Vous aussi?
Annick:	Oh, oui, j'aime beaucoup.
Jacques:	Qu'est-ce que vous êtes allée voir récemment?
Annick:	La semaine dernière, j'ai vu L'Avare, de Molière.
Jacques:	Ah, je ne l'ai pas vu. C'était bien?
Annick:	Oh, oui. C'était vraiment bien.

6ième partie
Dans le train

Personnages

Jacques, Annick, une serveuse

Jacques:	Je commence à avoir faim. Vous aussi?
Annick:	Oui, je crois que j'ai besoin de manger quelque chose.
Jacques:	Alors, si nous allions au buffet? Nous trouverons certainement quelque chose à manger.
Annick:	Bonne idée.
Annick:	Moi, je prends un sandwich au jambon. Et vous?
Jacques:	Moi, je prends une assiette de crudités.
Serveuse:	Vous prenez un dessert?
Jacques:	Non, je n'ai pas grand faim.
Annick:	Moi, je prends un yaourt.
Serveuse:	Un sandwich et un yaourt, Mademoiselle.
	Ça vous fait vingt-deux francs.
Jacques:	Et pour moi, l'assiette de crudités.
Serveuse:	Ça vous fait quinze francs.
	Merci.

7ième partie
Dans le train

Personnages

Jacques, Annick

Jacques:	Alors, vous allez à Grenoble?
Annick:	Pas tout à fait. Non. Je vais à Voiron.
Jacques:	À Voiron? Mais oui! Mais ce n'est pas possible!
Annick:	Mais si!
Jacques:	Mais ça, c'est marrant. Vous allez au même endroit que moi.
	Quelle coincidence!
	Vous êtes en vacances?
Annick:	Non, j'ai un petit travail là-bas.
Jacques:	Ah, bon. Qu'est-ce que vous faites?
Annick:	C'est un travail de vacances, je vais être hôtesse dans les caves de la Chartreuse.
Jacques:	Ah! Ça c'est intéressant. Et qu'est-ce que vous allez faire?
Annick:	Je suis hôtesse pour les touristes qui viennent visiter les caves.
Jacques:	C'est là qu'on fait la Chartreuse Verte et la Chartreuse Jaune?
Annick:	Oui, c'est ça. Et puis on fabrique un élixir végétal de la Grande Chartreuse, c'est un digestif très fort.
Jacques:	Je crois que la recette est un secret. C'est vrai?
Annick:	Oui, c'est vrai. Il n'y a que trois moines qui en connaissent le secret.
Jacques:	Et c'est un bon travail?
Annick:	Oh, oui. C'est pas mal. Ce n'est pas très bien payé, je gagne 39 francs de l'heure.
Jacques:	Et vous travaillez combien d'heures par semaine?
Annick:	Je travaille 28 heures par semaine.
Jacques:	Est-ce que vous êtes la seule hôtesse?
Annick:	Non. Il y a quinze guides et hôtesses. Chaque guide et chaque hôtesse parle au moins deux langues.

Jacques:	Et quelles langues parlez-vous?
Annick:	Moi, je parle français évidemment, et puis je parle anglais aussi. Et chaque fois que je fais une visite guidée dans une langue étrangère, je suis payée 10% de plus.
Jacques:	Et ça dure combien de temps une visite guidée?
Annick:	Une visite dure à peu près 45 minutes, alors trois quarts d'heure. Et les visites sont en français, en anglais, en allemand, en espagnol et en italien.
Jacques:	Vous commencez tôt, le matin?
Annick:	Oui, la première visite est à neuf heures du matin et la dernière commence à dix-huit heures trente. Alors c'est une longue journée, et après la dernière visite il faut nettoyer le bar. Alors notre journée finit normalement vers sept heures et demie du soir.
Jacques:	Et vous avez combien de touristes par jour?
Annick:	Si c'est un jour chargé, on peut avoir de 1200, jusqu'à 1500 touristes.
Jacques:	Une visite guidée coûte combien?
Annick:	Oh...les visites sont gratuites, on ne paye rien du tout. C'est parce que les moines veulent que les touristes achètent une bouteille de liqueur après la visite.
Jacques:	Et ça coûte combien, la bouteille?
Annick:	Une bouteille d'un litre de Chartreuse Verte ou de Chartreuse Jaune coûte vers les cent francs.
Jacques:	Oh, mon Dieu! Ça c'est cher!
Annick:	Peut-être bien, mais c'est très bon.

8ième partie
Dans le train

Personnages
Annick, Jacques

Jacques:	Écoutez Annick, est-ce qu'on peut se revoir?
Annick:	Ah, je ne sais pas.
Jacques:	Moi, je ne connais personne à Voiron.
Annick:	Moi, non plus.
Jacques:	Eh bien, si on se retrouvait un soir, on pourrait prendre une tasse de café quelque part. Et puis peut-être, s'il y a un bon film, on pourrait aller au cinéma. Qu'est-ce que vous en dites?
Annick:	Eh bien, je ne sais pas.
Jacques:	Je vais vous donner mon adresse. Pharmacie Brienne; téléphone 76-22-03-12.
Annick:	Et moi, je suis ici chez Madame Barnier, 52 avenue Gambetta.
Jacques:	Et quel est votre numéro de téléphone?
Annick:	C'est le 76-05-04-02.
Jacques:	Bon, merci. Alors, je vais vous donner un coup de téléphone demain ou après-demain.
Annick:	Entendu.

Scénette No. 2

Un coup de téléphone (Unités 20 – 23)

1ière partie

Personnages
René Mathieu, Thérèse Mathieu, Serge Mathieu

Thérèse:	Allô! Oui.
Serge:	C'est bien le vingt-deux, quatorze, soixante dix, cinquante cinq?
Thérèse:	Oui.
Serge:	C'est Madame Mathieu?
Thérèse:	Oui. C'est elle-même.
Serge:	Thérèse, c'est Serge; Serge Mathieu. Ton cousin.
Thérèse:	Ah ben, dis donc, Serge. Où es-tu?
Serge:	Je suis ici, à Paris.
Thérèse:	Mais, qu'est-ce que tu fais?
Serge:	Eh bien, je suis ici pour affaires.
Thérèse:	Depuis combien de temps?

Serge:	Depuis une quinzaine de jours déjà.
	Je rentre demain.
Thérèse:	Quoi, tu rentres au Québec?
Serge:	Oui.
Thérèse:	Et ta femme est avec toi?
Serge:	Non. Elle n'est pas venue avec moi.
	Tu sais les enfants sont toujours assez petits.
Thérèse:	Ah oui. Tu en as combien?
Serge:	Nous en avons deux. Pierre…
Thérèse:	Ah oui, bien sûr, Pierre! Il a quel âge?
Serge:	Il a deux ans maintenant.
Thérèse:	Et ta fille, elle s'appelle comment?
Serge:	Jeannine.
Thérèse:	Ah oui, Jeannine. Elle a quel âge?
Serge:	Elle a sept ans et demie.
	René est là?
Thérèse:	Non, pas en ce moment. Il est parti faire des courses.
Serge:	Ah, c'est dommage.
Thérèse:	Écoute Serge, qu'est-ce que tu fais ce soir?
	Est-ce que tu peux venir nous dire bonjour?
Serge:	En principe, oui, je suis libre.
Thérèse:	Alors, viens chez nous, pour dîner.
Serge:	Tu es très gentille, mais je ne sais pas, je ne veux pas vous déranger.
Thérèse:	Mais non, mais non. Il faut que tu viennes. Ça fait combien de temps depuis qu'on s'est vu la dernière fois?
Serge:	Oh… ça doit faire trois ans au moins. Oui… peut-être quatre.
	Bon, j'accepte. Mais comment trouver mon chemin pour venir chez vous?
Thérèse:	Alors, tu prends le RER jusqu'à Nanterre. À Nanterre, tu sors. Tu sors de la gare, et en quittant la gare, tu vois en face de toi un arrêt d'autobus.
Serge:	Bon, pas de problèmes.
Thérèse:	Bon, Alors tu prends le quatorze et tu demandes l'arrêt Avenue Faidherbe.
Serge:	Bon, et ensuite?
Thérèse:	Alors, en descendant de l'autobus, tu vois en face de toi, la rue des Alouettes et nous sommes au numéro trois.
Serge:	D'accord. Trois, rue des Alouettes.
	Il me faut combien de temps pour aller chez vous?
Thérèse:	De Nanterre à chez nous, il te faut peut-être un quart d'heure.
Serge:	Et il y a beaucoup d'autobus?
Thérèse:	Ah oui, il y a un autobus toutes les vingt minutes.
Serge:	Bon, d'accord.
	Alors, à ce soir? Je viens à quelle heure?
Thérèse:	Oh, viens vers huit heures. Nous boirons un petit apéritif.
Serge:	Excellent, tu es très gentille.
	Alors, à ce soir.
Thérèse:	Oui, à ce soir.

2ième partie
Chez les Mathieu

Serge:	Bonsoir, Thérèse.
Thérèse:	Bonsoir, Serge.
Serge:	Bonsoir, René.
René:	Bonsoir, Serge.
Thérèse:	C'est magnifique que tu sois venu chez nous.
Serge:	Oui. J'ai eu vraiment de la chance d'être libre ce soir. Les affaires, tu sais, ça prend du temps.
René:	Alors, mon cousin, ça va bien au Canada?
	Qu'est-ce que tu fais exactement?
Serge:	Je suis Chef de Gestion dans une entreprise.
René:	Quelle sorte d'entreprise?
Serge:	Je travaille dans une usine qui produit du plastique.
Thérèse:	Tu es dans l'industrie chimique alors?

266

Serge:	Oui. C'est ça.
	Voyons, pour vous simplifier la chose, nous fabriquons des petites boules de plastique et puis nous les revendons!
René:	Tiens, par exemple! C'est une bonne situation?
Serge:	Oh oui, tu sais, c'est une entreprise multi-nationale, je voyage pas mal, surtout à travers les Etats-Unis.
Thérèse:	Ah, ça c'est bien. Tu parles l'anglais?
Serge:	Oh oui, je parle l'anglais ou plutôt l'américain.
Thérèse:	C'est difficile, l'anglais?
Serge:	Oui. C'est une langue très difficile.
René:	Et ta femme va bien?
Serge:	Oui. Elle va très bien. Regarde, j'ai une photo sur moi. C'est elle au centre, elle porte une robe d'été car il faisait un temps superbe, ce jour-là. À droite, c'est Jeannine et à gauche, c'est Pierre avec notre caniche Mitzou. Pierre est en petite tenue, il essaye d'arroser le chien!
René:	Oh, c'est une jolie petite famille que tu as là.
Serge:	Et vous, qu'est-ce que vous faites?
Thérèse:	Alors, René est à la retraite depuis un an. Il a un petit travail comme gardien dans un grand bâtiment à cinq cents mètres d'ici. Il est gardien de nuit.
Serge:	Alors, tu passes toutes tes nuits dans ce bâtiment?
René:	Ah non. Je fais une semaine sur trois. C'est pas très dur, tu sais. J'ai une petite pièce où je suis bien tranquille, avec une petite cuisine; et ça paie pas mal.
Serge:	Et toi, Thérèse, qu'est-ce que tu fais?
Thérèse:	Je suis toujours secrétaire et réceptionniste.
Serge:	Tu es employée où?
Thérèse:	Je travaille à FIAPAD.
Serge:	FIAPAD? Qu'est-ce que c'est?
Thérèse:	C'est le Foyer International d'Accueil Paris la Défense.
Serge:	Et tu aimes ça?
Thérèse:	Ah oui, j'aime beaucoup mon travail. C'est très intéressant. Il y a beaucoup d'étrangers: des Anglais, des Allemands, des Américains…
Serge:	Des Canadiens?
Thérèse:	Eh oui. Et des Canadiens aussi.

3ième partie

Serge:	Vous avez un fils, je crois?
René:	Oui, c'est Jean.
Serge:	Ah oui, Jean. Qu'est-ce qu'il fait? Il est toujours au lycée?
René:	Ah non! Il a passé son baccalauréat, il y a cinq ans.
Serge:	Quoi? Cinq ans déjà?
René:	Ben, oui.
Serge:	Et qu'est-ce qu'il fait maintenant?
René:	Eh bien, il a été reçu à l'École des Arts Intérieurs.
Serge:	Qu'est-ce que c'est que ça?
René:	C'est une des grandes écoles, on prend seulement vingt-cinq étudiants par an et ils étudient l'art décoratif, la restauration des intérieurs et des meubles, le «design» et la pose des papiers peints.
Serge:	Il en a pour encore combien de temps?
René:	Oh, il a terminé et il a déjà trouvé un emploi dans une grande firme ici à Nanterre. Actuellement, il est responsable pour la décoration d'un nouveau restaurant, et après ça, il va faire tout le décor pour un salon de coiffure.
Serge:	Ah, mais c'est bien ça. Vous devez être bien content de lui.
Thérèse:	Oh, tu sais, le pauvre Jean nous donne bien des soucis. Puisque tu es notre cousin, on va t'expliquer ce qui se passe. Pendant qu'il faisait ses études il était toujours très courageux. Il ne sortait pas le soir; le week-end, il travaillait. Et puis quand il a fini ses études, il a rencontré une fille. C'est une fille plus âgée que lui, elle doit avoir trente ans au moins. Et maintenant, il dit qu'il veut l'épouser.
Serge:	Mais c'est normal de rencontrer une fille et de vouloir l'épouser.
Thérèse:	Oui, mais cette fille n'est pas bien pour lui.
Serge:	Comment, pas bien pour lui?

Thérèse:	Elle refuse absolument de venir chez nous et ne nous a jamais dit bonjour.
Serge:	Mais c'est drôle ça. Pourquoi?
René:	Jean nous a dit qu'elle est très timide, mais nous ne le croyons pas, c'est une fille qui est connue ici. Elle a connu déjà beaucoup de jeunes gens. Et ça c'est pas tout, hier soir même, Jean nous a dit que cette fille est enceinte. Il veut l'épouser dans deux, trois semaines. Tu peux t'imaginer que nous sommes bien tristes et nous ne savons pas quoi faire. Jean est terriblement têtu.
Serge:	Oh, je suis désolé pour vous. Ça doit être un tel souci. L'idée qu'elle ne veut pas vous rencontrer et que Jean va l'épouser et aura bientôt charge de famille. Ma pauvre Thérèse tu dois être bien attristée, surtout que c'est votre fils unique.
Thérèse:	Ah oui, je suis dans tous mes états. Enfin, nous te tiendrons au courant.

4ième partie

Serge:	Et bien, je dois rentrer maintenant, il se fait tard. Merci pour cette charmante soirée.
René:	Nous sommes ravis de ta visite. Embrasse Claire et les enfants pour nous.
Thérèse:	Oui. Et dis-lui bien de venir avec toi la prochaine fois et de nous rendre visite.
Serge:	Oh, c'est bien gentil à vous. Mais il vous faudra nous rendre visite au Canada!
René:	Et qui sait? Pourquoi pas?
Serge:	Alors, c'est entendu. À la prochaine, au Canada! En attendant, merci encore mille fois de votre gentillesse et au revoir.
René:	Au revoir, Serge.
Thérèse:	Au revoir, Serge. Et bon voyage.

Scénette No. 3
Chez soi (Unités 24 – 27)

Personnages
Monsieur Jacques, Madame Yvonne, Jacotte et Jean-Paul

Le vieux Grand-père d'Arville est mort l'an dernier. La Grand-mère d'Arville a maintenant soixante-dix-huit ans. Il lui est difficile d'habiter seule et par conséquent la famille d'Arville débat si elle devrait venir habiter chez eux. Les d'Arville habitent un petit appartement à Nanterre. Ils ont une cuisine, une salle de bains, une salle de séjour et trois chambres. En ce moment les parents occupent une des chambres. Jacotte, qui a dix-sept ans, occupe la deuxième et la troisième est pour Jean-Paul. La famille s'est toujours bien entendu avec le vieux couple, mais cette nouvelle situation cause quelques problèmes.

1ière partie

M. Jacques:	Alors, écoutez tout le monde, Grand-mère est toute seule maintenant, à mon avis, on ne peut pas la laisser dans son petit appartement. Je crois qu'elle devrait venir ici vivre avec nous. Et puis, si par hasard elle tombait malade, on pourrait la soigner.
Mme Yvonne:	Écoute Chéri, je comprends ce que tu veux dire, mais tu sais, ce n'est pas si simple. Ce qui m'inquiète un peu c'est que Grand-mère aime beaucoup son indépendance. Elle fait ses courses tous les jours. Elle aime bien sortir, rencontrer ses amis dans les magasins, je ne crois pas que ton idée lui plaise beaucoup.
Jacotte:	Et moi, je crois qu'elle ne serait pas heureuse si elle venait chez nous. N'oubliez pas qu'il y a une maison pour les personnes âgées tout près d'ici. Pour moi, le mieux serait que Grand-mère s'installe dans cette maison. Je crois que la maison est très bien et le personnel est très gentil là, très sympa, et ça serait facile d'aller voir Grand-mère très souvent, c'est à cinq ou dix minutes d'ici. On pourrait lui rendre visite tous les jours et puis le week-end, elle pourrait venir chez nous.
Jean-Paul:	Écoute Jacotte, tu n'es pas sérieuse. On ne peut pas demander à Grand-mère de quitter son appartement et d'aller s'installer dans une maison pour les personnes âgées. Elle est vieille, c'est vrai, elle est peut-être un peu faible aussi, elle ne peut plus s'occuper d'elle-même maintenant et c'est difficile pour elle de monter et descendre cet escalier. Alors, moi, je crois que ce serait très bien si elle venait habiter chez nous, dans notre appartement.

M. Jacques:	C'est ça Jean-Paul. Je suis certain que Grand-mère ne voudrait pas vivre dans un foyer pour personnes âgées. Elle est beaucoup trop indépendante. Elle aime sa liberté. Et puis ce qui est très important, Grand-mère a son avis à donner aussi. Elle nous a dit beaucoup de fois qu'elle n'aimerait pas vivre dans une maison où il n'y a que des personnes âgées. Alors je suis certain qu'elle n'acceptera pas. Mais si elle vient ici elle sera en famille, elle nous verra tous les jours et comme ça nous aurons toujours le contact.
Mme Yvonne:	Mais Jacques, tu oublies quelque chose. Il y a la question des chambres des enfants. Il y a notre chambre à nous. Et puis Jacotte a une chambre et Jean-Paul a une chambre. Comme tu le sais, nous n'avons que trois chambres. Alors si Grand-mère venait habiter chez nous, ça nous poserait beaucoup de problèmes. Par exemple, il faudrait que l'un des enfants, soit Jacotte, soit Jean-Paul, lui laisse sa chambre. Et puis il y a la question des meubles. Elle a beaucoup de meubles chez elle, et nous n'avons vraiment pas la moindre place dans la chambre de Jacotte ou dans celle de Jean-Paul, même pas pour une chaise de plus. Et Grand-mère, elle a un grand lit, une coiffeuse, deux tables de nuit, un canapé et deux fauteuils, une table de salle à manger et quatre chaises sans parler de son frigidaire et sa cuisinière.
Jacotte:	Voilà, c'est tout à fait exact. Et puis, franchement, je ne veux pas quitter ma chambre. Et il y a autre chose. Vous savez bien que Grand-mère n'aime pas la musique pop. Elle dit toujours que la radio est trop forte, et si elle venait chez nous, il y aurait toujours des problèmes à cause de la musique. Et elle ne serait pas contente si j'écoutais mes disques. Ce n'est vraiment pas une bonne idée.
Jean-Paul:	Tu n'es pas sérieuse, Jacotte. Tu ne penses qu'à ta musique! À vrai dire, moi aussi, j'en ai marre de ta musique et à mon avis, c'est vrai que ta radio est toujours trop forte. Non, je pense à une autre chose. Grand-mère ne prend plus la peine de se faire à manger comme il faut. Je suis certain qu'elle ne mange pas bien; elle ne se nourrit pas comme il faut, à mon avis. Ça c'est un problème très grave. Si elle venait chez nous, elle mangerait avec nous, et comme cela elle mangerait bien. Et à mon avis, ça ne coûterait pas beaucoup plus de nourrir cinq personnes que d'en nourrir quatre.

M. Jacques:	Je pense comme toi, Jean-Paul. Et puis il y a une autre chose. La mémoire de Grand-mère n'est plus très bonne et parfois elle oublie de payer ses factures, c'était toujours Grand-père qui faisait tout cela et maintenant Grand-mère trouve difficile d'ouvrir les enveloppes, de lire toute l'information qu'elles contiennent, et parfois, comme j'ai dit, elle oublie de payer ses factures. Il y a deux ou trois mois, on a coupé son téléphone parce qu'elle avait oublié de payer sa facture de téléphone. Vous voyez c'est difficile pour une vieille dame de vivre toute seule. Ce n'est pas seulement une question de se faire à manger, il y a beaucoup d'autres choses aussi.
Mme Yvonne:	Vous savez j'aime bien Grand-mère, elle fait partie de notre famille et je comprends bien qu'elle ait des difficultés et des problèmes. C'est vrai, elle est beaucoup plus faible maintenant et elle ne peut plus nettoyer son appartement. Elle n'a pas assez de force et ce n'est pas sain si l'appartement est sale, mais quand même c'est très difficile de prendre une décision pareille.
Jacotte:	Et moi aussi, j'aime bien Grand-mère. Je trouve que le plus difficile c'est de ne pas donner à Grand-mère l'impression que nous pensons qu'elle n'est plus capable de s'occuper d'elle-même comme il faut. Elle est très sensible, nous le savons tous. Et je ne veux pas l'insulter.

Jean-Paul:	Grand-mère a surtout des problèmes en hiver. Quand il fait mauvais temps, quand il pleut, quand il neige, elle a beaucoup de problèmes pour sortir, évidemment. Vous savez tous que je fais ses courses le week-end et ça l'aide beaucoup. J'achète son pain et ses provisions toutes les semaines, mais quand même, je crois que ça serait plus facile si elle venait ici vivre avec nous.
Jacotte:	Il faut penser à sa vie sociale aussi. Elle va tous les dimanches à l'église, elle a beaucoup d'amis qui habitent le quartier et qu'elle voit chaque dimanche. Je suis certaine qu'elle ne voudrait pas perdre contact avec ses amies de l'église.

Jean-Paul:	Alors, là vraiment, tu plaisantes. Si elle est ici avec nous, elle peut toujours aller à l'église, le dimanche. Je sais que tu ne veux pas quitter ta chambre Jacotte, mais moi, j'aime beaucoup Grand-mère, elle a toujours été très gentille avec moi. Alors, je quitte ma chambre et je suis prêt à dormir sur le petit lit qu'on monte dans la salle à manger parfois quand nous avons un visiteur.
Mme Yvonne:	Bon, d'accord, vous avez peut-être raison. Nous ne pouvons pas laisser Grand-mère aller dans une maison pour personnes âgées. Il me semble Jacotte qu'il te faudra apprendre à baisser ta radio et à faire moins de bruit dans l'appartement. Ça fera plaisir aux voisins! C'est gentil de ta part de vouloir offrir ta chambre à Grand-mère, Jean-Paul. Si elle est d'accord pour venir habiter chez nous, il nous faudra acheter un canapé-lit pour toi que nous mettrons dans la salle de séjour. Je ne sais pas où tu pourras mettre tes livres, par contre.
Jacotte:	Bon, d'accord, d'accord, vous avez raison. Grand-mère vient chez nous et Jean-Paul peut mettre ses livres dans ma chambre… mais pas sa collection de maquettes d'avions!
M. Jacques:	Et bien, voilà, c'est parfait. On achète un canapé-lit; Jacotte baisse sa radio et Grand-mère prend la chambre de Jean-Paul. Il ne nous reste plus qu'à demander l'avis de Grand-mère. Tiens, justement la voici qui arrive pour déjeuner; je viens d'entendre la porte de l'ascenseur.

Scénette No. 4

Les ovnis (Les objets volants non-identifiés) (Unités 28 – 30)

Personnages
M. Latour, Mme Merac, M. et Mme le Maire, M. Blanc, Mme Marti

1ière partie

Qu'est-ce que c'est un ovni? Un ovni, c'est quelque chose qu'on voit dans le ciel qui n'est pas un avion et qui n'est pas un oiseau non plus. Ovnis O-V-N-I-S veut dire les objets volants non-identifiés, parfois on dit aussi une soucoupe volante. Il y a quelques années, il y avait une histoire d'ovnis en France. Voici l'histoire de cet étrange objet et de son effet sur la population.

France-Inter, la radio française, a annoncé qu'un ovni avait été vu au-dessus de la ville de Rodez dans le département de l'Aveyron. Un facteur qui circulait à bicyclette avec ses lettres en direction de la petite ville de Primaube a vu cet ovni dans le ciel, vers six heures du matin. Cet objet semblait rester immobile dans le ciel et le facteur avait l'impression que des êtres extra-terrestres l'observaient par les petites fenêtres de la soucoupe volante.

Vers six heures et demie, le même matin, le patron d'un café de Figeac, une autre petite ville, a vu une boule lumineuse qui allait en direction nord-ouest. Cette boule a semblé s'arrêter au dessus de la ville et le propriétaire du café a entendu un bourdonnement très fort. Il est rentré dans son café pour faire sortir sa femme, mais quand le couple est sorti du café, l'ovni n'était plus là, il avait disparu.

Le patron du café et le facteur sont allés à la police. Ils ont dit à la police qu'ils pensaient avoir vu une soucoupe volante énorme. Deux jours plus tard, le maire de Rodez a organisé une réunion à l'hôtel de ville pour débattre cette question. Est-ce qu'il y a des ovnis et est-ce que les ovnis surveillent particulièrement la ville de Rodez et notre région?

Le maire de Rodez s'appelle Monsieur Latour. Parmi les personnes qui sont venues pour discuter cette question importante, se trouve Madame Merac, une habitante de la ville de Figeac, Monsieur Blanc, un habitant de Primaube, et Madame Marti, une habitante de Rodez. Maintenant nous allons rejoindre ces gens rassemblés dans l'hôtel de ville et assister à leurs débats.

2ième partie

M. Latour:	Bonjour, Messieurs, dames. Je vous remercie d'être venus. Vous savez tous que nous sommes ici pour discuter les évènements de mardi matin. Vous savez que Monsieur Deleteng, le facteur de Rodez, dit qu'il a vu une soucoupe volante à six heures du matin, mardi. Ce qui est très important aussi c'est que Monsieur Deleteng nous dit qu'il

pense qu'il y avait des êtres extra-terrestres dans cette machine qui l'observaient. Une demi-heure plus tard, Monsieur Dupont, propriétaire du Café de la Gare à Figeac a vu une grande boule lumineuse au-dessus de la ville qui, à son avis, restait immobile dans le ciel et qui faisait un très grand bruit. Alors, Madame Merac, je vois que vous voulez dire quelque chose, je vous invite à prendre la parole.

Mme Merac: Merci. Alors, moi, je ne crois pas aux ovnis. Je crois que toutes ces histoires sont de mauvaises plaisanteries. Ce sont tout simplement des farces ou bien il s'agit d'une imagination un peu trop forte, un peu romantique peut-être. Je me demande si le propriétaire du Café de la Gare a peut-être commencé sa journée avec un petit coup de vin blanc ou peut-être même avec quelque chose de plus fort.
(Brouhaha…Cris de «Non, c'est dégueulasse…» etc. etc.)

M. le Maire: Calmez-vous! Calmez-vous!
Madame Marti, je vous invite à prendre la parole, mais je vous demande d'être calme, nous nous trouvons devant un évènement qui pourrait être d'une importance capitale pour notre ville et pour notre population.

Mme Marti: Je vous remercie, Monsieur le Maire. Alors, pour ma part, je crois fermement aux ovnis. À mon avis, il est évident qu'il y a des êtres extra-terrestres. Comment peut-on maintenir le point de vue que nous, sur notre petite terre, nous sommes les seuls êtres vivant dans l'espace énorme de l'univers? Moi, j'ai toujours pensé qu'il y a d'autres planètes où il y a certainement des êtres beaucoup plus intelligents que nous et parfois, quand je regarde mes concitoyens, j'en suis d'autant plus certaine que ça ne serait pas trop difficile.
(Brouhaha…Cris de «Non, c'est un scandale…C'est dégueulasse…»)

Mme Marti: J'ajoute simplement, Monsieur le Maire, que les occupants des ovnis sont des étrangers extra-terrestres, ce sont des ambassadeurs d'un pouvoir inter-galactique. Pourquoi ces êtres viennent-ils sur notre terre? Est-ce qu'ils sont dangereux? Eh bien, je peux vous dire que ces êtres extra-terrestres viennent pour examiner les êtres humains. À mon avis, souvent ils doivent rire de ce qu'ils voient, mais la visite a un autre but d'autant plus important. Ce n'est pas seulement pour examiner les humains mais aussi pour les prévenir contre le mauvais usage des ressources de la terre. Ces gens ont vu de leur planète le problème de pollution sur notre terre. Ils ont compris le mauvais effet des bombes atomiques. Ils savent que les poissons sont morts dans nos fleuves et nos rivières. Ces gens sont venus pour mettre fin à cette pollution. Voilà ce que je pense, moi.

M. le Maire: Je vous remercie, Madame Marti. Et vous, Monsieur Blanc, qu'est-ce que vous en pensez? Je vous invite maintenant à prendre la parole.

3ième partie

M. Blanc: Merci, Monsieur le Maire. Moi, je peux vous dire que presque tous les astronautes ont rapporté avoir vu des ovnis. Moi, je suis d'accord avec Madame Marti en ceci: il est tout à fait possible que les êtres en provenance d'une autre planète ou d'autres planètes soient en train d'étudier la terre et d'examiner les humains.

M. le Maire: Merci, Monsieur Blanc. Madame Merac. Ah, Madame Merac, qu'est-ce que vous en pensez?

Mme Merac: Ce que je viens d'entendre est tout à fait stupide. Monsieur Blanc et Madame Marti croient-ils vraiment que la planète Mars est habitée? Croient-ils vraiment que la planète Vénus est habitée par des petits êtres verts? Ce sont des imbéciles qui croient à tout cela!!
(Brouhaha…etc.)

M. le Maire: Silence, Messieurs. Silence, je vous en prie! Monsieur Blanc, s'il vous plaît.

M. Blanc: Je ne suis pas du tout d'accord avec Madame Merac. Nous commençons à explorer l'espace. L'année dernière un vaisseau spatial américain a passé tout près de la planète Jupiter. Si nous, les humains, nous commençons à nous intéresser aux autres planètes, il est tout à fait raisonnable de penser que les individus extra-terrestres commencent à s'intéresser à la terre. Si nous allons à Jupiter, pourquoi les gens d'autres planètes ne peuvent-ils pas venir sur la terre? Ils ont certainement une technologie beaucoup plus avancée que la nôtre.

Mme Marti: (interrompt).
Monsieur le Maire, Monsieur le Maire, beaucoup de personnes qui déclarent avoir vu des ovnis sont de caractère instable, ça c'est bien connu. Elles sont probablement victimes d'hallucinations ou bien elles ont d'autres faiblesses d'esprit.

M. Blanc:	(fâché) Espèce de petite misérable! Tu parles de moi? Tu dis que je suis de caractère instable? Tu dis que j'ai des hallucinations? Espèce de crétine.
Mme Merac:	(à travers le brouhaha) Non, je n'ai pas dit cela, mon petit bonhomme! Mais vous donnez quand même l'impression d'être instable.
M. Blanc:	Et ta sœur!
M. le Maire:	Messieurs, Dames! Messieurs, Dames! Silence! Silence! Madame Marti, je vous demande de prendre la parole.

4ième partie

Mme Marti:	Merci, Monsieur le Maire. J'ai dit tout à l'heure que les occupants des ovnis sont des ambassadeurs d'un pouvoir inter-galactique. Je dois expliquer à tout le monde que les rencontres avec ces individus sont d'une certaine sorte. Il y a d'abord les rencontres du premier type, cela signifie, excusez-moi, excusez-moi,que quelqu'un voit un ovni ou plusieurs ovnis. C'est bien une rencontre du premier type que nous discutons actuellement. Le facteur et le propriétaire du café ont vu un ovni, alors voilà ça s'appelle une rencontre du premier type…Et puis, évidemment, il y a les rencontres du deuxième type, cela signifie que les ovnis laissent derrière eux des traces sur la terre, c'est-à-dire on trouve des végétaux brulés ou bien peut-être des animaux effrayés, ou bien peut-être après la visite d'un ovni il y a des appareils électriques qui tombent en panne.
Une voix:	(de la salle) Eh bien, c'est bien ça. Mon rasoir est tombé en panne, ce matin.
Une autre voix:	Et oui, mon vieux, ça se voit très bien sur ta figure!
Mme Marti:	Alors, à mon avis, Monsieur le Maire, on devrait envoyer la police à l'endroit où le facteur a vu cet objet volant pour rechercher des traces qu'il aurait laissées derrière lui. On va trouver peut-être un endroit où la terre est brûlée. Alors dans ce cas, nous devrons admettre que nous avons eu une rencontre du deuxième type.
Des voix:	(dans la foule) Oui, c'est ça. alors on envoie la police, on envoie les militaires. Monsieur le Maire, envoyez les gendarmes!!
Mme Marti.	(continuant) Monsieur le Maire, après les rencontres du premier et du deuxième type, il y a bien entendu des rencontres du troisième type. (Le brouhaha se calme.)
M. le Maire:	Du troisième type, Madame? Qu'est-ce que c'est que ça?
Mme Marti:	On peut dire qu'on a eu une rencontre du troisième type quand on voit les occupants des ovnis (Silence).
Mme Merac:	Je m'en fous de vos rencontres, moi. Madame! Quelle stupidité! C'est une imbécile, cette femme! Quelle imagination! C'est de la folie! Mais quelle idiote! Ce que les deux pauvres types ont vu, ce n'est pas un ovni, ce n'est pas une soucoupe volante, ce n'est pas un véhicule qui vient d'une autre planète, c'était probablement un satellite fabriqué par les hommes ou bien, c'est un ballon sonde, c'est tout. (Brouhaha encore une fois).
M. le Maire:	Messieurs, Dames. Calmez-vous. Calmez-vous, je vous en prie. Alors Messieurs, Dames, je vous propose une solution, on pourrait rester ici toute la journée pour discuter l'existence des ovnis, ça ne mènerait à rien. Alors, j'ai pris la décision de faire venir la police et nous allons trouver l'endroit près de Primaube où le facteur a vu cet étrange objet. Bon, bon, c'est tout. Messieurs, Dames, je vous remercie, la réunion est terminée.

Scénette No. 5

Déménager ou non? (Unités 31 – 33)

Personnages
Mme Escolier, M. Escolier, Anne-France, Olivier

1ière partie

Monsieur Jean-Claude Escolier est psychologue et psychiatre. Il a son cabinet personnel à Lille, dans le
nord de la France. Il a vu dans un journal une annonce pour un poste comme Chef Psychiatre à l'hôpital
psychiatrique de Lyon. Actuellement la famille Escolier habite un bel appartement dans un nouvel

ensemble dans la banlieue de Lille. C'est un appartement très bien au cinquième étage, avec salon, salle à manger, quatre chambres à coucher, cuisine, salle de bains et un grand balcon.

Sa femme Solange étudie l'allemand depuis un an à l'Institut Goethe de Lille. Elle prépare un diplôme afin de devenir secrétaire bilingue. Elle aime beaucoup l'Allemagne et la langue allemande. Elle espère se présenter à l'examen l'an prochain.

Olivier, âgé de dix-sept ans, a encore deux ans à faire avant de passer son baccalauréat. Il va au lycée Berthelot où il a beaucoup d'amis. Anne-France, âgée de quinze ans, va aussi au lycée et joue du violon dans l'orchestre des jeunes. Elle aussi, elle a beaucoup de copains et de copines au lycée.

Les membres de la famille parlent du poste et ils se posent la question: «Est-ce que Monsieur Escolier doit demander des détails sur cette situation à Lyon, oui ou non?» Evidemment Lille est très loin de Lyon et si Monsieur Escolier obtenait ce nouveau poste, la famille devrait aller à Lyon.

2ième partie

Mme Escolier:	Alors, Jean-Claude, donne-nous un peu de détails sur ce poste?
M. Escolier:	Eh bien, c'est pour un poste de Chef de Service, c'est-à-dire que c'est un poste très important. Le Chef de Service a une équipe de trois psychiatres et en plus, un personnel de cinquante personnes environ.
Mme Escolier:	Et dans cet hôpital, il y a combien de patients?
M. Escolier:	Il y en a à peu près trois cents.
Anne-France:	Franchement, Papa, je ne veux pas quitter Lille. Tu sais que j'aime beaucoup jouer du violon dans l'orchestre des jeunes. Je sais qu'il y aura des concerts magnifiques, l'année prochaine. On va même jouer une symphonie de Beethoven, je ne veux pas manquer ça. Et puis, je ne sais pas s'il y a un orchestre de jeunes à Lyon, et même s'il y en a un, il serait peut-être difficile d'être acceptée. Ici à Lille j'ai ma place dans l'orchestre. Tu comprends Papa, n'est-ce pas? Tu comprends ce que je veux dire?
M. Escolier:	Bien sûr ma petite. Je comprends bien, mais il y a une autre chose qu'il faut discuter. Ici, à Lille, je suis médecin non-conventionné, c'est-à-dire que j'ai une pratique privée, donc quand j'aurai soixante ans je n'aurai pas de pension. Il faut faire beaucoup d'économies ici à cause de cela. Mais si je prends ce poste comme Chef de Service à l'hôpital psychiatrique à Lyon, j'aurai droit à une pension de l'État quand je prendrai ma retraite. Et ça, c'est une chose très importante, il ne faut pas oublier que quand on devient âgé, une bonne retraite est une chose très importante.
Mme Escolier:	Mais Chéri, il faut penser aux gosses. Je pense à Olivier. Tu sais qu'il ne lui reste que deux ans à faire au lycée avant de passer son bac. Si on allait à Lille ses études seraient perturbées. On devrait chercher une nouvelle école. Je ne sais pas si les lycées à Lyon sont bons. Il faudrait peut-être l'envoyer dans une école privée et ça, ça coûte beaucoup d'argent. Ce n'est pas très simple, ton projet. C'est vrai ce que tu dis, Chéri. Bien entendu, il serait très agréable d'avoir une grande maison dans un parc. Et s'il y avait un jardin, ce serait très bien aussi. Mais il y a un problème. Plus tard, quand tu auras soixante ans et que tu prendras ta retraite, nous serons obligés de quitter la maison; c'est-à-dire il nous faudra chercher une autre maison. À ce moment-là, quand tu prendras ta retraite, les appartements seront peut-être très chers? À mon avis, en tout cas, il faut toujours faire des économies.
Anne-France:	Si tu obtiens ce poste, Papa, est-ce que tu vas avoir à acheter une maison ou un appartement à Lyon?
M. Escolier:	Non, pas forcément. Il y a un pavillon situé dans le parc de l'hôpital et ce pavillon (c'est une petite maison, je suppose) est à la disposition du Chef de Service.
Anne-France:	Qu'est-ce que ça veut dire, Papa?
M. Escolier:	C'est-à-dire qu'il y a une maison pour nous, pour toute la famille dans le parc de l'hôpital. Il a sûrement un beau jardin. Ça serait beaucoup mieux qu'ici. Notre balcon n'est pas mal pour un appartement comme le nôtre, mais ce n'est pas la même chose qu'un beau jardin.
Mme Escolier:	Jean-Claude, et l'argent? C'est bien payé ce poste, j'espère?
M. Escolier:	Ah, oui, certainement. C'est un poste de Chef de Service quand même! Je ne sais pas exactement combien je gagnerais, mais c'est certainement beaucoup plus que je gagne maintenant.

Mme Escolier:	Alors moi, je pense à mes études d'allemand. Si nous quittons Lille maintenant, je dois interrompre mes études d'allemand, ça serait vraiment dommage. Je fais des progrès. Je ne sais pas si il y a une branche de l'Institut Goethe à Lyon. Je ne crois pas. Tu sais, Chéri, ce serait vraiment dommage!
Olivier:	À mon avis, c'est une très bonne idée. Je n'aime pas le climat ici à Lille. Il fait toujours froid, il pleut tout le temps. C'est affreux! À Lyon, c'est autre chose, c'est presque le Midi. J'aime le soleil, moi. J'ai horreur de ces nuages, de cette pluie et du brouillard! Et puis, il y a autre chose. Si on habitait un pavillon avec un jardin, je pourrais enfin avoir un chien, j'ai toujours voulu avoir un chien, vous savez. Alors, moi, je suis pour, Papa.
M. Escolier:	Et toi, Anne-France? Qu'est-ce que tu en penses, toi?
Anne-France:	Papa, tu dis que ce serait un avantage de vivre tout près de ton travail et je te comprends. Mais, d'un autre côté, tu serais de service vingt-quatre heures sur vingt-quatre. Il te serait très difficile de sortir le soir avec Maman, aller au théâtre ou au cinéma. Il faut penser à cela, n'est-ce pas?
Olivier:	Vous avez oublié quelque chose. Ce serait parfait d'habiter à Lyon. Il ne faut pas oublier que la maison de vacances familiale est dans les Pyrénées, tout près de Mirepoix. Vous savez tous combien ça nous fait plaisir d'aller à Verniolle, mais pendant que nous sommes ici à Lille, on peut y aller seulement une fois ou peut-être deux fois par an. Si on habitait à Lyon, il serait possible d'aller à Verniolle de temps en temps pour un week-end, pensez à ça.
M. Escolier:	Eh bien, je vois que c'est un grand problème pour tout le monde. Ce n'est pas du tout facile. Il y a des avantages et des inconvénients. Je vais penser à tout cela pendant quelques jours et on en parlera encore une fois un peu plus tard.

Solutions · Lösungen

Unité 3

Exercice 2

Dame:	Bonjour Monsieur.
Monsieur:	Bonjour Madame.
Dame:	Vous êtes de quelle partie de l'Allemagne?
Monsieur:	Je suis de Hambourg.
Dame:	D'ou exactement?
Monsieur:	De Wellingsbüttel.

Dame:	Bonjour Monsieur.
Monsieur:	Bonjour Madame.
Dame:	Vous êtes de quelle partie de l'Allemagne?
Monsieur:	De Francfort.
Dame:	D'ou exactement?
Monsieur:	De Niederrad.

Dame:	Bonjour Monsieur.
Monsieur:	Bonjour Madame.
Dame:	Vous êtes de quelle partie de l'Allemagne?
Monsieur:	Je suis d'Autriche, de Vienne.
Dame:	D'ou exactement?
Monsieur:	De Grinzing.

Dame:	Bonjour Monsieur.
Monsieur:	Bonjour Madame.
Dame:	Vous êtes de quelle partie de l'Allemagne?
Monsieur:	Je viens de Breme.
Dame:	D'ou exactement?
Monsieur:	De Lilienthal.

Dame:	Bonjour Monsieur.
Monsieur:	Bonjour Madame.
Dame:	Vous êtes de quelle partie de l'Allemagne?
Monsieur:	Je viens de Berlin.
Dame:	D'ou exactement?
Monsieur:	De Schlachtensee.

Dame:	Bonjour Monsieur.
Monsieur:	Bonjour Madame.
Dame:	Vous êtes de quelle partie de l'Allemagne?
Monsieur:	Je suis de Hanovre.
Dame:	D'ou exactement?
Monsieur:	De Herrenhausen.

Dame:	Bonjour Monsieur.
Monsieur:	Bonjour Madame.
Dame:	Vous êtes de quelle partie de l'Allemagne?
Monsieur:	Je viens de Gronau.
Dame:	D'ou exactement?
Monsieur:	D'Epe.

Dame:	Bonjour Monsieur.
Monsieur:	Bonjour Madame.
Dame:	Vous êtes de quelle partie de l'Allemagne?
Monsieur:	Je suis de Nuremberg.
Dame:	D'ou exactement?
Monsieur:	De Poppenreuth.

Unité 12

Exercice 1

Ma femme/mon mari travaille chez AEG.
Ma femme/mon mari travaille chez Bosch.
Ma femme/mon mari travaille chez Siemens.
etc.

Mon frère/ma sœur travaille chez AEG.
Mon frère/ma sœur travaille chez Bosch.
Mon frère/ma sœur travaille chez Siemens.
etc.

Unité 13

Exercice 1

b.) 1. A. Madame Defarges, elle habite un appartement?
   B. Non, elle habite une maison.

2. A. Mademoiselle Pagès, elle habite un appartement?
   B. Oui, elle habite un appartement.

3. A. Monsieur Duez, il habite un appartement?
   B. Oui, il habite un immeuble.

4. A. Mademoiselle Polidor, elle habite un appartement?
   B. Non, elle habite un studio.

5. A. Monsieur et Madame Roches, ils habitent un appartement?
   B. Non, ils habitent une maison particulière.

6. A. Sylvie, elle habite un appartement?
   B. Non, elle habite une chambre d'étudiante.

Exercice 2

c.) A. Où habitez-vous,
      Mademoiselle Polidor?
   B. J'habite la campagne.
   A. Qu'est-ce que vous avez comme
      habitation?
   B. J'habite un studio dans une maison.
   A. Vous êtes là depuis quand?
   B. Depuis deux mois.
   A. La maison est bien située?
   B. Ah, non, il n'y a pas de gare et le
      seul autobus part pour la ville à
      sept heures et demie du matin.
   A. Vous habitez seule?
   B. Oui, j'habite toute seule.

Exercice 3

Collègue:	Bonjour.
Henri:	Où habitez-vous?
Collègue:	À Bordeaux.
Henri:	Qu'est-ce que vous avez comme habitation?
Collègue:	J'habite un appartement.
Henri:	La maison est bien située?
Collègue:	Oui, l'autobus est à cinquante mètres.
Henri:	Vous êtes là depuis quand?
Collègue:	Depuis trois mois.

Unité 15

Exercice 2

Vous allez à Nice?	Ce train va à Nice?	Ce bus va à Nice?
Vous allez à Jussieu?	Ce train va à Jussieu?	Ce bus va à Jussieu?
Vous allez à l'hôtel de Ville?	Ce train va à l'hôtel de Ville?	Ce bus va à l'hôtel de Ville?
Vous allez au centre?	Ce train va au centre?	Ce bus va au centre?
Vous allez au théâtre?	Ce train va au théâtre?	Ce bus va au théâtre?

Unité 16

Exercice 2

1. A. C'est qui Yves?
   B. Yves est le mari de Michelle. il est le père de Jean et le fils de Jeanne.

2. A. C'est qui André?
   B. André est le père de Georges, le fils d'Yves et de Michelle et le petit-fils de Pierre et
      Jeanne Leclerc.

3. A. C'est qui Pierre Leclerc?
   B. Pierre est le mari de Jeanne, le père d'Annie et le Grand-Père d'Alice, Serge et Pierre.

4. A. C'est qui, Marcel Gabrel?
   B. Marcel est le mari d'Annie, le beau-fils de Pierre et Jeanne Leclerc et le père d'Alice,
      Serge et Pierre.

5. A. C'est qui, Alice Gabrel?
   B. Alice est la sœur de Serge et de Pierre, la fille d'Annie et Marcel, la petite fille de Pierre
      et Jeanne.

6. A. C'est qui, Alain Barbier?
   B. Alain est le frère de Georges et André, le fils d'Yves et Michelle, et le petit-fils de Pierre
      et Jeanne.

7. A. C'est qui, Annie Gabrel?
   B. Annie est la femme de Marcel, la fille de Pierre et Jeanne est la mère d'Alice, Serge et
      Pierre.

8. A. C'est qui, Jeanne Leclerc?
   B. Jeanne est la femme de Pierre, la mère d'Annie et Yves, la grand-mère d'Alice, Serge,
      Pierre, André, Georges et Alain.

Exercice 3

Marie-France a vingt et un ans, elle est sympathique et de bonne humeur.

Maurice a trente ans, il est assez bête et toujours en retard.

Solange a trente-cinq ans, elle est très intelligente, mais elle est impatiente.

Victor a cinquante ans, il est assez superficiel et nerveux.

Marie-Hélène a quarante-trois ans, elle est consciencieuse et timide.

Philippe a vingt-huit ans. Il est généreux et toujours de bonne humeur.

Unité 18

Exercice 1

Conversation 1

Garçon:	Vous êtes prêt à commander?
Vous:	Nous prenons la pamplemousse au sucre et le poulet rôti.
Garçon:	Oui, Monsieur.
	Qu'est-ce que je vous sers à boire?
Vous:	De l'eau, s'il vous plaît.
Garçon:	Bien, Monsieur.

Conversation 2

Garçon:	Vous êtes prêt à commander?
Vous:	Nous prenons les cannelonis maison «spécialité» et le sauté de veau aux champignons.
Garçon:	Qu'est-ce que je vous sers à boire?
Vous:	Donnez-moi la carte des vins, s'il vous plaît.
Garçon:	Qu'est-ce que je vous sers comme dessert?
Vous:	Pas de dessert, mais nous prenons un café.

Unité 19

Exercice 3

Réception:	Hôtel des Arcades. Bonjour.
Vous:	Bonjour. Je voudrais réserver une chambre.
Réception:	Pour une ou pour deux personnes?
Vous:	Pour une personne.
Réception:	Pour combien de nuits?
Vous:	Pour une nuit.
Réception:	Oui, j'ai une chambre pour une personne.
Vous:	Avec salle de bains?
Réception:	Oui, avec salle de bains.
Vous:	Et ça coûte combien?
Réception:	C'est à 80 F.
Vous:	Alors je la prends.
Réception:	C'est à quel nom?
Vous:	Saunier.
Réception:	Bon. Vous pouvez envoyer une confirmation?
Vous:	Oui. Bien sûr.
Réception:	Merci.
Vous:	De rien. Au revoir.
Réception:	Au revoir.

Unité 20

Exercice 2

Lundi?	Il faut réserver une chambre à l'Hôtel de la Poste.
Mardi?	Il faut acheter un collier pour Sylvie.
Mercredi?	Il faut téléphoner à Sylvie.
Jeudi?	Il faut acheter une raquette.
Vendredi?	Il faut aller à Montmartre.
Samedi matin?	Il faut faire du jogging.
Samedi soir?	Il faut réserver une table Chez Max.
Dimanche?	Il faut visiter Versailles.

Unité 21

Exercice 2

Vous savez faire du cheval?
Marie-Hélène, elle sait faire du cheval?

Vous savez nager?
Marie-Hélène, elle sait nager?

Vous savez conduire?
Marie-Hélène, elle sait conduire?

Vous savez jouer de la guitare?
Marie-Hélène, elle sait jouer de la guitare?

Vous savez danser?
Marie-Hélène, elle sait danser?

Vous savez jouer aux cartes?
Marie-Hélène, elle sait jouer aux cartes?

Vous savez faire du ski?
Marie-Hélène, elle sait faire du ski?

Vous savez chanter?
Marie-Hélène, elle sait chanter?

Vous savez faire la cuisine?
Marie-Hélène, elle sait faire la cuisine?

Vous savez jouer au tennis?
Marie-Hélène, elle sait jouer au tennis?

Exercice 3

Vous:	Mathieu, on joue au foot?
Mathieu:	Oui, bonne idée.
Vous:	Mathieu, on fait du cheval?
Mathieu:	Oui, bonne idée.
Vous:	Mathieu, on joue aux cartes?
Mathieu:	Non, je ne sais pas jouer aux cartes.
Vous:	Mathieu, on joue au tennis?
Mathieu:	Oui, bonne idée.
Vous:	Mathieu, on va à la piscine?
Mathieu:	Oui, bonne idée.
Vous:	Madeleine, on va danser?
Madeleine:	Oui, bonne idée.
Vous:	Madeleine, on fait du ski?
Madeleine:	Non, je ne sais pas faire du ski.
Vous:	Madeleine, on joue aux cartes?
Madeleine:	Oui, bonne idée.
Vous:	Madeleine, on joue au foot?
Madeleine:	Non, je ne sais pas jouer au foot.
Vous:	Madeleine, on regarde la télévision?
Madeleine:	Oui, bonne idée.

Unité 22

Exercice 2

Réception:	Bonjour. Le cabinet du Docteur Letombe.
Vous:	Bonjour. Je voudrais prendre rendez-vous pour voir le docteur.
Réception:	C'est de la part de qui?
Vous:	Jacqueline Couboules.
Réception:	Vous voulez venir quand?
Vous:	C'est possible demain matin?
Réception:	Non. Je regrette. Vous pouvez venir demain après-midi à 16h45?
Vous:	D'accord.
Réception:	Au revoir.

Exercice 3

Vous:	Je suis en panne.
TCF:	Donnez-moi votre numéro d'immatriculation.
Vous:	NEA-RX 104.
TCF:	Vous avez quelle marque de voiture?
Vous:	Une Mercedes.
TCF:	Elle est de quelle couleur?
Vous:	Elle est rouge.
TCF:	Donnez-moi le numéro de téléphone.
Vous:	236
TCF:	Où êtes-vous?

Vous:	Sur la A1 à 15 kilomètres de Senlis vers Paris.
TCF:	Vous êtes abonné au Touring Club de France?
Vous:	Non. Je suis abonné à l'ADAC.
TCF:	J'envoie quelqu'un tout de suite.
Vous:	Merci.

Vous:	Je suis en panne.
TCF:	Donnez-moi votre numéro d'immatriculation.
Vous:	HH-AN 273.
TCF:	Vous avez quelle marque de voiture?
Vous:	Une Porsche.
TCF:	Elle est de quelle couleur?
Vous:	Elle est jaune.
TCF:	Donnez-moi le numéro de téléphone.
Vous:	276.
TCF:	Où êtes-vous?
Vous:	Sur la route nationale 10 à 22 kilomètres de Tours. Je vais vers Vendôme.
TCF:	Vous êtes abonné au Touring Club de France?
Vous:	Non. Je suis abonné à l'ADAC.
TCF:	J'envoie quelqu'un tout de suite.
Vous:	Merci.

Unité 23

Exercice 1

1. Employé: Bonjour, Monsieur.
   Touriste: Bonjour. Vous pouvez m'aider?
   Mon rasoir ne marche pas bien.
   Employé: Qu'est-ce qu'il a?
   Touriste: Il fait un drôle de bruit.
   Employé: Bon.
   Touriste: Vous pouvez me le réparer?
   Employé: Je ferai de mon mieux.
   Touriste: Il vous faut combien de temps?
   Employé: Revenez demain matin.
   Touriste: Merci.

2. Employé: Bonjour, Madame.
   Touriste: Bonjour. Vous pouvez m'aider?
   Ma montre retarde.
   Vous pouvez me la réparer?
   Employé: Je ferai de mon mieux.
   Touriste: Il vous faut combien de temps?
   Employé: Revenez demain matin.
   Touriste: Merci.

3. Employé: Bonjour, Madame.
   Touriste: Bonjour. Vous pouvez m'aider?
   La mise au point de mon
   appareil ne marche pas.
   Vous pouvez me la réparer?
   Employé: Je ferai de mon mieux.
   Touriste: Il vous faut combien de temps?
   Employé: Revenez demain matin.
   Touriste: Merci.

4. Employé: Bonjour, Madame.
   Touriste: Bonjour. Vous pouvez m'aider?
   L'alarme de mon réveil-matin
   ne marche pas.
   Vous pouvez me la réparer?
   Employé: Je ferai de mon mieux.
   Touriste: Il vous faut combien de temps?
   Employé: Revenez demain matin.
   Touriste: Merci.

5. Employé: Bonjour, Madame.
   Touriste: Bonjour. Vous pouvez m'aider?
   Ma radio ne marche pas bien.
   Employé: Qu'est-ce qu'elle a?
   Touriste: Elle fait un drôle de bruit.
   Employé: Bon.
   Touriste: Vous pouvez me la réparer?
   Employé: Je ferai de mon mieux.
   Touriste: Il vous faut combien de temps?
   Employé: Revenez demain matin.
   Touriste: Merci.

Exercice 2

1. TCF: Touring Club de France, bonjour.
   C: Bonjour. Vous pouvez m'aider, s'il vous plaît?
   TCF: Qu'est-ce qu'il y a?
   C: Je suis en panne.
   TCF: Vous êtes où?
   C: Entre Angers et Tours.
   TCF: Qu'est-ce que vous avez comme voiture?
   C: J'ai une Mercedes 190.
   TCF: Quel est votre nom?

   C: STEINER. S-T-E-I-N-E-R.
   TCF: Qu'est-ce qu'elle a, votre voiture?
   C: La batterie est à plat.
   TCF: Vous êtes abonné au Touring Club de France, Monsieur Steiner?
   C: Non, mais je suis abonné à l'ADAC.
   TCF: Ne quittez pas votre voiture.
   J'envoie quelqu'un tout de suite.
   C: Merci.

2. TCF:	Touring Club de France, bonjour.	
C:	Bonjour. Vous pouvez m'aider, s'il vous plaît?	
TCF:	Qu'est-ce qu'il y a?	
C:	Je suis en panne.	
TCF:	Vous êtes où?	
C:	Entre Bourges et Issoudun.	
TCF:	Qu'est-ce que vous avez comme voiture?	
C:	J'ai une Audi 100.	
TCF:	Quel est votre nom?	
C:	KLETT. K-L-E-T-T.	
TCF:	Qu'est-ce qu'elle a, votre voiture?	
C:	Le radiateur est cassé.	
TCF:	Vous êtes abonnée au Touring Club de France, Madame Klett?	
C:	Non, mais je suis abonnée à l'ADAC.	
TCF:	Ne quittez pas votre voiture. J'envoie quelqu'un tout de suite.	
C:	Merci.	

3.
TCF:	Touring Club de France, bonjour.	
C:	Bonjour. Vous pouvez m'aider, s'il vous plaît?	
TCF:	Qu'est-ce qu'il y a?	
C:	Je suis en panne.	
TCF:	Vous êtes où?	
C:	Entre Nantes et Ancenis.	
TCF:	Qu'est-ce que vous avez comme voiture?	
C:	J'ai une Ford Sierra.	
TCF:	Quel est votre nom?	
C:	BÄUMER. B-Ä-U-M-E-R.	
TCF:	Qu'est-ce qu'elle a, votre voiture?	
C:	Le moteur fait un drôle de bruit.	
TCF:	Vous êtes abonné au Touring Club de France, Monsieur Bäumer?	
C:	Non, mais je suis abonné à l'ADAC.	
TCF:	Ne quittez pas votre voiture. J'envoie quelqu'un tout de suite.	
C:	Merci.	

4.
TCF:	Touring Club de France, bonjour.	
C:	Bonjour. Vous pouvez m'aider, s'il vous plaît?	
TCF:	Qu'est-ce qu'il y a?	
C:	Je suis en panne.	
TCF:	Vous êtes où?	
C:	Près de Brive.	
TCF:	Qu'est-ce que vous avez comme voiture?	
C:	J'ai une Renault 12.	
TCF:	Quel est votre nom?	
C:	MÜLLER. M-Ü-L-L-E-R.	
TCF:	Qu'est-ce qu'elle a, votre voiture?	
C:	Le pare-brise est cassé.	
TCF:	Vous êtes abonnée au Touring Club de France, Madame Müller?	
C:	Non, mais je suis abonnée à l'ADAC.	
TCF:	Ne quittez pas votre voiture. J'envoie quelqu'un tout de suite.	
C:	Merci.	

5.
TCF:	Touring Club de France, bonjour.	
C:	Bonjour. Vous pouvez m'aider, s'il vous plaît?	
TCF:	Qu'est-ce qu'il y a?	
C:	Je suis en panne.	
TCF:	Vous êtes où?	
C:	Entre Tarbes et Pau.	
TCF:	Qu'est-ce que vous avez comme voiture?	
C:	J'ai une Mazda 626.	

TCF:	Quel est votre nom?	
C:	MEYER. M-E-Y-E-R.	
TCF:	Qu'est-ce qu'elle a, votre voiture?	
C:	Les essuie-glaces ne marchent pas.	
TCF:	Vous êtes abonné au Touring Club de France, Monsieur Meyer?	
C:	Non, mais je suis abonné à l'ADAC.	
TCF:	Ne quittez pas votre voiture. J'envoie quelqu'un tout de suite.	
C:	Merci.	

6.
TCF:	Touring Club de France, bonjour.	
C:	Bonjour. Vous pouvez m'aider, s'il vous plaît?	
TCF:	Qu'est-ce qu'il y a?	
C:	Je suis en panne.	
TCF:	Vous êtes où?	
C:	Entre Montauban et Albi.	
TCF:	Qu'est-ce que vous avez comme voiture?	
C:	J'ai une 2CV.	
TCF:	Quel est votre nom?	
C:	WEISS. W-E-I-S-S.	
TCF:	Qu'est-ce qu'elle a, votre voiture?	
C:	Le tuyau d'échappement est cassé.	
TCF:	Vous êtes abonnée au Touring Club de France, Madame Weiss?	
C:	Non, mais je suis abonnée à l'ADAC.	
TCF:	Ne quittez pas votre voiture. J'envoie quelqu'un tout de suite.	
C:	Merci.	

Unité 24

Exercice 3

Bonjour docteur.
Qu'est-ce qu'il y a?
J'ai mal à la gorge.
Vous avez ça depuis quand?
J'ai ça depuis deux jours.
Je vais vous donner quelque chose pour ça.

Bonjour docteur.
Qu'est-ce qu'il y a?
J'ai mal au dos.
Vous avez ça depuis quand?
J'ai ça depuis trois semaines.
Je vais vous donner quelque chose pour ça.

Bonjour docteur.
Qu'est-ce qu'il y a?
J'ai la diarrhée.
Vous avez ça depuis quand?
J'ai la diarrhée depuis hier.
Je vais vous donner quelque chose pour ça.

Bonjour docteur.
Qu'est-ce qu'il y a?
J'ai mal aux dents.
Vous avez ça depuis quand?
J'ai ça depuis trois jours.
Je vais vous donner quelque chose pour ça.

Bonjour docteur.
Qu'est-ce qu'il y a?
J'ai de la fièvre.
Vous avez ça depuis quand?
J'ai ça depuis deux jours.
Je vais vous donner quelque chose pour ça.

Unité 26
Exercice 2

Collègue:	Vous êtes libre demain soir?
Vous:	Demain soir? Mais oui.
Collègue:	Il y a un concert au Sofitel.
	On y va?
Vous:	Un concert? C'est une bonne idée.
Collègue:	On se retrouve à 7h30?
Vous:	D'accord; à 7h30.
Collègue:	Dans le foyer.
Vous:	D'accord; dans le foyer.
Collègue:	Au revoir.
Vous:	Au revoir.

Collègue:	Vous êtes libre demain soir?
Vous:	Demain soir? Mais oui.
ollègue:	Il y a un film au Sofitel.
	On y va?
Vous:	Un film? C'est une bonne idée.
Collègue:	On se retrouve à 7h30?
Vous:	D'accord; à 7h30.
Collègue:	Dans le foyer.
Vous:	D'accord; dans le foyer.
Collègue:	Au revoir.
Vous:	Au revoir.

Collègue:	Vous êtes libre demain soir?
Vous:	Demain soir? Mais oui.
Collègue:	Il y a un film au Sofitel.
	On y va?
Vous:	Un film? C'est une bonne idée.
Collègue:	On se retrouve à 8h?
Vous:	D'accord; à 8h.
Collègue:	Dans le foyer.
Vous:	D'accord; dans le foyer.
Collègue:	Au revoir.
Vous:	Au revoir.

Collègue:	Vous êtes libre demain soir?
Vous:	Demain soir? Mais oui.
Collègue:	Il y a un film au Kinopanorama.
	On y va?
Vous:	Un film? C'est une bonne idée.
Collègue:	On se retrouve à 8h?
Vous:	D'accord; à 8h.
Collègue:	Dans le foyer.
Vous:	D'accord; dans le foyer.
Collègue:	Au revoir.
Vous:	Au revoir.

Collègue:	Vous êtes libre demain soir?
Vous:	Demain soir? Mais oui.
Collègue:	Il y a un film au Kinopanorama.
	On y va?
Vous:	Un film? C'est une bonne idée.
Collègue:	On se retrouve à 8h?
Vous:	D'accord; à 8h.
Collègue:	À l'entrée.
Vous:	D'accord; à l'entrée.
Collègue:	Au revoir.
Vous:	Au revoir.

Unité 27
Exercice 3

c.)
André:	Vous êtes libre, demain soir?
Solange:	Oui. Pourquoi?
André:	Il y a un nouveau film au Palais. Vous voulez y aller?
Solange:	Bonne idée. On se retrouve où?
André:	Devant la Tour St-Jacques.
Solange:	C'est où, ça?
André:	C'est dans la rue de Rivoli. Au coin de la rue St-Martin.
Solange:	Bon. On se retrouve quand?
André:	À 19h30.
Solange:	D'accord. À demain.

d.)
André:	Vous êtes libre, demain soir?
Solange:	Oui. Pourquoi?
André:	Il y a un nouveau film au Palais. Vous voulez y aller?
Solange:	Bonne idée. On se retrouve où?
André:	Devant le métro St-Michel.
Solange:	C'est où, ça?
André:	C'est sur le boulevard St-Michel. Au coin du quai St-Michel.
Solange:	Bon. On se retrouve quand?
André:	À 18h00.
Solange:	D'accord. À demain.

e.)
André:	Vous êtes libre, demain soir?
Solange:	Oui. Pourquoi?
André:	Il y a un nouveau film au Palais. Vous voulez y aller?

Solange:	Bonne idée. On se retrouve où?
André:	Devant le Théâtre Olympia.
Solange:	C'est où, ça?
André:	C'est sur le boulevard des Capucines. Au coin de la rue Caumartin.
Solange:	Bon. On se retrouve quand?
André:	À 20h00.
Solange:	D'accord. À demain.

Unité 28
Exercice 2

1. Vendeuse: Vous désirez?
   Vous: Je cherche une jupe.
   Vendeuse: Vous faites quelle taille?
   Vous: Je prends du 38.
   Vendeuse: En coton?
   Vous: Oui. En coton.
   Vendeuse: Vous cherchez quelle couleur?
   Vous: Rouge foncé.
   Vendeuse: Ceci est très chic.
   Vous: Oui. Je l'aime beaucoup.

2. Vendeuse: Vous désirez?
   Vous: Je cherche une blouse.
   Vendeuse: Vous faites quelle taille?
   Vous: Je prends du 40.
   Vendeuse: En soie?
   Vous: Oui. En soie.
   Vendeuse: Vous cherchez quelle couleur?
   Vous: Jaune.
   Vendeuse: Ceci est très chic.
   Vous: Oui. Je l'aime beaucoup.
   C'est combien?

3. Vendeuse: Vous désirez?
   Vous: Je cherche un costume.
   Vendeuse: Vous faites quelle taille?
   Vous: Je prends du 44.
   Vendeuse: Vous cherchez quelle couleur?
   Vous: Gris ou vert.
   Vendeuse: Ceci est très chic.
   Vous: Oui. Je l'aime beaucoup.
   C'est combien?

4. Vendeuse: Vous désirez?
   Vous: Je cherche une cravate.
   Vendeuse: En soie?
   Vous: Oui. En soie.
   Vendeuse: Ceci est très chic.
   Vous: Oui. Je l'aime beaucoup.
   C'est combien?

Exercice 3

Vendeuse: Bonjour Madame. Vous désirez?
Cliente: Je cherche un pantalon.
Vendeuse: Oui Madame. Vous faites quelle taille?
Cliente: Je fais du 26.
Vendeuse: Vous cherchez quelle couleur, Madame?
Cliente: Rouge ou brun.
Vendeuse: Voici un pantalon rouge très élégant.
Cliente: Je n'aime pas ça.
Vendeuse: Et ce pantalon brun?
Cliente: J'aime ça. Je peux l'essayer?
Vendeuse: Certainement, Madame.
Le vestiaire est là-bas.
Cliente: Il est trop petit.
Vous n'avez pas la taille au-dessus?
Vendeuse: Je regrette, Madame.
C'est le seul que nous ayons en brun.
Cliente: Merci beaucoup.
Au revoir.

Unité 30
Exercice 2

Vous: Excusez-moi.
J'ai perdu ma veste.
Employé: Vous pouvez la décrire?
Vous: Elle est neuve.
Employé: Vous l'avez perdue où?
Vous: Dans un bus numéro 13.
Employé: C'est celle-ci?
Vous: Oui. Merci beaucoup.

Vous: Excusez-moi.
J'ai perdu mon sac.
Employé: Vous pouvez le décrire?
Vous: Il est en cuir.
Employé: Vous l'avez perdu où?
Vous: Dans un café.
Employé: C'est celui-ci?
Vous: Oui. Merci beaucoup.

Vous: Excusez-moi.
J'ai perdu mon porte-monnaie.
Employé: Vous pouvez le décrire?

Vous: Il est tout neuf.
Employé: Vous l'avez perdu où?
Vous: Dans les toilettes.
Employé: C'est celui-ci?
Vous: Oui. Merci beaucoup.

Vous: Excusez-moi.
J'ai perdu mon porte-monnaie et
mon permis de conduire.
Employé: Vous les avez perdus où?
Vous: Dans un bus numéro 47.
Employé: C'est ceux-ci?
Vous: Oui. Merci beaucoup.

Vous: Excusez-moi.
J'ai perdu mon sac-à-dos avec mes lunettes,
mon argent et mes clefs de voiture.
Employé: Vous l'avez perdu où?
Vous: Sur la plage.
Employé: C'est celui-ci?
Vous: Oui. Merci beaucoup.

Vous:	Excusez-moi.
	J'ai perdu mes gants.
Employé:	Vous pouvez les décrire?
Vous:	Ils sont en cuir.
Employé:	Vous les avez perdus où?
Vous:	Dans un restaurant.
Employé:	C'est ceux-ci?
Vous:	Oui. Merci beaucoup.
Vous:	Excusez-moi.
	J'ai perdu mes lunettes.
Employé:	Vous pouvez les décrire?
Vous:	Elles sont neuves.
Employé:	Vous les avez perdues où?
Vous:	Chez le coiffeur.
Employé:	C'est celles-ci?
Vous:	Oui. Merci beaucoup.

Exercice 3

Employé:	Je peux vous aider?
Vous:	Oui. J'ai perdu mon sac.
Employé:	Il est de quelle couleur?
Vous:	Il est brun.
Employé:	Il est neuf?
Vous:	Oui. Il est tout neuf.
Employé:	Qu'est-ce qu'il y avait dedans?
Vous:	Il y avait mon passeport et mes lunettes.
Employé:	Vous l'avez perdu où?
Vous:	À l'entrée du musée d'Orsay.
Employé:	C'est celui-ci?
Vous:	Oui. Merci beaucoup.
Employé:	Je peux vous aider?
Vous:	Oui. J'ai perdu mon porte-monnaie.
Employé:	Il est de quelle couleur?
Vous:	Il est blanc.
Employé:	Il est neuf?
Vous:	Oui. Il est tout neuf.
Employé:	Qu'est-ce qu'il y avait dedans?
Vous:	Il y avait 250 F, ma carte d'identité et des photos.
Employé:	Vous l'avez perdu où?
Vous:	À l'entrée du Louvre.
Employé:	C'est celui-ci?
Vous:	Oui. Merci beaucoup.

Employé:	Je peux vous aider?
Vous:	Oui. J'ai perdu ma veste.
Employé:	Elle est de quelle couleur?
Vous:	Elle est noire.
Employé:	Elle est neuve?
Vous:	Oui. Elle est toute neuve.
Employé:	Vous l'avez perdue où?
Vous:	À l'entrée du métro Monge.
Employé:	C'est celle-ci?
Vous:	Oui. Merci beaucoup.
Employé:	Je peux vous aider?
Vous:	Oui. J'ai perdu ma montre.
Employé:	Elle est de quelle couleur?
Vous:	Elle est en or.
Employé:	Elle est neuve?
Vous:	Oui. Elle est toute neuve.
Employé:	Vous l'avez perdue où?
Vous:	Dans les toilettes à l'Hôtel St-Jacques.
Employé:	C'est celle-ci?
Vous:	Oui. Merci beaucoup.

Unité 31
Exercice 1

1. Je voudrais faire accorder mon piano.
2. Je voudrais faire nettoyer à sec mon costume.
3. Je voudrais faire réparer mes chaussures.
4. Je voudrais faire développer cette pellicule.
5. Je voudrais faire couper mes cheveux.
6. Je voudrais faire réparer cette radio.
7. Je voudrais faire repasser cette chemise.

Unité 32
Exercice 3

Agent de police:	Vous pouvez me dire ce qui s'est passé?
	Vous étiez où?
Vous:	J'étais sur le trottoir.
Agent de police:	Vous alliez où?
Vous:	J'allais à la gare.
Agent de police:	Racontez-moi ce qui s'est passé.
Vous:	Un cycliste s'est arrêté net.
Agent de police:	Et alors?
Vous:	La voiture a renversé le cycliste.
Agent de police:	C'était quelle sorte de voiture?
Vous:	C'était une Porsche rouge.
Agent de Police:	Vous avez vu le numéro?
Vous:	Malheureusement non.

Nützliche unregelmäßige Verben

Infinitiv	Présent	Imparfait	Passé composé	
aller	je vais il va	j'allais	je suis allé	gehen
battre	je bats il bat	je battais	j'ai battu	schlagen
boire	je bois	je buvais	j'ai bu	trinken
conduire	je conduis	je conduisais	j'ai conduit	fahren
connaître	je connais il connaît	je connaissais	j'ai connu	kennen (lernen), wissen
courir	je cours	je courais	j'ai couru	laufen
couvrir	je couvre	je couvrais	j'ai couvert	bedecken
craindre	je crains	je craignais	j'ai craint	fürchten
croire	je crois	je croyais	j'ai cru	glauben
croître	je croîs	je croissais	j'ai crû	wachsen
détruire	je détruis	je détruisais	j'ai détruit	zerstören
devoir	je dois	je devais	j'ai dû	müssen
dire	je dis	je disais	j'ai dit	sagen
dormir	je dors	je dormais	j'ai dormi	schlafen
écire	j'écris	j'écrivais	j'ai écrit	schreiben
envoyer	j'envoie	j'envoyais	j'ai envoyé	schicken
faire	je fais	je faisais	j'ai fait	tun, machen
falloir	il faut	il fallait	il a fallu	müssen, sollen
fuir	je fuis	je fuyais	j'ai fui	fliehen
haïr	je hais	je haïssais	j'ai haï	hassen
interdire	j'interdis	j'interdisais	j' ai interdit	verbieten
joindre	je joins	je joignais	j'ai joint	anschließen
lire	je lis	je lisais	j'ai lu	lesen
mettre	je mets il met	je mettais	j'ai mis	setzen, stellen, legen
naître	je nais il naît	je naissais	je suis né	geboren werden, auf die Welt kommen
paraître	je parais il paraît	je paraissais	j'ai paru	erscheinen
partir	je pars	je partais	je suis parti	aufbrechen
plaire	je plais	je plaisais	j'ai plû	gefallen
pleuvoir	il pleut	il pleuvait	il a plu	regnen
pouvoir	je peux	je pouvais	j'ai pu	können
prendre	je prends	je prenais	j'ai pris	nehmen
reconnaître	je reconnais il reconnaît	je reconnaissais	j'ai reconnu	wiedererkennen
rire	je ris	je riais	j'ai ri	lachen
savoir	je sais	je savais	j'ai su	wissen
sentir	je sens	je sentais	j'ai senti	fühlen
servir	je sers	je servais	j'ai servi	(be-)dienen
sortir	je sors	je sortais	je suis sorti(e)	(hin-)ausgehen
suffire	il suffit	il suffisait	il a suffi	genügen
suivre	je suis	je suivais	j'ai suivi	folgen
tenir	je tiens	je tenais	j'ai tenu	halten
venir	je viens	je venais	je suis venu	kommen
vivre	je vis	je vivais	j'ai vécu	leben
voir	je vois	je voyais	j'ai vu	sehen
vouloir	je veux	je voulais	j'ai voulu	wollen

Alphabetische Wortschatzliste

à bientôt	bis bald
à côté de	neben
à droite	rechts
à gauche	links
à la maison	zu Hause
à l'appareil	am Apparat
à mi-temps	halbtags
à pied	zu Fuß
à plein temps	ganztags
à plus tard	bis nachher
à tout à l'heure	bis dann/bis bald
à vélo	mit dem Fahrrad
à vrai dire	offen gestanden/ ehrlich gesagt
abandonner	aufgeben/verlassen
abeille (f)	Biene
abominable	fürchterlich
absolument	unbedingt
accélération (f)	Beschleunigung
accélérer	beschleunigen/Gas geben
accent (m)	Akzent
accepter	annehmen
accident (m)	Unfall
accorder	stimmen
(s')accrocher	gegen etw. stoßen/ zusammenstoßen
acheter	kaufen
acteur (m)	Schauspieler
activité (f)	Tätigkeit
actrice (f)	Schauspielerin
actualités (f) (pl)	Wochenschau/ Nachrichten
actuellement	jetzt
addition (f)	Rechnung
admettre	zugeben
adorer	lieben
adresse (f)	Adresse
aéroport (m)	Flughafen
affaire (f)	Angelegenheit/Affäre
affiche (f)	Plakat
affreux/-se	furchtbar
âge (m)	Alter
agence de voyages (f)	Reisebüro
agenda (m)	Kalender
agent de police (m)	Polizist
agneau (m)	Lamm(fleisch)
agréable	lieblich/angenehm
agricole	landwirtschaftlich
aider	helfen
aiguille (f)	Nadel/Zeiger
ailleurs	anderswo
aimer	gern haben/lieben
ajouter	hinzufügen
alarme (f)	Alarm
Allemagne (f)	Deutschland
allemand/-e (m/f)	Deutsche(r)/deutsch
aller	gehen
aller-retour (m)	Rückfahrkarte
aller simple (m)	einfache Fahrkarte
aller à la pêche	angeln gehen
aller à la piscine	ins Bad gehen
allô	Hallo
allumer	zünden
allumette (f)	Streichholz
allure (f)	Haltung/Allüren
amant (m)	Liebhaber
ami/-e (m/f)	Freund(in)
ample	weit/ausführlich
amusant	komisch
(s')amuser	sich amüsieren
ancien/-ne	ehemalig
anglais/-e (m/f)	Engländer(in)/englisch
Angleterre (f)	England
année (f)	Jahr
anniversaire (m)	Geburtstag
anti-alcoolique (m)	Alkoholgegner
antique	antik
août (m)	August
apéritif (m)	Aperitif
appareil de télévision (m)	Fernsehgerät
appareil photo (m)	Fotoapparat
appartement (m)	Wohnung
appeler	anrufen
(s')appeler	heißen
appliquer	anwenden
apporter	herbeibringen
apprendre	lernen
approprié	angemessen
après	nach (zeitlich)
après-demain	übermorgen
après-midi (m)	Nachmittag
arbre généalogique (m)	Familien- stammbaum
architecte (m)	Architekt
argent (m)	Geld/Silber
arrêt d'autobus (m)	Haltestelle
arrêter	halten/aufhören
arrivée (f)	Ankunft
arriver	ankommen
arriver à faire qqch	etwas erreichen
art (m)	Kunst
artichaut (m)	Artischocke
artiste (m)	Künstler
ascenseur (m)	Lift
aspirateur (m)	Staubsauger
aspirine (f)	Aspirin
(s')asseoir	sich setzen
assez	ziemlich/genug
assiette (f)	Teller
astre (m)	Stern
astrologue (m)	Astrologe
astronaute (m)	Astronaut
attendre	warten
au bout	am Ende
au moins	wenigstens
au revoir	auf Wiedersehen
au sujet de	über
au verso	auf der Rückseite
aujourd'hui	heute
aussi	auch
auto-école (f)	Fahrschule
automne (f)	Herbst
autoroute (f)	Autobahn
autre	andere(r)/(s)
Autriche (f)	Österreich
autrichien/-ne (m/f)	Österreicher(in)/ österreichisch
autrichienne (f)	Österreicherin
avancement (m)	Aufstieg
avant	vor (zeitlich)
avantage (m)	Vorteil
avant-hier	vorgestern
avec	mit
avec plaisir	gern
avenir (m)	Zukunft
avertisseur (m)	Hupe
avion (m)	Flugzeug
avis (m)	Meinung/Meldung/ Bekanntmachung
avoir	haben
avoir besoin	brauchen
avoir envie	Lust haben
avoir faim	Hunger haben
avoir l'air	aussehen
avoir lieu	stattfinden
avoir raison	recht haben
avoir soif	Durst haben
avouer	zugeben
avril (m)	April
baccalauréat (m)	Abitur
(se) baigner	baden
bain de soleil (m)	Sonnenbad
balayer	fegen
balcon (m)	Balkon
banlieue (f)	Vorort
banque (f)	Bank
bateau (m)	Schiff/Boot
bâtiment (m)	Gebäude
beau, bel, belle	schön
Beaujolais primeur (m)	junger Wein aus dem Beaujolais
beaucoup	viel
bébé (m)	Baby

beige	beige	carte des vins (f)	Weinkarte
belge (m/f)	Belgier(in)/belgisch	cartes postale	Ansichtskarte
bête	dumm	cas d'urgence (m)	Notfall
bêtise (f)	Dummheit/Quatsch/ Blödsinn	casque (m)	Kopfhörer
		cassé	kaputt
beurre (m)	Butter	casser	zerbrechen
bicyclette (f)	Fahrrad	cathédrale (f)	Dom
bien	gut	cave (f)	Keller
bien entendu	natürlich/ selbstverständlich	ce/cette/cet/ces	diese(r)/(s)
		ce n'est pas la peine	es lohnt sich nicht
bien sûr	natürlich	celui/celle/ceux/celles	derjenige/dasjenige/ diejenige/-n
bienvenu	willkommen		
bière (f)	Bier	ce matin	heute morgen
bifteck (m)	Steak	ce soir	heute abend
bijou (m)	Schmuckstück	célèbre	berühmt
billet (m)	Karte	célibataire	ledig
billet aller simple (m)	einfache Karte	centre (m)	Zentrum
billet aller-retour (m)	Rückfahrkarte	certain/-e	gewisse(r), bestimmte(r)
bise (f)	Küßchen auf die Wange		
blanc/blanche	weiß	certains/-nes	einige
blessé	verletzt	certainement	gern/sicher
bleu	blau	cet après-midi	heute nachmittag
blouse (f)	Bluse	chacun/-e	jede(r)
bœuf (m)	Rind(fleisch)	chaîne (f)	Kette/(Fernseh-) Kanal
boire	trinken		
boisé	bewaldet	chaîne stéréo (f)	Stereoanlage
boisson (f)	Getränk	chaise (f) (de jardin)	(Garten-)Stuhl
boîte (f)	Dose	chambre (f)	Zimmer
boiter	hinken/humpeln	chambre à coucher (f)	Schlafzimmer
bombe atomique (f)	Atombombe	changer	umsteigen/wechseln
bon marché	billig	changer d'avis	seine Meinung ändern
bonjour	Guten Tag	changer de vitesse	schalten
bonsoir	Guten Abend	charmant	charmant
bord (m)	Rand/Ufer	chat (m)	Katze
boucle (f)	Schnalle	château (m)	Schloß
boucles d'oreille (f)(pl)	Ohrringe	chaud	heiß
bouger	sich bewegen	chauffeur/-se	Fahrer(in)
boulangerie (f)	Bäckerei	chaussettes (f) (pl)	Socken
bourdonnement (m)	Summen	chaussures (f) (pl)	Schuhe
bourgeois (m)	Spießer	chaussures de football (f) (pl)	Fußballschuhe
bouteille (f)	Flasche		
bracelet (m)	Armreif	check-in (m)	Check-in
bras (m)	Arm	chef de service (m)	Sachbearbeiter
bronzé	braungebrannt	chemin (m)	Weg
(se) bronzer	bräunen/ braun werden	chemise (f)	Hemd
		chèque (m)	Scheck
brosse à cheveux (f)	Haarbürste	chèque barré (m)	Verrechnungsscheck
brosse à dents (f)	Zahnbürste	chèque de voyage (m)	Reisescheck
brosser	bürsten	chèque payable au comptant (m)	Barscheck
brouillard (m)	Nebel		
brûler	brennen	cher/chère	lieb/teuer
brusque	plötzlich	chercher	suchen
buffet (m)	Buffet	chéri/-e (m/f)	Liebling
bureau de change (m)	Wechselstube	cheveux (m) (pl)	Haar
bureau de poste (m)	Postamt	cheville (f)	Knöchel
bus (m)	Bus	chez	bei
cabinet (m)	Praxis	chic	chic
cacah(o)uète (f)	Erdnuß	chien/-ne (m/f)	Hund/Hündin
cadeau (m)	Geschenk	chiffre (m)	Zahl
cadre (m)	Rahmen	chimique	chemisch
café (m)	Kaffee	chocolat (m)	Schokolade
caissier/caissière (m/f)	Bankangestellte(r)	chômage (m)	Arbeitslosigkeit
calme	ruhig	choquant	schockierend
(se) calmer	sich beruhigen	chose (f)	Ding
calorie (f)	Kalorie	ci-dessous	untenstehend
cambriolage (m)	Einbruch	ciel (m)	Himmel
cambrioler	einbrechen	cigarette (f)	Zigarette
cambrioleur (m)	Einbrecher	cinéma (m)	Kino
camion (m)	Lastkraftwagen	circulation (f)	Straßenverkehr
camionnette (f)	Lastwagen	circuler à bicyclette	radfahren
campagne (f)	Land	cirer	polieren
camping (m)	Camping	civilisation (f)	Kultur
candidature (f)	Bewerbung	classe (f)	Klasse
caniche (m)	Pudel	classe touriste (f)	Touristenklasse
capable	fähig	clef (f)	Schlüssel
caravane (f)	Wohnwagen	clef de contact (f)	Zündschlüssel
carnet de chèque (m)	Scheckheft	clefs de voiture (f) (pl)	Autoschlüssel
carré	viereckig	client/-e (m/f)	Kunde/Kundin
carrière (f)	Karriere/Laufbahn	clientèle (f)	Kundschaft
carte bancaire (f)	Bankkarte	clignotant (m)	Blinker
carte de crédit (f)	Kreditkarte	climat (m)	Klima
carte d'identité (f)	Personalausweis	cœur (m)	Herz

coffre-fort (m)	Geldschrank/Safe	de toute façon	auf jeden Fall
cognac (m)	Kognak	débattre	diskutieren
coiffeur/-se (m/f)	Friseur/Friseuse	début (m)	Anfang
coin (m)	Ecke	décembre (m)	Dezember
coincidence (f)	Zufall	décrire	beschreiben
collègue (m/f)	Kollege/Kollegin	défense (f)	Verteidigung
collier (m)	Kette	dégueulasse	ekelhaft
combien	wieviel	dehors	draußen
comble (m)	Höhe/Gipfel/	déjà	schon
	Krönung	délaisser	im Stich lassen
comédie (f)	Komödie	demain	morgen
commercial	kaufmännisch/	demain après-midi	morgen
	Handels-/		nachmittag
	Wirtschafts-	demain matin	morgen früh
commander	bestellen	demain soir	morgen abend
comment	wie	demander	fragen/bitten
compléter	ausfüllen/vervollständigen	démarrer	anspringen/starten
composer	zusammensetzen/	déménager	umziehen
	komponieren	demi-heure (f)	halbe Stunde
comprendre	verstehen	demi-pension (f)	Halbpension
comprimé (m)	Tablette	dentifrice (m)	Zahnpasta
compris	im Preis inbegriffen/inklusive	dentiste (f)	Zahnarzt
compteur de	Tachometer	départ (m)	Abfahrt
vitesse (m)		dépasser	vorbeigehen
concert (m)	Konzert	(se) dépêcher	sich beeilen
concert de jazz (m)	Jazzkonzert	dépenser	ausgeben
conducteur		déposer	deponieren/einzahlen
d'autobus (m)	Busfahrer	depuis	seit
conduire	steuern/fahren	déranger	stören
confirmation (f)	Bestätigung	derrière	hinter
confortable	bequem	désagréable	unangenehm
connaître	kennen	descendre	aussteigen/
conscientieux/-se	gewissenhaft		hinabsteigen
conseil (m)	Rat/Beratung	description (f)	Beschreibung
conseiller	empfehlen	désirer	wünschen
construire	konstruieren/	désordre (m)	Unordnung
	bauen	dessert (m)	Nachspeise
content	zufrieden	détester	hassen
continuer	weitermachen/-gehen	(se) détendre	sich entspannen
	fortfahren	détruire	zerstören
convenable	passend	deuil (m)	Trauer/Leid
convenir	passen/	devant	vor (örtlich)
	überein-	développer	entwickeln
	kommen	devenir	werden
copain/copine (m/f)	Freund(in)	devoir	müssen
cortège funèbre (m)	Beerdigungszug	devoir (m)	Aufgabe/Pflicht
costume (m)	Kostüm	d'habitude	normalerweise/sonst
côte (f)	Küste/Rippe	diarrhée (f)	Durchfall
Côte d'Azur (f)	Côte d'Azur	dieu (m)	Gott
	(franz.	difficile	schwierig
	Südküste)	difficulté (f)	Schwierigkeit
côté (f)	Seite	dimanche (m)	Sonntag
coton (m)	Baumwolle	dîner (m)	Abendessen
(se) coucher	sich hinlegen	dire	sagen
couleur (f)	Farbe	direct	direkt
coup de	Telefonanruf	directeur/directrice (m/f)	Manager(in)/
téléphone (m)			Direktor(in)
coupe (f)	Schnitt	discours (m)	Rede
couper	schneiden	discuter	besprechen/reden
courir	laufen	disparaître	verschwinden
courrier (m)	Post(-bote/-auto)/	disposer	verfügen
	Eilbote	disque (m)	Schallplatte
court	kurz	distingué	distinguiert
cousin/-e (m/f)	Vetter/Kusine	divorcé	geschieden
coûter	kosten	docteur (m)	Arzt
couverture (f)	Bettüberwurf	dommage	schade
cravate (f)	Schlips	donc	also
créer	(er-)schaffen	donner	geben
crème (f)	Creme	dormir	schlafen
croire	glauben	dossier de	
croisement (m)	Kreuzung	candidature (m)	Bewerbungsmappe
cuir (m)	Leder	douche (f)	Dusche
cuisine (f)	Küche	doué	begabt/begnadet
cycliste (m/f)	Radfahrer(in)	douleur (f)	Schmerzen
d'abord	zuerst	doux/douce	mild/süß/sanft
d'accord	einverstanden	douzaine (f)	Dutzend
d'ailleurs	übrigens	dramatiser	dramatisieren
d'habitude	gewöhnlich	dresser la table	den Tisch decken
dactylo (m/f)	Maschinenschreiber(in)	dur	hart
dangereux/-se	gefährlich	durer	dauern
danser	tanzen	eau (f)	Wasser
date (f)	Datum	eau minérale (f)	Mineralwasser

école (f)	Schule	été (m)	Sommer
Écosse (f)	Schottland	éteindre	löschen/ausmachen
écouter	an-/zuhören	(s')étonner	sich wundern/
écran (m)	Bildschirm		erstaunen
église (f)	Kirche	étranger (m)	Ausland/Ausländer/
élargir	erweitern		Fremder
élève (m/f)	Schüler(in)	étrangère (f)	Ausländerin/Fremde
embêtant	ärgerlich	étranger/étrangère	ausländisch/fremd
embrayage (m)	Kupplung	être	sein
embrayer	Kupplung kommen	être à la une	Schlagzeilen machen
	lassen	être capable	können
emploi (m)	Stelle	être en mésure	in der Lage sein
employé (m)	Angestellter	être en panne	eine Panne haben
employé de	Büroangestellter	être en train	gerade dabei sein
bureau (m)		être extra-	außerirdisches
employer	verwenden	terrestre (m)	Wesen
emporter	mitnehmen	étudiant/-e	Student(in)
emprunter	borgen	étui (m)	Hülle/Täschchen
en aéroglisseur	m.d.	Eurochèque (m)	Eurocheck
	Luftkissenschiff	éviter	vermeiden
en allemand	auf deutsch	exactement	genau
en anglais	auf englisch	exagérer	übertreiben
en avion	mit dem Flugzeug	examiner	untersuchen
en bateau	mit dem Schiff	excellent	ausgezeichnet
en espagnol	auf spanisch	(s')excuser	sich
en face de	gegenüber		entschuldigen
en ferry	mit der Fähre	exercer	ausüben
en français	auf französisch	exercice (m)	Übung
en général	im allgemeinen	exotique	exotisch
en italien	auf italienisch	explorer	erforschen
en noir et blanc	schwarz-weiß	exprimer	ausdrücken
en plein air	an der frischen Luft	extraordinaire	außergewöhnlich
en plus	außerdem	(se) fâcher	sich ärgern
en quantité	mengenweise	facile	einfach
en retard	verspätet	façon (f)	Art/Weise
en vacances	auf Urlaub	facteur (m)	Briefträger
en voiture	mit dem Auto	facture (f)	Rechnung
en vouloir à qqn	jemandem böse sein	faire	tun/machen
encaisser un chèque	einen Scheck	faire accorder	stimmen lassen
	einlösen	faire beau	schön sein
enceinte	schwanger		(Wetter)
enchanté	angenehm/erfreut	faire chaud	heiß sein
encore	noch	faire connaissance	jemanden
endroit (m)	Ort	avec	kennenlernen
enfant (m)	Kind	faire couper	schneiden lassen
enfoncer	durchtreten/	faire de l'équitation	reiten
	-drücken	faire du bricolage	basteln
enlever	entfernen	faire du cheval	reiten
(s')ennuyer	sich langweilen	faire du jardinage	gärtnern
enregistrement des	Gepäckaufgabe	faire du jogging	joggen
bagages (m)		faire du ski	skilaufen
ensemble	zusammen	faire le constat	das Protokoll machen
entendre	hören/vernehmen	faire les courses	einkaufen gehen
entendre parler	von etwas hören	faire partie	teilnehmen
(s')entendre	sich verstehen	faire une promenade	spazieren gehen
entendu	abgemacht	faire une randonnée	wandern
enterrement (m)	Begräbnis	falloir	müssen
entier/entière	ganz/gesamt	famille (f)	Familie
entre	zwischen	fan (m)	Fan/Anhänger
entrée (f)	Vorspeise/Eingang	(se) farder	sich schminken
entreprise (f)	Firma	fatigué	müde
entrer	hineingehen	faute (f)	Fehler/Schuld
(s')entretenir	sich unterhalten	fauteuil (m)	Sessel
enveloppe (f)	Briefumschlag	félicitations (f) (pl)	Glückwünsche
environ	ungefähr	femme (f)	Frau
envoyer	schicken	femme au foyer (f)	Hausfrau
épeler	buchstabieren	femme de ménage (f)	Putzfrau
épinards (m) (pl)	Spinat	fenêtre (f)	Fenster
époux/-se (m/f)	Ehemann/-frau	fermer	schließen
épouser	heiraten	fermeture (f)	Verschluß/Schließung
équilibré	ausgeglichen	fertile	fruchtbar
escalier (m)	Treppe	fête (f)	Fest/Party
espace (m)	Raum	feu (m)	Feuer/Ampel
Espagne (f)	Spanien	feuilleter	blättern
espérer	hoffen	février (m)	Februar
essayer	anprobieren	fièvre (f)	Fieber
essuie-glaces (m) (pl)	Scheibenwischer	fille (f)	Tochter
est (m)	Osten	film (m)	Film
et	und	film (m) en noir et blanc	Schwarz-Weiß-
(s')établir	sich niederlassen		Film
étage (m)	Stock	film (m) policier	Kriminalfilm
état (m)	Zustand/Staat	fils (m)	Sohn

fin (f)	Ende	huile (f)	Öl
finale (f)	Endspiel	humeur (f)	Stimmung
finir	beenden	idée (f)	Idee
flacon (m)	Flasche	il y a	es gibt
flèche (f)	Pfeil	s'imaginer	sich vorstellen
fleur (f)	Blume	immeuble (m)	Wohnblock
fleuve (m)	Fluß	impatient	ungeduldig
forcément	unbedingt/	imperméable (m)	Regenmantel
	notwendigerweise	impôt (m)	Steuer
forme (f)	Form	important	wichtig
former	bilden	inconvénient (m)	Nachteil/Hindernis
fort	stark/laut	indication (f)	Hinweis
fou/folle/fous/folles	verrückt	indifférent	gleichgültig
frais/fraîche	frisch	indiquer	anzeigen
français/-e (m/f)	Franzose/Französin/	indistinct	undeutlich
	französisch	industrie (f)	Industrie
France (f)	Frankreich	industriel/-le	industriell
franche	ehrlich	infirmier (m)	Krankenpfleger
frein (m)	Bremse	infirmière (f)	Krankenschwester
freiner	bremsen	informaticien/-ne (m/f)	Informatiker
frère (m)	Bruder	information (f)	Information
froid	kalt	ingénieur (m)	Ingenieur
fromage (m)	Käse	injuste	ungerecht
fruit (m)	Frucht	(s')inquiéter	sich Sorgen
fruits (m) (pl)	Obst		machen
fumer	rauchen	insolation (f)	Sonnenstich
gagner	gewinnen	(s')installer	unterbringen/
gants (m) (pl)	Handschuhe		sich niederlassen
garage (m)	Garage	instant (m)	Moment
garantie (f)	Garantie	instituteur/institutrice (m/f)	Lehrer(in)
garçon (m)	Junge/Kellner	intelligent	intelligent
garder	behalten	intention (f)	Absicht
gardien de nuit (m)	Nachtwächter	interdit	verboten
gare (f)	Bahnhof	intéressant	interessant
gâteau (m)	Kuchen	(s')intéresser	sich interessieren
geler	frieren	intérêt (m)	Interesse
gémir	seufzen/stöhnen	interrompre	unterbrechen
gênant	störend	interrupteur (m)	Schalter
généreux/-se	großzügig	invitation (f)	Einladung
gens (m) (pl)	Leute/Menschen	inviter qqn	jdn. einladen
gentil/-le	nett	Italie (f)	Italien
glace (f)	Eis	italien/-ne (m/f)	Italiener(in), italienisch
gosses (m) (pl)	Kinder	jamais	niemals
goûter	probieren	jambon (m)	Schinken
goutte (f)	Tropfen	janvier (m)	Januar
graisse (f)	Fett	jardin (m)	Garten
gramme (m)	Gramm	jauge d'essence (f)	Benzinanzeige
grand	groß	jaune	gelb
grand-mère (f)	Großmutter	jeu (m)	Spiel
grand-père (m)	Großvater	jeudi (m)	Donnerstag
gratuit	kostenlos	jeune fille (f)	Mädchen
grave	schlimm	joli	schön/hübsch
grec/grecque	griechisch	jouer	spielen
Grèce (f)	Griechenland	jouer au bridge	Bridge spielen
grignoter	knabbern/naschen/	jouer au foot	Fußball spielen
	(an-)nagen	jouer au tennis	Tennis spielen
grippe (f)	Grippe	jouer au tiercé	(im Pferderennen)
gris	grau		wetten
grossir	zunehmen	jouer aux cartes	Karten spielen
guêpe (f)	Wespe	jouer de la guitare	Gitarre spielen
gueule de bois (f)	Kater	jouer du piano	Klavier spielen
guide touristique (m)	Reiseführer	jouer du violon	Violine spielen
(s')habiller	sich anziehen	jour (m)	Tag
habitant/-e (m/f)	Einwohner(in)	journal (m)	Zeitung
habiter	wohnen	juger	urteilen
hareng (m)	Hering	juillet (m)	Juli
heure (f)	Stunde	juin (m)	Juni
heure d'arrivée (f)	Ankunftszeit	jupe (f)	Rock
heure de départ (f)	Abfahrtszeit	jus d'orange (m)	Orangensaft
(se) heurter	gegen etwas	juste	gerecht/richtig
	stoßen	kilo (m)	Kilo
hier	gestern	là	dort
hier après-midi	gestern	là-bas	dort drüben
	nachmittag	laine (f)	Wolle
hier matin	gestern vormittag	laisser	lassen
hier soir	gestern abend	laisser tomber	vergessen
histoire (f)	Geschichte	laisser un message	etwas ausrichten
hiver (m)	Winter	lait (m)	Milch
hôpital (m)	Krankenhaus	langue (f)	Sprache
hors-d'œuvre (m)	Vorspeise	laver	waschen
hôtel (m)	Hotel	leçon (f)	Lektion/Stunde
hôtesse (f)	Gastgeberin	leçon de conduite (f)	Fahrstunde

289

léger/légère	leicht
légumes (m) (pl)	Gemüse
lent	langsam
lettre (f)	Brief
(se) lever	aufstehen
levier (m)	Hebel
levier de vitesse (m)	Schaltknüppel
liberté (f)	Freiheit
libre	frei
(se) limiter	sich beschränken
limonade (f)	Limonade
linge (m)	Wäsche
liquide	flüssig/Bar-
lire	lesen
liste (f)	Liste
lit (m)	Bett
litre (m)	Liter
livre (f)	Pfund
logement (m)	Unterkunft
loin	weit
long/-ue	lang
lorsque	als
louer	mieten
lumineux/-se	leuchtend/Licht-
lundi (m)	Montag
lunettes (f) (pl)	Brille
lunettes de soleil (f) (pl)	Sonnenbrille
lycée (m)	Lyzeum/Gymnasium
madame (f)	gnädige Frau
magasin (m)	Laden
magazine (m)	Zeitschrift/
	Illustrierte
magnifique	wunderbar
mai (m)	Mai
maigrir	abnehmen
maillot de bain (m)	Badeanzug
maintenant	jetzt
maison (f)	Haus
maison particulière (f)	Einfamilienhaus
mal	schlecht
mal (m)	Mühe
mal à la gorge	Halsentzündung
mal à la jambe	Beinschmerzen
mal à la tête	Kopfschmerzen
mal à l'oreille	Ohrschmerzen
mal au dos	Rücken-
	schmerzen
mal au foie	Leberschmerzen
mal au ventre	Bauchschmerzen
mal aux dents	Zahnschmerzen
malade	krank
maladie (f)	Krankheit
maladroit	ungeschickt
malheureusement	unglücklicherweise
manche (f)	Ärmel
(la) Manche	Ärmelkanal
manger	essen
manquer	versäumen/fehlen
manteau (m)	Mantel
marché aux	Flohmarkt
puces (m)	
marcher	gehen (wandern)
marcher sur	treten auf
mardi (m)	Dienstag
mari (m)	Ehemann
marié	verheiratet
(se) marier	heiraten
marque (f)	Modell
marrant	lustig
mars (m)	März
matérialiste (m)	Materialist
matérialiste	materialistisch
matin (m)	Morgen
mauvais	schlecht
mayonnaise (f)	Mayonnaise
mécanicien (m)	Mechaniker
méchant	gemein
mécontent	unzufrieden
médecin (m)	Arzt
médicament (m)	Arznei
(se) méfier	mißtrauen
membre (m)	Mitglied

même	gleich/sogar
mémoire (f)	Gedächtnis
ménage (m)	Hausarbeit
merci	danke
mercredi (m)	Mittwoch
merde	Scheiße
mère (f)	Mutter
merveilleux/-se	fabelhaft
météo (f)	Wetterbericht/
	-vorhersage
météorologiste (m)/	
meteorologue (m)	Meteorologe
metteur en scène (m)	Regisseur
mettre	stellen
(se) mettre	sich machen/beginnen
(se) mettre en marche	sich in Bewegung
	setzen
mets (m)	Gericht
meublé	möbliert
meubles (m) (pl)	Möbel
mieux	lieber/besser
mincir	abnehmen
mobylette (f)	Mofa/Moped
modèle (m)	Vorbild/Modell
moderne	modern
(le/la) moindre ...	der/die geringste ...
moins	weniger
mois (m)	Monat
moniteur (m)	Fahrschullehrer/
	Ausbilder
monsieur (m)	Herr
montagne (f)	Berg
monter	hinaufgehen
montre (f)	Armbanduhr
(se) moquer	sich lustigmachen
morceau (m)	Stück
mort (f)	Tod
mot (m)	Wort
moteur (m)	Motor
moto (f)	Motorrad
Moulinex (m)	Küchenmaschine
mourir	sterben
moustache (f)	Schnurrbart
moustique (m)	Schnake
mur (m)	Mauer
musée (m)	Museum
musique (f)	Musik
nager	schwimmen
naissance (f)	Geburt
naître	geboren werden
nappe (f)	Tischdecke
nationalité (f)	Staats-
	angehörigkeit
nécessaire	nötig
ne ... guère	kaum
neiger	schneien
nerveux/-se	nervös
nettoyer	reinigen
neuf/-ve	neu
ni ... ni ...	weder ... noch
niçois	aus Nizza
noir	schwarz
nom (m)	Name
nom de famille (m)	Familienname
non	nein
nord (m)	Norden
normal	gewöhnlich/normal
nourrir	ernähren
novembre (m)	November
numéro (m)	Nummer
numéro d'immatri-	Autonummer
culation (m)	
numéro du vol (m)	Flugnummer
nylon (m)	Nylon
obtenir	erreichen
occasion (f)	Gelegenheit
(s')occuper	sich beschäftigen
octobre (m)	Oktober
œuf (m)	Ei
œuvre (f)	Werk
office de	Verkehrsamt
tourisme (m)	

offrir	anbieten	permis de	Führerschein
oignon (m)	Zwiebel	conduire (m)	
oncle (m)	Onkel	permission (f)	Erlaubnis
optimiste	optimistisch	personnalité (f)	Persönlichkeit
or (m)	Gold	personne	niemand
orage (m)	Gewitter	personne (f)	Person
orange (f)	Orange	personnel (m)	Personal
orchestre (m)	Orchester	persuader	überreden
ordinateur (m)	Computer	peser	wiegen
ordonnance (f)	Verordnung	perturbé	gestört
os (m)	Knochen	pessimiste	pessimistisch
où	wo	petit	klein
organiser	organisieren	petit déjeuner (m)	Frühstück
oublier	vergessen	peu	wenig
ouest (m)	Westen	peut-être	vielleicht
oui	ja	pharmacie (f)	Apotheke
ovni (m)	Fliegende	pharmacien/-ne (m/f)	Apotheker(in)
	Untertasse	photo (f)	Foto
page (f)	Seite	photographie (f)	Photographie
pain (m)	Brot	phrase (f)	Satz
palme (f)	Palme	piano (m)	Piano
Palme d'or (f)	Goldene Palme	pièce (f)	Zimmer
	(franz. Filmpreis)	pièce de rechange (f)	Ersatzteil
pamplemousse (f)	Pampelmuse	pièce d'identité (f)	Ausweis
pantalon (m)	Hose	piéton (m)	Fußgänger
papeterie (f)	Papier- und	piquer	stechen
	Schreibwaren-	piqûre (f)	Stachel
	handlung	piscine (f)	Schwimmbad
paquet (m)	Päckchen	pittoresque	malerisch
par (an/jour/heure etc.)	pro (Jahr/Tag/	place (f)	Platz
	Stunde/ etc.)	place fumeurs (f)	Raucherplatz
par conséquent	infolgedessen	place non-fumeurs (f)	Nichtraucherplatz
par exemple	zum Beispiel	plage (f)	Strand
par hasard	glücklicherweise	plaisanter	scherzen
par le train	mit dem Zug	planète (f)	Planet
parapluie (m)	Regenschirm	plastique	plastisch
parce que	weil	plat (m)	Speise/Schüssel
pardon	entschuldigen Sie	plat principal (m)	Hauptgericht
pare-brise (m)	Windschutzscheibe	plâtre (m)	Gips
parenthèse (f)	Klammer	plombier (m)	Klempner
parents (m) (pl)	Eltern	pleuvoir	regnen
paresseux/-se	faul	plus	mehr
parfait	vollkommen	plus tard	später
parfois	manchmal	plusieurs	mehrere
parfum (m)	Parfum	plutôt	eher
parking (m)	Parkplatz	poids (m)	Gewicht
parler	sprechen	point de vue (m)	Standpunkt
part (f)/de ma part	Seite/meinerseits	point mort (m)	Leerlauf
passe-temps (m)	Hobby, Interesse	pointure (f)	Größe
passeport (m)	Paß	poire (f)	Birne
passer	verbringen	poisson (m)	Fisch
(se) passer	passieren	poli	höflich
(se) passer de qqch	verzichten auf	police (f)	Polizei
passer par	vorbeigehen/	police d'assurance (f)	Versicherungspolice
	fahren	pollution (f)	Verseuchung
pastille (f)	Tablette/Plätzchen/	pomme (f)	Apfel
	Pastille	pommes frites (f) (pl)	Pommes frites
pâté (m)	Pastete	pompeux/-se	pompös
patient	geduldig	populaire	populär
pauvre	arm	porc (m)	Schweinefleisch
payer	bezahlen	porte (f)	Tür
pays (m)	Land	porter le deuil	Trauer tragen
pédale (f)	Pedal	possibilité (f)	Möglichkeit
pédale	Gaspedal	possible	möglich
d'accélération (f)		poste (m)	Stelle
pédale d'embrayage (f)	Kupplungspedal	poulet (m)	Hühnchen
pédale de frein (m)	Bremspedal	pour	für
peigne (m)	Kamm	pour affaires	geschäftlich
peignoir (m)	Bademantel	pourquoi	warum/wieso
peine (f)	Mühe	poussière (f)	Staub
peintre (m)	Maler	pouvoir	können/dürfen
peinture (f)	Malerei	préférer	vorziehen
pellicule (f)	Film	premier/première	erste(r)
pelouse (f)	Rasen	prendre	nehmen
penser	denken	prendre au sérieux	ernst nehmen
pensif/-ve	nachdenklich	prendre la défense	Verteidigung
pension (f)	Gasthaus		übernehmen
pension complète (f)	Vollpension	prendre le volant	Steuer
perdre	verlieren		übernehmen
père (m)	Vater	prendre place	Platz nehmen/
permanent	dauernd		sich setzen
permanente (f)	Dauerwelle	prénom (m)	Vorname

préparation (f)	Vorbereitung/ Zubereitung	renoncer	verzichten
préparer	vorbereiten/ zubereiten	renseignement (m)	Auskunft
		(se) renseigner	sich erkundigen
près	in der Nähe	rentrer	nach Hause kommen
présenter	vorstellen		
pressé	in Eile	renverser	(um-)stürzen/ umkehren/ verschütten
prêt	fertig		
prévenir	vorbeugen/ vorwarnen	réparation (f)	Reparatur
prévoir	vorhersehen	réparer	reparieren
printemps (m)	Frühling	repas (m)	Essen
priorité (f)	Vorfahrt/Vorrecht	repasser	bügeln
prix (m)	Preis	répéter	wiederholen
probable	wahrscheinlich	répétition (f)	Wiederholung
problème (m)	Problem	répondre	antworten
prochain	nächster	réponse (f)	Antwort
produire	herstellen	(se) reposer	sich erholen
professeur (m)	Lehrer	représentant (m)	Vertreter
profession (f)	Beruf	représentation (f)	Vorstellung
programme de télévision (m)	Fernsehprogramm	réserver	reservieren
		responsable	verantwortlich
		restaurant (m)	Restaurant
projet (m)	Plan	rester	bleiben
promettre	versprechen	résultat (m)	Ergebnis/Erfolg
prononcer	aussprechen	(se) retirer	sich zurückziehen
proposer	vorschlagen	retourner	zurückkommen
propre	sauber	retraité	pensioniert
propriétaire (m)	Besitzer	(se) retrouver	sich treffen
prouver	beweisen	rétroviseur (m)	Rückspiegel
provisoire	vorläufig	réunion (f)	Konferenz
psychiatre (m)	Psychiater	réveil (-le-matin) (m)	Wecker
psychologue (m)	Psychologe	revenir	zurückkommen
pullover (m)	Pullover	révolution (f)	Revolution
pyjama (m)	Pyjama	Révolution française (f)	Französische Revolution (1789)
qualification (f)	Qualifikation/ Eignung		
		rhume (m)	Erkältung
quand	wann/als	rideau (m)	Vorhang
quartier (m)	Viertel	rien	nichts
quel/-le	welch(e)	rire	lachen
quelque/quelques	irgendein(e)/einige	rivière (f)	Fluß
quelqu'un	jemand	robe (f)	Kleid
quelque chose	etwas	roman (m)	Roman
(se) quereller	sich streiten	rond	rund
question (f)	Frage	rose (f)	Rose
quitter	verlassen	rouge	rot
quoi	was	rouge à lèvres (m)	Lippenstift
quoi qu'il en soit	wie dem auch sei	rouler	fahren
radiateur (m)	Kühler/Heizung	rue (f)	Straße
radio (f)	Radio	sac (m)	Tasche
ranger	aufräumen	sac-à-dos (m)	Rucksack
rapide	schnell	sacoche (f)	Tasche
(se) rappeler	sich erinnern	saison (f)	Jahreszeit
raquette de tennis (f)	Tennisschläger	salade (f)	Salat
		salaire (m)	Gehalt
rare	selten	sale	schmutzig
rasoir (m)	Rasierapparat	salir	schmutzig machen
rater	verpassen	salle à manger (f)	Eßzimmer
rechercher	suchen/fahnden nach	salle de bains (f)	Badezimmer
récemment	kürzlich	salle de séjour (f)	Wohnzimmer
réceptionniste (f)	Empfangsdame	salon (m)	Wohnzimmer
recette (f)	Rezept	saluer	grüßen
recommander	empfehlen	salut	grüß dich
reconnaissant	dankbar	salutation (f)	Begrüßung
reconnaître	wiedererkennen	samedi (m)	Samstag
rectangulaire	rechteckig	sandwich (m)	belegtes Brot
refaire	renovieren/ausbessern	sans	ohne
réfléchir	überlegen	santé (f)	Gesundheit
regarder	sehen/schauen	sardine (f)	Sardine
régime (m)	Diät/Herrschaft	satin (m)	Satin
région (f)	Region	satisfaction (f)	Befriedigung
règle (f)	Regel	saucisson (m)	Wurst
regretter	bedauern	savoir (m)	Wissen
rejoindre	sich anschließen	savon (m)	Seife
(se) rejouir	sich freuen	scandale (m)	Skandal
remercier	sich bedanken	scène (f)	Bühne/Szene/ Schauplatz
remplacement (m)	Ersatzteil		
remplacer	ersetzen	sculpture (f)	Skulptur/Plastik
remplir	(er-)füllen	séchoir (m)	Trockner
rencontre (f)	Begegnung	secret/secrète	geheim
rendez-vous (m)	Termin	secrétaire (f)	Sekretärin
(se) rendre	sich begeben	selon	gemäß/nach
(se) rendre compte	etwas bemerken/ einsehen	semaine (f)	Woche

292

sembler	scheinen	tasse (f)	Tasse
sens (m)	Sinn/Richtung	taxi (m)	Taxi
séparément	einzeln	teinture (f)	Färbung
septembre (m)	September	téléphone (m)	Telefon
serveuse (f)	Kellnerin	téléphoner	anrufen
seul	allein	télévision (f)	Fernsehgerät/
seulement	nur		Fernsehen
sévère	streng	temps (m)	Zeit
si	so/wenn/falls/doch	temps libre (m)	Freizeit
signaler	Zeichen geben	terrasse (f)	Terrasse
signe du zodiaque (m)	Sternzeichen	têtu	stur
signer	unterschreiben	thé (m)	Tee
s'il vous plaît	bitte	théâtre (m)	Theater
simple	einfach	tiens!	Moment mal!
sinon	falls/wenn nicht	timbre-poste (m)	Briefmarke
snob	eingebildet	timide	schüchtern
sœur (f)	Schwester	tirer un chèque	einen Scheck
soie (f)	Seide		ausstellen
soigner	sorgen/pflegen	tiroir (m)	Schublade
soir (m)	Abend	toilettes (f) (pl)	Toilette
soleil (m)	Sonne	tomate (f)	Tomate
solliciter (un poste)	sich um eine Stelle	tomber	fallen
	bewerben	tomber malade	krank werden
solution (f)	Lösung	tomber sur	erreichen/
sommeil (m)	Schlaf		stoßen auf
sonner	klingeln	tondre	mähen
sorte (f)	Art	tôt	bald
sortir	ausgehen	toujours	noch/immer
sortir en voiture	im Auto	tour (f)	Turm
	hinausfahren	touriste (m/f)	Tourist(in)
souci (m)	Sorge	touristique	touristisch
soucoupe volante (m)	fliegende	tourner	biegen/drehen
	Untertasse	tourner mal	schiefgehen
soulever	(an-)heben/hochheben	tourner un film	einen Film drehen
souligner	unterstreichen	tout	alles
soupe (f)	Suppe	tout de suite	sofort
sous	unter	tout droit	geradeaus
souvent	oft	trace (f)	Spur
spacieux/-se	geräumig	traduction (f)	Übersetzung
sport (m)	Sport	traduire	übersetzen
stade municipal (m)	Stadion	tragédie (f)	Tragödie
station de métro (f)	U-Bahnhof	train (m)	Zug
station-service (f)	Tankstelle	tranche (f)	Scheibe
stationner	parken	tranquille	ruhig
studio (m)	Studio	travail (m)	Arbeit
stupide	dumm	travailler	arbeiten
sucre (m)	Zucker	traverser	überqueren/
sucreries (f) (pl)	Süßigkeiten		übergehen
sud (m)	Süden	tremper	eintauchen/wässern/
Suisse (f)	Schweiz		naßmachen
suivant	folgend		
suivre	nachgehen/	très	sehr
	-fahren/folgen	triste	traurig
sujet (m)	Subjekt/Thema	(se) tromper	sich irren
super	großartig	trop	zu
superficiel/-le	oberflächlich	trou (m)	Loch
supermarché (m)	Lebensmittel-	troublé	turbulent
	geschäft	trouver	finden
supporter	aushalten/	(se) trouver	sich befinden
	vertragen	truc (m)	Ding/Sache
supposer	annehmen/vermuten	truite (f)	Forelle
sur	auf	tulipe (f)	Tulpe
sûr	sicher	tunnel (m)	Tunnel
sûrement	gewiß	tuyau	Auspuff
suspension (f)	Federung	d'échappement (m)	
syndicat	Fremden-	univers (m)	Weltall
d'initiative (m)	verkehrsverein	usine (f)	Fabrik
table (f)	Tisch	utiliser	benutzen
tableau (m)	Gemälde/Bild	vacances (f) (pl)	Urlaub
tablette (f)	Tablette	vacant	frei
tache (f)	Fleck	vaciller	schwanken
taille (f)	(Kleider) Größe/Nummer	vaisselle (f)	Geschirr
tant	so sehr/so viel(e)	valise (f)	Koffer
tante (f)	Tante	vallonné	hügelig
taper	tippen	vapeur (f)	Dampf
tapis (m)	Teppich	vase (m)	Vase
tapis de table (m)	Tischtuch	veau (m)	Kalbfleisch
tard	spät	vedette (f)	Star
tarte (f)	Kuchen	végétarien (m)	Vegetarier
tarte aux pommes (f)	Apfelkuchen	véhicule (m)	Fahrzeug
tas (m)	Haufen/Stapel/	vélo (m)	Fahrrad
	Menge	vendeur/-se (m/f)	Verkäufer(in)
		vendredi (m)	Freitag

venir	kommen
venir de faire qqch	gerade etwas getan haben
vent (m)	Wind
vérifier	überprüfen
vérité (f)	Wahrheit
verre (m)	Glas
verser de l'argent	Geld einzahlen
vert	grün
vêtements (m) (pl)	Bekleidung
veuf (m)	Witwer
veuve (f)	Witwe
viande (f)	Fleisch
vie sociale (f)	gesellschaftliches Leben
vieux/vieil/vieille	alt
village (m)	Dorf
ville (f)	Stadt
vin (m)	Wein
visa (m)	Visum
visage (m)	Gesicht
visiter	besuchen
vite	schnell
vitesse (f)	Geschwindigkeit
vitesses (f) (pl)	Gänge
vivre	Leben
voie (f)	Bahnsteig
voir	sehen
voisin/-e (m/f)	Nachbar(in)
voiture (f)	Auto
voix (f)	Stimme
volaille (f)	Geflügel
volant (m)	Steuer(-rad)
voler	stehlen/fliegen
volumineux/-se	füllig
vouloir	möchten/wollen
voyager	reisen
voyant (m)	Anzeige/ Kontrollicht
voyant lumineux (m)	Leuchtanzeige
vrai	wahr
vraiment	wirklich
vue (f)	Aussicht
week-end (m)	Wochenende
yaourt (m)	Joghurt
yoga (m)	Yoga
zapper	hin- und herschalten/ umschalten
zut!	Verdammt!/Mist!